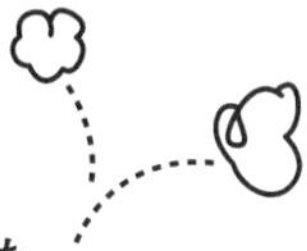

最新研究が証明した
自分の小さな枠から抜け出す
思考法

OPEN TO THINK

ダン・ポンテフラクト 著

糟野桃代 訳

For Dad, For Everything

本書に寄せられた称賛の声

「まさに基本に立ち返っている1冊だ。自分の思考をより創造的、効率的かつ効果的なかたちに最適化するためのモデルを示してくれている。本書を読めば、自分の思考の悪い癖から脱却し、知性を強化し、思考のあり方を再構築できる。そうすれば、今日のビジネス界の荒波だって、きっと越えていくことができるだろう。」

ダニエル・ピンク　Daniel H. Pink
『When　完璧なタイミングを科学する』『モチベーション3・0』（いずれも日本語訳　講談社刊）著者

「ただ単に頭に浮かんでくるものに流されて、これまでどおりの型にはまり、オリジナリティや創造性あふれる思考の道筋をたどることも知らない――。そんな人を救うという目的を、本書は見事に達成している。今日の組織を待ち受ける、いや、現に起こっているかもしれない危機を、ポンテフラクトは本書でありありと指摘してみせた。これまで私が関わった組織を思い返してみても、オープン思考ができる人材が増えて困るところなど1つもないだろう。とくに興味深いのは、思考が機能不全に陥るパターンと、仕事意欲の低下との関係性についてのダンの考察である。思考の自動性にまかせてしまうと、仕事の専門性を突き詰めることで本来なら得られるはずの利点が否定され、代わりに従業員の中には倦怠感や停滞感が生まれ、パフォーマンスも下がってしまうというのだ。本書にはこのように、考えさせられるポイントが数多く詰まっている。丁寧に食事をとるようなつもりで、本書に向き合ってみてほしい。『よく咀嚼《そしゃく》して消化しよう』とオープンな気持ちで構えれば、味わい深い読書体験ができるはずだ。」

ホイットニー・ジョンソン　Whitney Johnson

『Build an A-Team（リーダー組織の作り方）』『Disrupt Yourself（自分を壊して進化する）』著者、Thinkers50（※）選出

「ダンはこれまでにも、組織デザインや目的意識といった重要なトピックについて、私たちの考え方を変える素晴らしい本を世に送り出してきた。今度の最新作は、『思考そのもの』について の考え方を変えてくれる、大変興味深い1冊である。本書を読むと、ダンの主張に引き込まれ、またそこから深く考えさせられることも多い。思考の生産性を向上させたいと願う読者にとっては、非常に実用的なハンドブックとなるはずだ。」

ロジャー・マーティン　Roger Martin

『インテグレーティブ・シンキング』（日本語訳　日本経済新聞出版社刊）『Fixing the Game（ゲームを仕込め）』著者、「Thinkers50　2017」において第1位に選出された（「Thinkers50　2019」では第2位に選出）

「企業家やリーダーにとって、「どうすればよりよい思考ができるか？」という問いは常に関心の的である。この問いに対して、ダン・ポンテフラクトは安易な答えで片づけることはしない。もっとよい意思決定をし、もっと人生に成功をもたらすための、新しい思考のフレームワークを、彼は見事に描いてみせた。」

ドリー・クラーク　Dorie Clark

『Entrepreneurial You（自分をビジネスにしよう）』『Stand Out（キラリと光る）』著者、デューク大学フクア・スクール・オブ・ビジネス非常勤講師

「情報が印象操作され、政治の思惑が絡み合い、人はすぐに答えに飛びつこうとする――。社会のあちこちで、このような問題が深刻化している。危機の時代にある私たちが、いかに自らの思考のコントロールを握り、よりよい解決策を、より早く導き出せるようになっていくかが重要であり、本書はその文脈のなかで、新しいものの見方を教えてくれる。」

リタ・マグレイス　Rita McGrath

コロンビアビジネススクール教授、『競争優位の終焉』（日本語訳　日本経済新聞出版社刊）著者

「私たちは、ものの考え方をわかっているつもりになっている。あなたにもそんな覚えはないだろうか。だが、実際にはせいぜい〝うまいアマチュア〟程度でしかないということが、そのうちわかってくるだろう。ここはひとつ、レベルを上げて〝プロになる〟のはいかがだろうか？緻密《ちみつ》な研究をベースに、実用的なツールも提示してくれる本書は、きっとあなたの思考をよりよいものにしてくれる。行動もスマートになっていくはずだ。」

マイケル・バンゲイ・スタニエ　Michael Bungay Stanier

『ウォール・ストリート・ジャーナル』紙掲載のベストセラー『リーダーが覚えるコーチングメソッド――7つの質問でチームが劇的に進化する』（日本語訳パンローリング刊）著者

※ Thinkers50　2年に一度発表される世界でもっとも影響力のある経営思想家50人のランキング

本当の無知と、良心をふりかざした愚かさほど、この世で恐ろしいものはない。

マーティン・ルーサー・キング・ジュニア（牧師）

The Road Not Taken（選ばれなかった道）

黄色く染まる森の中へ、２本の道が続いていた。
残念ながら自分は１人しかいないので
両方の道を行くわけにはいかず、私はじっと立ち尽くした。
一方の道をできるかぎり遠くまで見通してみると
その道はやぶの中へと消えていた。

私はもう一方の道を行くことにした。
そうたいしてちがいがあるわけではなかったが
選んだ道のほうは草が生い茂っていて
なんだか私に踏み分けて行ってほしそうに見えたからだ。
とはいっても、歩いていけばこちらだって
最初の道と変わらず、踏み分けられていくことになるのだが。

あの朝、2本の道は同じように森の中へと続いており
どちらにも足跡などついていなかった。
まぁ、最初のほうの道は今度また行ってみればいいさ！
そう思ってはみたものの、選んだ道の先を進んでいけば
戻ってこられるかは疑わしいと、自分でもわかっていた。

きっといつか、私はこのことをため息とともに
何年も後になってから、次のように語ることになるだろう。
2本の道が、森の中へと続いていた。そして私は——
私は、まだ踏み分けられていないほうの道を選んだ。
それがすべてを変えたのだった。

ロバート・フロスト　Robert Lee Frost
（日本語訳　糟野桃代）

はじめに

ロバート・フロストが書いた詩の中でもっとも有名なのは、おそらく「The Road Less Traveled（踏み分けられていない道）」だろう。

1人の旅人が森の中で分かれ道の前でたたずんでいる。少し思案し、やがて意を決し、あまり人が通っていなそうな道を選び、進んでいく。その決断が彼の行く末を大きく左右する……という展開を、フロストは流れるような筆致で描いている。

とくにこの詩の最後の3行が、多くの人の心に響くようで、メッセージカードなどにも引用されている。

2本の道が、森の中へと続いていた。そして私は――
私は、まだ踏み分けられていないほうの道を選んだ。
それがすべてを変えたのだった。

あなたもどこかで見たことがあるかもしれない。しかし、ここで問題が1つある。

実は、この詩のタイトルは、先ほど書いた「The Road Less Traveled（踏み分けられていない道)」ではない。正しくは、「The Road Not Taken(選ばれなかった道)」である。「そんなのはじめから知っていたよ」という人もいるかもしれない。だが、そのまま読み過ごしてしまった人もきっといることだろう。

なぜ、本のこんな冒頭のところで、わざわざ詩のタイトルを変えてみせたのか。それは、誤った情報や嘘いつわりに私たちが惑わされないためには、「認識努力」、つまり脳をもっと働かせることがきわめて重要だということを示したかったからである。

この「認識努力」の必要性を研究で明らかにしたのが、レヴァンドフスキ、エッカー、ザイフェルト、シュワルツ、クックといった学者たちだ。彼らは論文にこう書いている。「情報の妥当性を検討し、その出処を確かめる行為には、単に情報を正だと受け止めて終わるよりも、認識機能上相当の困難をともなう。そこまでするには何かしらの付加的なモチベーション源と、認識機能上の余力が必要である。トピック自体にそこまで興味がなかったり、他のことを考えたりしている時は、誤った情報を鵜呑みにしやすい」

この詩のタイトルを、言われるがままに「The Road Less Traveled(踏み分けられていない道)」だと受け入れた読者は、脳が疲れていて思考停止状態になっていたのかもしれない。それか、単に面倒くさかったのかもしれない。ひょっとすると、「なるほど、『The Road Less Traveled(踏み分けられていない道)』ね。ダンが言うのだからまちがいない」と、筆者である私のことを信頼してくださったのかもしれない。

それが誤っているなんて、つゆほども疑わずに。

現代においては、政治のプロパガンダやフェイクニュースが日々押し寄せ、私たちの知覚を圧迫している。情報は高度にフィルタリングされる一方、だまされるリスクも増していて、人々はそのはざまで揺れている。何が真実かを見定めるのも、難しくなるばかりだ。

さらに、スピード化の要請も私たちから思慮深さを奪っていく。成長がすべての世界では、できるだけ早くものごとを完了しなくてはというストレスから逃れることはできない。次から次へとタスクやアクションに追われ、私たちは常に動き回っている状態だ。よりよい意思決定をしようと立ち止まることなどとてもできない。利便性がすべてを支配しているのだ。

先ほど私は詩のタイトルについて嘘をついたが、読者の中にこれをまんまと見逃した人がいてもなんら不思議ではない。実際、フロストが１９１６年に書いたこの詩のタイトルをまちがえて覚えている人は多い。グーグルで「The Road Less Traveled」と検索すると、３００万件がヒットする。ウィキペディアには「The Road Less Traveled」のページまであって、そこから「The Road Not Taken」をクリックするように誘導される。なぜこのようなミスがよく起きるのか。それこそが、私が本書で追究したい問いなのだ。

ミスが起きる最大の理由は、単に人々がこの詩の全体を読もうとしないからかもしれない。『ニューヨーク・タイムズ』紙の書評欄でコラムニストをしているデイヴィッド・オアは、２

015年に出した著書『The Road Not Taken: Finding America in the Poem Everyone Loves and Almost Everyone Gets Wrong（「選ばれなかった道」——多くの人に愛され、誤解されている詩について）』の中で、「この作品が本来『詩』なのだという事実が忘れ去られてしまいかねない」と述べているが、まさにそのとおりである。

また「The Road Not Taken（選ばれなかった道）」は、人生のメタファーにもなっている。本書は思考について述べていく本であるので、この詩を導入のために象徴的に扱った。私たちのアクションは、ものごとを熟考する力、意思決定する力、そして行動に移す力がどれだけあるかに左右される。私たちがいかに思考をショートカットし、また閉塞的《クローズド》な思考をしてしまいがちであるかについて、この詩は示唆を与えてくれる。

私たちは、ものごとを徹底的に分析する前に、急いで片づけることで繁栄してきた。仕事でも、アイデアを自由に思い描き、それをどう実現させていくかを考え、「いま、ここ」でじっくり思考を「マリネする」ための時間なんて、十分に取ろうとはしない。フロストの詩の最後の3行に関する世の中の見方は、近視眼的になってしまっている現代の思考カルチャーのあり方そのものである。深く考えようとしないために、詩のタイトルをまちがえ、さらには詩の解釈まで誤ってしまうのだ。

実際、最後の3行ばかりが引用されがちだが、この詩の全体は20行におよんでいる。また、フロスト自身が友人のエドワード・トーマスに「あの詩は厄介だから気をつけないと——本当に厄介な詩なんだ」と言っている。

フロストの詩の根本的な意味をきちんと理解するためにはそれなりの時間をかけないと、私たちは「クローズド思考」に陥ってしまうリスクを負うことになる。本書で目指す思考のあり方とは逆の道だ。「この詩にはほかにも何か書かれているかもしれない」「別の意味があるのかもしれない」と精査しないせいで、ほかの17行をなかったことにしてまるきり無視して進んでしまう。

さらにフロストは、詩人仲間のルイス・アンターマイヤーに「『The Road Not Taken（選ばれなかった道）』が誰のことを書いたものか、またそれがどこに表われているか、わかる人は片手で数えられるほどもいないだろうよ」と語っている。つまり、この詩は「踏み分けられていない道を選ぶ」というテーマの物語ではないのである。

だが多くの人は、「ほかの人が歩まない道を行け」ということこそがフロストのメッセージだと思い込んでいる。人というものは、判断を急ぎ、情報が誤っていても無視し、ニュアンスを汲み取らず、自分のものの見方を頑固に当てはめて、結論に飛びついてしまいがちなのだ。立ち止まって熟考する、つまり、「創造性を発揮する」ことと「批判的に考える」ことをバランスさせないままに意思決定をしてしまうせいで、結局あとで仕事が増えてしまう、なんて話も多い。ひどい時は、本来避けられたはずのミスを招いてしまうことだってある。

このように、人々がものごとに注意を払わなくなっていることが、社会では問題になりつつある。私たちは思考の短縮がもたらす利便性に支配されているだけでなく、精神的に依存するようになってしまってもいる。

よりよい思考をするというのは難しく、決してやさしいことではない。時間もかかるし、決して急いでできるものでもない。ショートカットは存在しない。スマートフォンのアプリケーションにも、本当の意味で思考ができるようにしてくれるものなどない。アップルのシリ(Siri)やアマゾンのアレクサ（Alexa）にだって、それは不可能である。

本書では「思考」に焦点を当てていく。

これから各章を綴《つづ》っていくなかで、個人と組織のどちらにとっても、より思慮深く、感度も高い思考のマインドセットが求められているのだとお伝えしていきたい。

私たちの思考は、受け取るインプットや情報が常に変化していくのに応じて、柔軟にかたちづくられていくものであるべきだ。思考の「質」は、ものごとに対して継続的に問いをぶつけていく能力の程度によって決まるのだと、私たちはもっと自覚しなくてはならない。

新しいアイデアに対していかにオープンであるか。いかに証拠にもとづいて意思決定ができるか。そして、いかにものごとを完遂できるか——。

よりよい思考ができるかどうかは、これら3つの要素にかかっている。

思いを描き、意思決定して、行動する。

この3つの相互作用こそ、私が「オープン思考」と呼ぶコンセプトの中核をなすものである。思考という1つの概念の中で、止まることなく繰り返されていくこれらのフェーズを、本書では「クリエイティブ思考（創造的思考）」「クリティカル思考（批判的思考）」「アプライド思考（実践的思考）」と名付け、それぞれ順に追っていく。とくに、各フェーズに対応する以下の内容はじっくり見ていきたい。

選択肢を考える

思考には、「アイデアを生み出すこと」と「立ち止まってじっくり考えること」の両方が必要である。新しい道を作り出すことができるか？　どうすればできるのか？　と問うことだ。

——思考は創造的なものでなくてはならない。

判断する

道を選ぶにあたっては、片方の道を捨ててもう一方の道を選ぶ理由を考えたうえで、決めなくてはならない。分岐点に身をおいては、「なぜ」をとことん突きつめよう。

——思考は批判的に用いなくてはならない。

行動する

ゴールへとたどり着くためには、とにかく道を歩んでいかなくてはならない。構想と分析を延々と続けているわけにもいかないだろう。実際に経験を積んでいけば、アイデアももっと湧くようになるし、判断もしやすくなる。

——思考は実践へと持っていかなくてはならない。

繰り返す

熟考と分析には終わりがない。道はいくらでも作れるし、どこまでも進んでいける。

——思考とは、繰り返されていくもの。

以下の質問が、私たちにとってのリトマス試験紙になってくれるだろう。

・自分はアイデアを思い描ける人間だろうか？
・自分は意思決定ができる人間だろうか？
・自分はものごとを実行できる人間だろうか？
・自分は「オープン思考」ができる人間だろうか？
・自分は前の４つをすべて満たしているだろうか？

オープンであるとは、すべてをひっくるめる、ということだ。

フロストは詩の中で、語り部である旅人が、まさに自分の置かれた状況を観察し、意思決定をし、そして選んだことを実行していくというプロセスが交錯する様子を描いている。つまりこの詩は、クリエイティブ思考（創造的思考）とクリティカル思考（批判的思考）とアプライド思考（実践的思考）の3つが織りなす可能性を示しているのだ。旅人は、周囲の状況をじっくり考え、選択肢を検討し、そして道を進んでいった。だが彼は、頭の中でそれらをバラバラに思考していたわけではない。選択肢を描き、判断し、実践していくというフェーズは、一連の流れの中で起きていた。

彼の思考は、まさにオープン思考そのものだと言っていいだろう。

本書では、オープン思考について定義し、その中身を見ていくとともに、私がこれまでに行なってきたインタビュー、専門的な観察や学術的な研究の結果、歴史的な事例、そしてオープン思考のモデルなども、存分に紹介しようと思っている。それによって読者の皆さんが、思いを描き、意思決定して、行動することを着実に志向する――オープン思考ができる人になる一助となれば、私にとってこれ以上の望みはない。

「よりよい思考ができる人、よりよい人間になりたい」と思う皆さんの力になりたい、というのが私の最終的な目標である。

オープン思考は、これから人間中心的な社会をどんどん創造していくために、求められていくであろう思考のかたちである。

アインシュタインも、原子力にまつわる教育について述べた論文の中で、「新しい思考のかたちを身につけなければ、人類は生き延びることができないだろう」と言っているが、まさにそのとおりだと思う。

人生は短い。

詩の解釈のように、たった3行で片づけるには、あまりにもったいないのである。

ダン・ポンテフラクト

第2章　クリエイティブ思考（創造的思考）

第4章　アプライド思考（実践的思考）

第1章

考えるということ

OPEN TO THINK

第1節

我思う、ゆえに我あり

——明日大人に起こる問題を解決できるかどうかは、今日の子どもたちの成長にかかっている。

マーガレット・ミード（文化人類学者）

考える、ということ

私たちは皆、日々何かしら考えている。誰もが当たり前に行なっていることだ。だが、「考える」という概念そのものは、玉石混交《こんこう》のさまざまな論争にさらされてきた、どこか不思議な存在ではないだろうか。

思考をテーマとする本や論文も、世の中に何百、何千とあふれている。それでも、この「考える」という言葉なり概念については、まだまだ関心を寄せ、理解を深めていく必要がありそうだ。私たちはいまこそ、この言葉をきちんと取りあげて、再定義しなくてはならない。

エドワード・デボノ財団の研究部長、エイドリアン・ウエストは、「ものごとをよりクリアに、より豊かに、より幅広く考える能力――これを個人レベルでも集団レベルでも伸ばしていくことが、世界の問題の解決には絶対に欠かせない」と言っている。まさに、私の思いを言い表してくれている言葉である。

多くの人が、ものごとをどのようにして考えたらいいかを忘れてしまっている。ひどい時は、考える責任自体を放棄してしまっている場合もある。そして頭もどんどん固くなり、よりよい思考がもたらしてくれる可能性を受け入れることもできなくなってしまうのだ。なかには、アップルのシリ（Siri）やアマゾンのアレクサ（Alexa）といった人工知能に思考を預けてしまっている人もいる。クリエイティブな思考、さらにはクリティカルな思考の両方を、自分の外に委ねてしまっているというわけだ。

米海軍大学校のトム・ニコルズ教授は、こんなふうに述べている。

「現在、目の前で起きているのは、専門知という理想そのものの死ではないかというのが、私の懸念だ。グーグルにあおられ、ウィキペディア頼りになり、ブログにどっぷり漬かった社会で、専門家と素人、教師と生徒、知識がある者と好奇心がある者――要するに、ある分野において何かしらの業績がある人間とまったくない人間――のあいだの垣根が崩れつつある」と。

人々が思考しなくなっているという現状の弊害は、あらゆるところに広がっている。

フェイクニュースがまかりとおり、「ポスト真実」の政治はいまや当たり前。ソーシャルメディアが長文の記事や本に取って代わる。従業員の意欲はどんどん低下する。かたや企業は、経営層と従業員層の賃金と純資産のギャップが依然として大きいにもかかわらず、短期的な利益を追うことをよしとする。さらに、西洋社会では人々のストレスや神経症のレベルが上がり続け、寿命まで縮んでいるのだ。世界保健機関の予測では、2020年にはうつ病が世界的にも病気の主要因の第2位になるという。実際に2017年には、病気や障害の主要な原因にうつ病が挙がっているという事実を踏まえると、憂慮すべき状況なのはまちがいない。

ものごとを考えるということについて、いままさに考え直さなくてはならないのだ。

先人たちの歩み

本書は、これまでに数々提唱されてきた思考の戦略の流れのうえに成り立つものである。例としては経営思想家のロジャー・マーティンによる「インテグレーティブ・シンキング」（統合思考）や、同じくロジャーと、アイディオ（IDEO）の創業者ティム・ブラウンがともに考案した「デザイン思考」などがある。また、心理学者であり行動経済学者でもあるダニエル・カーネマンによる画期的な研究も挙げられる。とくに、彼の著書『ファスト&スロー』の中では「(脳の働きについて) 第一に、私たちはまったく明らかなものにさえ気づかないことがある。第二に、そうした自分の傾向に気づいていない」と述べられている。本書では、マネジメントに関する本の先例にならい、ロジャーやティム、ダニエルをはじめとする先人たちの素晴らしいアイデアをたどり、その功績に触れていきたいと思う。

本書でこれから述べていく理論と、それに付随するモデルは、非常に広範な研究から生まれたものだ。また、私自身の経験にもとづくものもある。私は営利企業や学術機関で働き、カナダの通信大手テラス（ＴＥＬＵＳ）では「チーフ・エンビジョナー」(Chief Envisioner) として、カルチャー変革をしようとする組織のサポートをしている。こうしたなかで、私は人が働き、学び、自らの役割を果たしている姿を多く観察して、「ものごとを考える」という人の営みにおいて、いったい何が欠けているのか、何を改善しなくてはならないのか、ずっと真剣に考えてきたのだ。

さらに、本書のテーマに磨きをかけるため、多くの人々にインタビューを行なった。がんの専門医からミュージシャン、市長、ＣＥＯ、非営利団体のリーダー、教育者、技術者、オーケストラ指揮者、先住民族のリーダー、シェフ、それに帽子屋に至るまで、あらゆる職業の人をあたり、北米、欧州、アジアとさまざまな国の人に話を聞いた。

そうやっていろいろと考え合わせてみた結果、「新しくて、しかも覚えやすいフレームワークさえあれば、老若男女問わず、すべての人の思考のレベルが底上げされるのでは」と考えるに至ったのだ。

「はじめに」で触れたとおり、私はこのフレームワークをオープン思考と呼んでいる。

私の最初の本、『Flat Army（フラットな組織）』で、私は協調的なカルチャーを組織に根づかせる方法について研究し、リーダーとチームメンバーが「集団の共通性という流れのなかで」ともによりよい仕事ができるようになるためのポイントを、5つの要素が重なり合いながら連関していくモデルを用いて説明した。

2冊目の本、『The Purpose Effect（目的の効果）』では、目的意識の重要性について明らかにしていった。すなわち、個人の目的、組織の目的、そして仕事の役割から見た目的が、同じ直線上にうまく整合すれば、1人の個人にとっても、またその個人の集合で考えてみても、成果を最大化することができるというのが私の主張である。「私たち一人ひとりには、世の中に貢献することを意識的に選択しようとする組織の中で、自らの目的を追求し、同時に給料を得ることもできる人生を送る権利がある」というのが、2冊目での結論である。

より健全な社会を再構築し、維持していくために必要なもの——これを1脚のスツールに見立ててみよう。

「カルチャー」と「目的」が椅子の2本の脚だとすると、私たちの「思考」をよりよくしていくことこそが3本目の脚、ということになる。

社会が自律的に繁栄していく姿が本質的に実現できるかどうかは、そこに生きる人が考える自由を持っているか、ものごとを評価する能力があるか、創造性を育むことができるかどうかにかかっている。粘り強さ、判断能力、他者との協力、そして行動することが、よりよい社会には必要なのだ。

イマジネーションを発揮することが奨励され、批評はよりよい意思決定へと発展し、熟考のうえに実践がされることによって、ポジティブな結果がずっと続いていく――そんな環境を、個々人もリーダー層も求めてやまないはずである。「カルチャー」と「目的」、そして3本目の脚としての「オープン思考」がそろってはじめて、健全な社会、またよりよい個人が育まれる土壌ができるのだ。

短期的な視点にとらわれ、タスクを完了させることに追われ、あるいは起こりうる結果を恐れて素晴らしいアイデアをなかったことにしてしまうのは、あまりにもったいない。その先に待ち受ける未来を想像すると、本当に空恐ろしくなることがある。でも一方では、人が短絡的な思考に陥っているという現状は、仕事や人生への向き合い方を考え直すチャンスを与えてくれているとも言い換えられる。そして、希望の芽もたしかにあるのだ。

私はこれまで、自分が組織のリーダーを務めた実体験や、インタビューや観察や研究を重ねる中で、オープン思考をすでに実践している人や、チームや組織がちゃんと存在していることを、この目で確かめてきた。それでもやはり、今日の社会に生きる人の大半が、ものごとをどのように考え、どう動いているかという実態を考えると、とてもいまが効率的なやり方だとは思えない。フェイスブックのCOO、シェリル・サンドバーグの言葉を借りると「オプションAはもう無理なんだ。ならば、オプションBをとことん使い倒そうじゃないか」ということになる。

そう、いまこそ、私たちの思考そのものについて考え直すべき時なのだ。

思考とは何か

何かを考える時、私たちは頭の中でアイデアを生み出したり、結びつけたりしている。しかし、「考える」という言葉にはそれ以上の要素が含まれている。「思考」とは提案することであり、可能性を考えることであり、慎重に検討することであり、意見を持つことであり、そして自らの態度を表明することでもある。その人の信条や思想のことを指す場合もある。

まずは、思考という行為について考えてみよう。

思考は並行して行なうことができる。つまり、1つのことを考えながら、同時にまったく別のことを行なえるということだ。たとえば、あなたがシャワーを浴びる時には、いままで何千回と繰り返してきたルーティンがあるだろう。脳がそのルーティンをなぞり、行動が続いて起こる。——身体を濡らす。石けんを泡立てる。洗う。流す。その繰り返し。何年もそうやってきたのだから、いまさら変える必要もないはずだ。

しかし、身体を石けんで洗ったり流したりするその間に、あなたの頭の中ではおそらく、いろいろな考えが駆けめぐっているのではないだろうか。それは、単に石けんで身体を洗うというよりも創造的な、あるいは批判的な内容なのではないかと思う。私も毎朝、シャワーを浴びる時に頭と顔を剃る。もう20年以上も習慣（ルーティン）にしていることだ。そして、まさに頭や顔を剃っているその時に、私はよく好奇心のおもむくままに考えごとをして、無限の可能性に思いを馳せている。医学界ではこれを、「細胞が外部からの刺激がなくても自発的に行動を起こし続ける状態」ということで「自動性」と呼ぶようだ。頭を剃るという毎朝のルーティンを、私は自分の頭を切ってしまうことなく、毎日5分の思索と意思決定の場にもしている。その時の私の脳は、1つと言わず、複数の思考を同時に行なっているというわけだ。

『The Neo-Generalist（次世代のジェネラリスト）』の著者のひとり、作家のリチャード・マーティンと話した際、彼はこの点を裏づける話をしてくれた。

「たまに、自分の頭が身体の動作とは別のことに集中する時があります。たとえば自転車に乗る時、身体は1つの動作をごく機械的にやっているわけですが、頭のほうはこまごまとした情報に自由に思いをめぐらせたり、何かしらの行動や書き物につながるようなアイデアをまとめあげたりしているのです。実際、私のブログや記事のいくつかは、このやり方で最初から最後まで書き上げていますよ」

リチャードと私の体験はいずれも、心理学者で行動経済学者でもあるダニエル・カーネマンが言う「システム1とシステム2」の2つの思考の考え方に帰結させることができる。

カーネマンは前掲の本でこう書いている。

「フローを経験した人は、この時のことを『まったく努力しなくても極度に集中でき、時が経つのも、自分自身のことも、あれこれの問題もすべて忘れてしまう状態』と説明する。この状態がどれほど喜びに満ちているかを語る彼らの言葉からも、（注：カーネマンの同僚の）チクセントミハイが『最適経験』と呼ぶのは頷ける」

私もシャワーを浴びている時に、脳がさまざまなデータなり知識なりを結びつけはじめ、白昼夢のようなトランス状態に陥ってしまい、いつもよりシャワーに時間が長くかかってしまうことがある。妻のデニスは私がうっかり頭を切っていないかと冷や冷やしているようだ。

思考は、食事と同じく、私たちが日々行なうことである。実際、私たちは常に何かしらを考えている。でも、食事に健全な食生活と不健全な食生活があるように、思考にも健全なものと不健全なものがあるのだと、私たちはもっと意識しなくてはならない。

思考というものは、意識的にも無意識的にも起こる。自発的なものでもあり、そうでないものでもある。じっくりと思いをめぐらせるような時も、何かを突き詰めて問うような時も、行動に直結するような時もある。勝手に始まることもあれば、そうでないこともある。私たちは思考をコントロールできるが、どうしても本能的にしかものごとを考えられなくなることもある。だが、ここでいま一度考えるべきは、その思考の「質」、つまりその思考が「健全なものかどうか」だ。食べ物で考えると、チョコレートドーナツやポテトチップスもたまにはいいかもしれないが、不健康な食事を選ぶことが常になってしまうと、自分の身体はどうなるか。肥満になり、糖尿病や心臓病といった難しい病気になってしまうだろう。同様に、いつも残念な思考ばかりしていたら、時が経ったころに人生に悪い影響が出てもおかしくない。

たとえば、仕事で上司から「顧客サービス関連の問題を解決せよ」と言われたとしよう。理想としては、じっくり検討を行なう段階を経て1つの判断を下し、行動につなげる、ということになる。さまざまな可能性を考慮し、どれがうまくいきそうか推測し、意思決定をする。そして、顧客の問題を解決する行動を、顧客の側にも受け入れてもらえる時間軸でやりきらなくてはならない。もし、あらゆる可能性を際限なくホワイトボードに書き出し続けたり、選択肢をこねくり回したりするのに時間をかけすぎてしまったらどうだろう？　あるいは、創造的思考や批判的な思考をする時間をかけることなく、行動に飛びついてしまったら？　これでは、毎日ドーナツ12個入りを1袋、ランチに食べ続けるのと変わらず、不健全な結果になることは避けられない。習慣とは、どこかの時点で固まってしまうものである。このケースでは、顧客の不満もいつまでも解消されないままだろう。結局、残念な思考が勝ってしまうというわけだ。

別の例を挙げよう。

あなたのチームで、メンバー間の情報共有のやり方を改善したいと思ったとする。皆で集まって新しいアイデアをいくつか考えてみて、評価し、どれで行くかを決定して、それから実行に移すことができれば完璧だ。できればこのプロセスを繰り返して、新たなフィードバックや考えを取り入れられるともっといい。ところが多くの場合は、リーダーがトップダウン式で改善を要求するか、チームメンバーがさまざまな選択肢を吟味する時間をかけようとしないのが常だ。すると、改善策らしきものが実行されたところで、的外れな結果に終わってしまう。これは、「クローズド思考」がなされたせいである。まったくオープンとは言いがたく、人の熱も込められておらず、時間も投資されていない。これではうまくいくはずがないだろう。皆が負けを見ることになりかねない。

とはいえ、思考とは時に直感的なものだったり、本能的なものだったりもするものだ。車を運転している時に、向こうからおぼつかない様子の車がぶつかってきそうになったら、強制的に頭を働かせて、衝突を避けるための行動をすぐに取らなくてはならない。そういう時の思考のプロセスは、さっと一瞬で流れていくもので、先に挙げたいくつかの例の場合とは根本的に異なる。救急医が「生か死か」というような事態に直面している時も同様だろう。経験にもとづいてすぐさま重要な判断を下し、患者を救う行動をとらなくてはならない。

思考にはさまざまな側面があるが、この本で取りあげたい思考の類型は、車の衝突を避けたり、患者の命を救ったりする場面に関わるようなものではない。私は本書で、思考の心理学や脳科学について語っているわけではないし、「デザイン思考」や「インテグレーティブ・シンキング」といった先達の焼き直しがしたいわけでもない。もっと言うと、仕事で自分の役割を果たしているなかで、現状の繰り返しでも満足できているという人に向けて書いたものでもない。

本書で深掘りしたいのは、無意識的ではなく意識的な思考についてである。先天的あるいは自動的なものというよりは、じっくりと頭を働かせ、ものごとを突き詰めて問うような性質のものだ。それは、ビジネスの場面をはじめ、あなたが日々の生活の中で自らコントロールしていくような類のものであり、あなた自身も改善したいと願っているものではないかと思う。

ぜひ、この本をとおして「あること」をやっていただきたい。せっかく本書で「思考」の世界を探索していくからには、自分が普段、ものごとをどのようにして考えているのか、何度も振り返ってみてほしいのだ。そうすれば、単純に本を読んで終わりにならず、きっとよりよい思考の習慣を身につけることができると思う。

読み進めながら、以下の3つの簡単な質問を自分にしてみよう。

・じっくり思いを描くことに十分な時間を使っているだろうか?
・ファクト（事実）や証拠にもとづいて万全の判断をしているだろうか?
・行動を急いで完了しようとしていないだろうか?

オープン思考の3つのフェーズ

本書では、毎日の生活で実践できる、ごくシンプルな思考モデルを提案している。次の3つの要素は、オープン思考を構成する、主要なカテゴリーだ。

クリエイティブ思考（創造的思考）Creative Thinking

制約から自らを解き放ち、新しいアイデアを生み出すこと。
↓ポイント：じっくりと思いをめぐらせているか？

クリティカル思考（批判的思考）Critical Thinking

道義的かつタイムリーな判断をするために、アイデアや事実を徹底的に分析すること。
↓ポイント：どうやってものごとを判断しているか？

アプライド思考（実践的思考）Applied Thinking

決断をきちんと実行に移すこと。
↓ポイント：思慮深く行動することができるか？

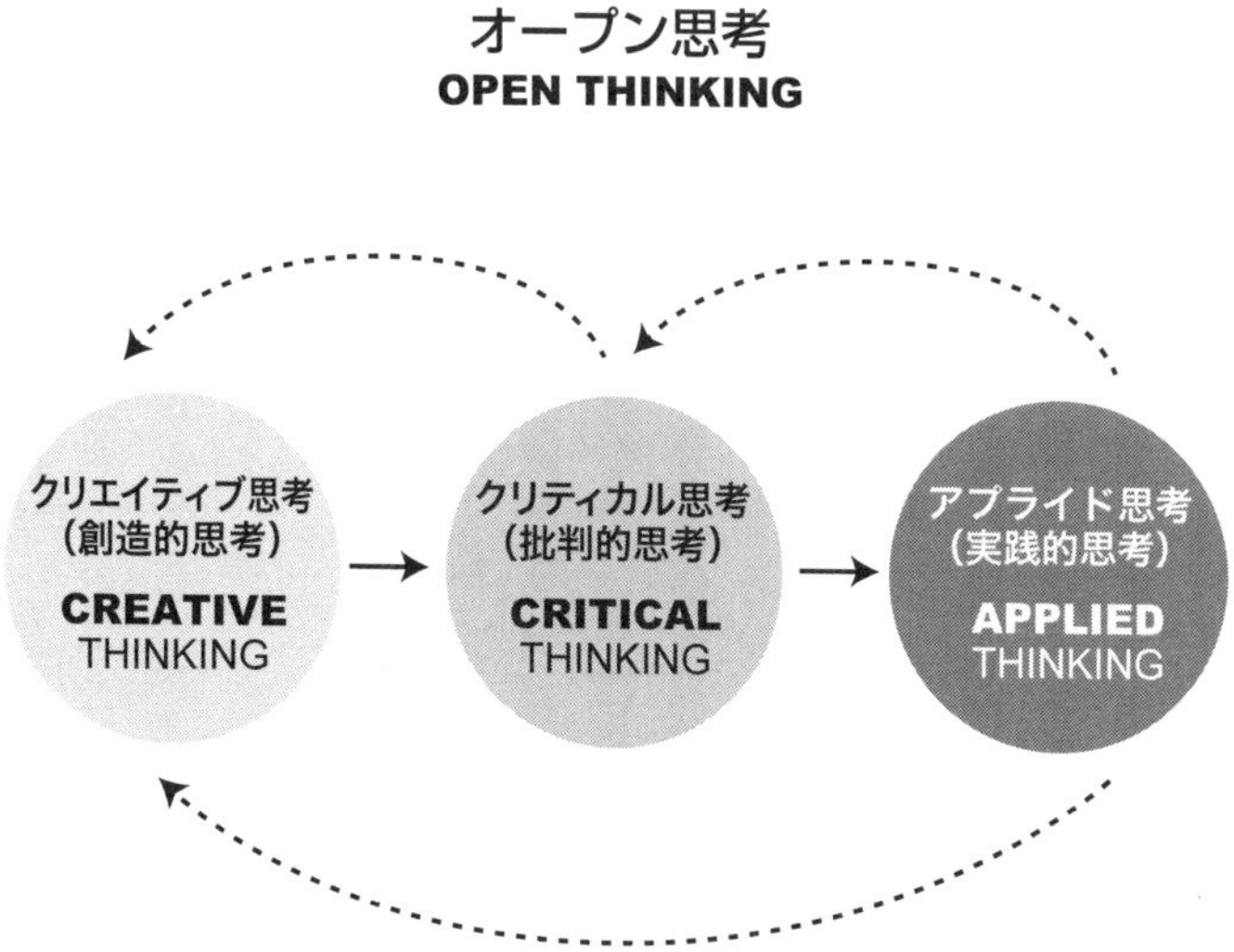
オープン思考
OPEN THINKING
クリエイティブ思考
（創造的思考）
CREATIVE
THINKING
クリティカル思考
（批判的思考）
CRITICAL
THINKING
アプライド思考
（実践的思考）
APPLIED
THINKING

オープン思考ができるようになるためには、「熟考」と「行動」の関係性——考え抜いた選択肢と、選んだ答えと、実際にとる行動のあいだにあるもの——を理解しなくてはならない。それから、本書に出てくるその他の要素が、いかにプラスあるいはマイナスに効いてくるかについても、押さえておく必要がある。

これまでに私がやってきた研究や、インタビューや、仕事の場での経験をとおしてわかったことが1つある。

それは、オープン思考のマインドセットを身につけている人は、何ごとにも熱心に取り組み、目的志向で、独創的であるということだ。

レジリエンスがあり、もし失敗や困難があっても、しかるべきところに立ち返って、もっと思い切って夢を描いたり、判断を深めたりするチャンスだととらえることができる人。そういう人は、継続的に学びを得ていくので、さらにオープン思考が促進されていく。要は、オープン思考ができる人は、自らを高めている人なのだ。粘り強さや思慮深さを持ちつつも、きちんとものごとを遂行していくことができ、しかも、それを心から楽しんでやっている。

オープン思考を身につけている人は、成功者タイプの人といえる。

ここでの「成功」とは、セレブだとかお金持ちだとかいうことではなく、人生への満足度が高いという意味で定義している。

オープン思考とは、いわば1つの哲学なのだ。

私たちは、習慣に引きずられる生き物である。残念ながらそのせいで、変化の可能性に対して盲目になり、その結果、取り返しのつかないダメージを負うこともある。本書の目的は、人がよりよく思考できるようになるためにオープン思考のモデルを提示する、というだけではなく、より健全な思考の習慣を根づかせることも含んでいる。

人の行動は「学習」(learn)によって習慣になるが、学習した習慣は「捨てる」(unlearn)こともできる。

このことに関して、未来学者のアルビン・トフラーの有名な言葉がある。「21世紀の文盲とは、読み書きができない人のことではない。学ぶことができず、学んだことを捨てられず、また学び直すということができない人のことである」

ピューリッツァー賞を受賞している『ニューヨーク・タイムズ』紙の記者、チャールズ・デュヒッグも、著書『習慣の力』の中でその心髄に触れている。

「習慣の力は大きいが、デリケートでもある。私たちの意識の外で生まれることもあれば、意図的につくることもできる。本人が気づかないうちに生じることが多いが、ある部分に手を加えてつくり直すこともできる。習慣は思っている以上に、私たちの生活に影響を与えている。その力があまりにも強いため、脳は常識よりも何よりも、習慣に頼ってしまうのだ」

思考を妨げる悪い習慣

話を進める前に、オープン思考のアンチテーゼについても理解しておこう。

本書では、オープン思考を支える3つの要素《フェーズ》「クリエイティブ思考」「クリティカル思考」「アプライド思考」のそれぞれについて考えていくが、オープン思考を妨げるものについても同様に取りあげたい（単にこれを「クローズド思考」という言葉だけで片づけるつもりはない）。

多くの場合、人々の日々の習慣は、明晰な思考をすること、また質の高い思考をすることを妨げるものになってしまっている。その結果、仕事の生産性も、熱意も、目的の達成も、個人の成長も、そしてイノベーションの創出もくすぶってしまう。これは由々しき問題だし、いまの思考のあり方や悪しき習慣にきちんと対処しなければ、事態はどんどん悪くなるばかりではと懸念している。

オープン思考に対する主なブロックになるもの――そこには、「熟考」と「行動」という2つのファクターが影響をおよぼしている。オープン思考をするには、熟考と行動のバランスがとれていなければならない。この2つのあいだにある支点がずれてしまうと、「無関心思考」「優柔不断思考」「硬直思考」という、思考の悪習慣のいずれかに陥ってしまう。

それぞれについて見ていこう。

まず、オープン思考と思考の悪習慣の関係性を図式化すると、次ページのとおりとなる。

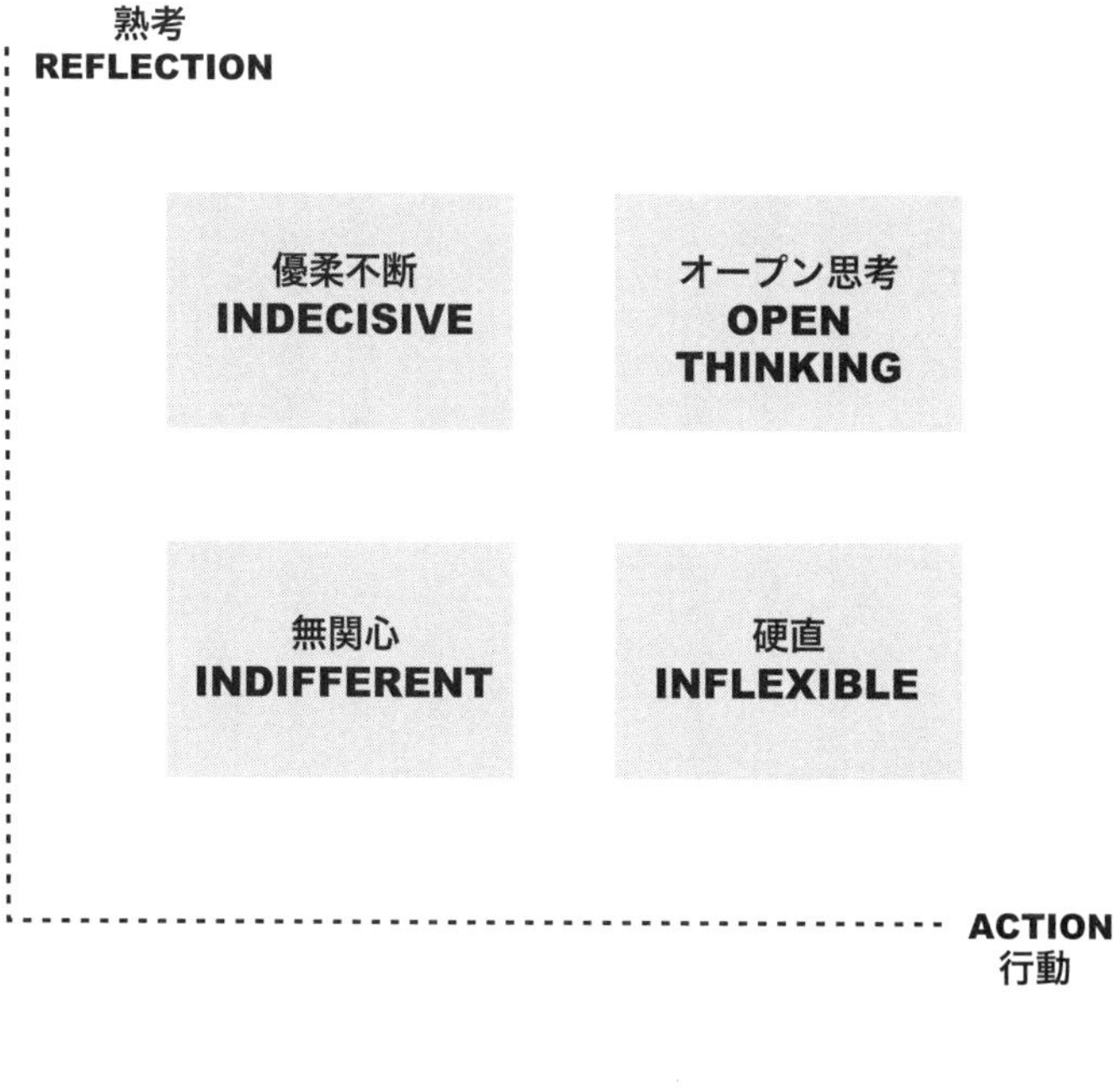
熟考
REFLECTION
優柔不断
INDECISIVE
オープン思考
OPEN THINKING
無関心
INDIFFERENT
硬直
INFLEXIBLE
ACTION
行動

1 無関心思考 Indifferent Thinking

私たちは、過去に学習した習慣に慣れてしまうあまり、何かちがうことを試してみるのをあっさりやめてしまうことがある。いったんルーティンや手順やシステムを覚えてしまうと、身になじんだ習慣を捨てるのが難しくなるのだ。その気持ちを代弁するなら、「これでいいよ。このままでも完璧なのに、何をわざわざ変える必要がある?」といったところだろうか。

『What Makes Your Brain Happy and Why Should You Do The Opposite（脳が喜ぶことの逆をせよ）』の著者、デイヴィッド・ディサルボは、こう述べている。

「習慣は、自動性とともに染みついた思考や行動のパターンというかたちで表われる。自動性とは学習の結果であり、ある種の内的な推進力となるもので、そこにはもはや明白で意識的なモチベーションも必要ない。したがって、習慣というものはまさに『何か』を学習したことで生まれる論理的な成果であり、その『何か』が有益なものか害をなすものかは問わないのだ」

しかし、一度学習した習慣をそのままにしておきたいと思うばかりでは、新しい成長やアイデアの創出が妨げられてしまうだろう。同じ場所にとどまって動かないままであれば、人の進歩は止まってしまう。

私はモハメド・アリが好きなのだが、彼はかつてこう言った。

「50歳の時点で、20歳の時と同じように世界を見ている人間は、人生の30年を無駄にしたということだ」

そうなると、人は往々にして変化に抗うようになり、行動しようという気がなくなり、じっくりと思いめぐらせることもせず、過去に身につけた習慣を変えられなくなってしまう。無関心思考に陥ると、心が動くことがなくなる。新たな可能性を夢見たり、よりよい成果を出そうと頑張ったりすることもない。最終的には仕事に対して無気力にもなってしまいかねない。

無関心思考とは、たとえて言うなら、「熟考」と「行動」の花が植えられたせっかくの庭園を気だるげにぶらぶらと歩くようなもの、とするとわかりやすいかもしれない。そういう時の私たちは、思いを描くことも意思決定をすることも、「しんどいから」とか「時間がかかるから」とかいう理由で尻込みしてしまう。たとえば、「本当にブレストなんかするの?」と言う人や、「何でもいいから早く決めて」と言う人がそうだ。行動に対して無気力な姿勢の人は、タスクを自分のもとから手放したいがために、逆に仕事をさっさと片づけようとすることもある。もしくは、そんな仕事や達成すべき目標などはじめから存在しないかのように、まるごと無視してしまうのだ。

無関心思考は、現代の組織にとって忌むべき状況しか生まない。オープン思考の実現を妨げるだけでなく、現状維持に甘んじようとする人たちの、恰好の後ろだてになってしまう。

いくつか例を見てみよう。

社内会議の場面を思い浮かべてみてほしい。

会議は毎週火曜日の午前10時に、B会議室で行なわれる。あなたの席は毎週同じ。上司は月曜日のうちに、前回の焼き直しのようなアジェンダを送ってくる。もう3年くらい、この繰り返しだ。何も変わらない。会議が終わりに近づくと、「ほかに何か共有すべきことはありますか?」とお決まりの質問があって、誰も何も言わず、また単調な日々のルーティン業務に戻っていく。リーダーもチームメンバーもやる気がなく、惰性で会議をやっていて、終わりのないサイクルの中でぐるぐるしているだけ。……まさに無関心思考の見本である。

プライベートな場面での例を挙げてみよう。

あなたは数年ぶりに体重計に乗ってみた。ちょっと太ったかなとは思っていたものの、数字を見たあなたはショックで立ち尽くす。なんと、最後に覚えている体重から6キロ以上も増えていた。「これはなんとかしなければ」とあなたはつぶやくだろう。そして数週間が過ぎる。あなたはまだ何もやっていない。放っておいても少しずつ体重は減っていくだろうと思って、体重を絞るための戦略をきちんと練る時間を取ろうともしない。何か計画を立てて実行に移す決意をすることもなく、もちろん何の行動も起こさないまま。そんなこんなで1年が経ち、結局体重は9キロも増えてしまった。……これぞ、無関心思考の顕著な例であり、かついちばん「重たい」ケースではないだろうか。

2　優柔不断思考　Indecisive Thinking

何かにつけて二の足を踏み、意思決定ができない人は、優柔不断思考の状態になっている。

選択肢をやたらと批判したり、広げたりすることに異常に長く時間をかけてばかりいると、経営学者のイゴール・アンゾフが言うところの「分析まひ」に陥るリスクがある。アンゾフは1965年に名著『企業戦略論』を上梓してまもなく、ある気づきを得たという。それは、自分が説いた戦略策定の手法にならった経営者やリーダー層が、かえって優柔不断になってしまっているという、なんとも皮肉な現実だった。人をよりよく成長させる方法について書いたつもりが、逆の効果をもたらしてしまったというわけである。いろいろと考えたのち、アンゾフは、かつての自分の理論に対して誰よりも厳しい批判を呈した。そして最終的には、まったく新しい戦略策定のモデルを打ち出したのである。

優柔不断思考は、頭の中で際限なく夢想を続けてしまうだけでなく、きちんと前進していくことを明らかに脇に置いてしまう。じっくり考える時間を取り、思いを描いて、それを観念化していくということは、オープン思考をするうえでは非常に重要である。それでも、あらゆる可能性を考えるのにすべての時間を費やすわけにもいかない。どこかで決断し、行動を起こさなくてはならないのだ。

優柔不断思考に陥ると、自分の手が届く範囲にある選択肢、あるいは自分が創りあげた選択肢の数が多すぎて、かえって意思決定したくないという衝動が湧くこともある。心理学者のバリー・シュワルツは、著書『なぜ選ぶたびに後悔するのか』の中で、選択肢の数が飽和すると、私たちはその分時間を圧迫され、意思決定するのも気が重く、不安になってしまうと述べている。アイデアをやたらと挙げ、選択肢を多く並べすぎると、意思決定にプレッシャーがかかり、よくない結果につながってしまうのだ。シュワルツは「オプションが増えるにつれて、いい決断を下すために必要な労力も増えていく。選択が天の恵みから重荷に変わるのは、1つはこのためだ」と書いている。

このように、優柔不断思考には、2つの面で問題がある。

1つは、「思いを描く時間の量と質」の問題。もう1つは、「選択肢が多すぎてよい意思決定ができない」（あるいはそもそも決断ができない）という問題だ。

仕事の場面を考えてみよう。

あなたがチームの次年度の予算組みをしていると、人を新たに2人増やしてほしいという要望がメンバーから上がってきた。論拠もしっかりしている。追加コストは年20万ドルだが、チームには約50万ドル分の利益が上がるという。あなたは、じっくり検討してみることにした。3週間後、もう少し情報が欲しいと言うと、チームは言われたとおり補足情報を出してくれた。さらに検討を重ね、3週間。上司に翌年の予算案とともに提案を持っていくと、上層部ではすでに別部署に翌年の投資枠を割り当ててしまっていたことがわかった。もっと早くに行動してさえいれば、結果はちがっていたかもしれない。

プライベートな場面での例を挙げてみよう。

あなたと家族は、新しい家を建てることに決めた。時間の面でもお金の面でも、大きな投資である。建築計画が練られて工事の承認もおりた。ここまではそう大変でもなかった。だがそこからスケジュールに追われる日々が始まる。工事が始まり、家の基礎ができると、建築責任者があなたに、家のこまごまとした設備について聞いてくるようになった。器具関連はどうするか、浴室に取り付けるもの、油はね防止タイル、収納戸棚のタイプ、フローリング……。決めなければならないことは山ほどある。それぞれの項目について検討すべきオプションとなるともっと多く、もはや途方もない数に思えた。家の内装デザインについては、選択肢があるならすべて見たうえで決めなくては、と思っていたあなたは、決断がずるずると遅れていった。結局そのせいで、8カ月で終わるはずだった工事は12カ月もかかってしまった。工期が延びた分、仮住まいの家賃は6000ドル余分にかかり、工事職人たちの人件費も2万5000ドル上乗せされてしまった。はたして、このお金は本当に必要だったのだろうか。

3 硬直思考 Inflexible Thinking

硬直思考に陥ると、私たちはきちんとよく考えることなく行動に飛びついてしまう。状況に応じて柔軟に熟考することができず、何かを達成することばかりにフォーカスしてしまうのだ。

思いをめぐらせ、立ち止まり、よく考えて、それから対応するという、思考の各要素を調和させるプロセスに重きを置かず、「どうせ時間がかかるだけだから」と単純に行動することを選ぶ。火事の現場で消火に奮闘するほうが、防火活動よりもずっと楽しいというわけである。

『本当の勇気は「弱さ」を認めること』の著者、ブレネー・ブラウンが、このことをうまく言い当ててくれている。

「感覚をマヒさせる方法としてもっともよくあげられるのが、異常な忙しさである。多忙中毒になっている人たち向けの12ステップのセミナーでもやろうと思ったら、会場はサッカースタジアムでも借りなければいけないのではないだろうか。私たちは、思い切り忙しくしていれば人生の真実にも向き合わなくてすむ、という雰囲気の中に生きているのだ」

いつも忙しく、仕事を完了させることを第一義とするのが、硬直思考だ。判断を急ぎがちで、息つく間もなく決断し、できるだけ早く行動する、というのがお決まりのパターン。本能的な直感というか、ひどい時は早とちりでものごとを進めてしまう。激しく、目まぐるしい状況の中に身を置いていることこそ仕事ができる証、とでも思っているのかもしれない。

もしあなたがチームのリーダーで、このような姿勢を見せていたら、チーム内や、もしかするとチーム外の人にも多大なストレスがかかってしまう。チームメンバーたちも、忙しくしていること（あるいはそう見せること）だけが正しい姿だと思い込んでしまうかもしれない。

硬直思考のマインドセットに陥ることのリスクはいくつかある。

まず、行動することが絶対だと思ってしまうと、想像力を働かせるための時間がなくなってしまう。ビジョンを描く時間を取らず、考えることよりもギリギリまで忙しくしておくほうが勝ってしまうと、私たちの知性を発達させる機会が失われてしまう。行動するのにきりきり舞いで、頭もいっぱいになってしまうと、単純に学習するための時間がなくなる。学習しなくなると、自分自身にも、そして自分と関わり合う人にも、害を与えてしまうことになる。

また、行動に対して持っている自分のバイアスにも気がつかない。チームにはどんどんせわしないカルチャーができあがっていく。自分にも周りの人にも、タスクを完了させろというプレッシャーをかけ、終わればさらに仕事を与える。「行動のための行動」という悪循環が普通になってしまうのだ。

例をいくつか挙げよう。

あなたと同僚数人は、数カ月前に非常に革新的なアイデアを思いついたが、まだ何も始められていない。それは、うまくいけば組織にとって数千ドルもの節約効果があるプロジェクトだ。なぜ、着手ができていないのか？　それは、あなたの組織はいついかなる時も、現場で起きていることの火消しで精いっぱい。あなた自身も必要に迫られて前線で消火ホースを抱えている状態だからである。リーダーもチームメンバーも関係なく、目の前のことをなんとかするのに必死だ。あなたは「どうしていつまでも、この組織に配属された時の本来のミッションが果たせないんだ？」と自問自答するばかり。プレッシャーも日々募っていく。オープン思考のカルチャーのもとでは起こらないであろう問題に対処し続ける中で、あなたは、きっとどこかのタイミングで何かが変わるはずだ、と期待する。でも、何の変化もない。結局日々の対応に追われるだけで、革新的なアイデアはいつまでも手つかずのまま――。

これが、硬直思考に陥っている組織のカルチャーの姿である。

プライベートな場面での例を挙げてみよう。

毎晩、仕事から帰ってきたあなたは夕食をとりながら、庭のデッキのことを考えてため息をつく。木でできているのだが、手すりや床の一部といったところに不具合が目につくようになってきたのだ。「修繕しなくては」と思うものの、実際は、修復方法を学ぶこともなく、毎晩ネットフリックスをずっと見ているだけ。来る日も来る日も、ドーパミンを刺激してくるような番組を見ているうちに、あなたは硬直思考に陥ってしまったのだ。つまり、自分の裏庭の問題を解決するための方法を学習し、じっくり考え、計画を立てるという、本来望んでいるはずの行動を実行するのではなく、それとは全然関係ない番組の行方について、心も頭も時間も費やしているのだ。

これらの悪しき思考習慣については、本書の中でもあらためて取り上げたい。

また、オープン思考の2つのエンジンとして、「熟考」と「行動」という言葉にも随所で触れていく。熟考と行動の両方にかける時間を最大化すると、つまり、思いを描き、判断をし、そして行動をするということを意識的に継続していくと、オープン思考ができるようになる。しかし、熟考と行動の効果の最大化にならない時間の使い方をしてしまうと、無関心思考、優柔不断思考、あるいは硬直思考のいずれかのタイプに陥ってしまう。

オープン思考の仕方を身につけるにあたっては、この悪しき思考習慣についても、ぜひ心に留めておくようにしてほしい。

ストラテゴの戦略

私は子どものころ、「ストラテゴ（Stratego）」（主に英語圏の国でよく遊ばれている軍人将棋の一種）という2人用のボードゲームでよく遊んでいた。このゲームで、ものの考え方を学び、また戦略の重要性についても知ったように思う。思考と戦略の関係性については、本書を書き進めていく中で、あらためてより明確にとらえられるようになった。「戦略の大切さ」ということについて、ストラテゴを例にお話ししておこう。

ストラテゴはチェスと同じく、碁盤目状のボードの上で行なう。チェスでは碁盤の目は8×8だが、ストラテゴは10×10だ。チェスでは、敵のキングをチェックメイトするのが目標だが、ストラテゴにおける目標は、敵の旗を取ることである。

2人のプレーヤーは赤軍と青軍に分かれ、「旗」と「地雷」と「軍人」の3種の駒を40個持ち、その駒を動かすことで相手の旗を狙う。

ゲームの序盤は完全に戦略的なフェーズである。自分の旗をどこに置くか、最終的に相手の旗を取れるように攻守の展開を考え、どのように駒を配置するかを決めていく。おおいに頭を使い、選択肢をいくつも考え、幾度も意思決定をしなくてはならない。駒を動かす前には、頭の中であり得るシナリオをいくつもたどり、どんな戦略が取れるか、自分自身とその都度議論していく。

一度、近所の人と対戦した際、相手が優柔不断思考に陥っていたことがあった。その人は駒を配置するのに25分以上かかり、当時10歳の私にとってはまるで永遠にも等しく感じられた。その時はじめて、人は全員が同じようにものを考えるわけではないし、誰もが自分の持てるクリエイティブ思考やクリティカル思考を満足に発揮できるわけでもないのだということを、うっすらと思ったような気がする。

また別の時に同じ人と対戦していて、自分がたいして考えもせず軽率に駒を置いた時のことも覚えている。その時の私は、「裏をかいてやろう」と思ったのだが、まんまと硬直思考に陥った結果、ものの数分で私は負けてしまったのだった。

ストラテゴのようなゲームからも、重要な教えを得ることができる。うまいプレーヤーは常に策を練り、評価し、状況を読み解いていく。またクリエイティブ思考とクリティカル思考と思考の実践のあいだを行ったり来たりしながら、いろいろと実験し、新しいことを取り入れ、さまざまなシナリオを試して、うまくいかなかったプランは変更し、新たな意思決定をしてそれを実行に移す。孫子が「混乱の中には機会（チャンス）もある」という趣旨の言葉を残しているが、まさにそのチャンスを常に探すのである。練りに練った策がいまひとつだった時はどうするか？　戦略をいかに見直し、シフトさせ、また実行していくか？　思考と行動のはざまで、いかに柔軟にいられるか？　——ストラテゴはまさに、オープン思考のフレームワークを説明するのにぴったりなのだ。

ゲームの最中は、熟考と行動を常に繰り返さなくてはならない。記憶をとりちがえてしまうと、相手に絶好の好機を与えてしまうかもしれない。早く動きすぎて相手に自分の意図が知れてしまっても、大惨事になるかもしれない。逆に駒を動かす意思決定に時間をかけすぎても、いまの自分のポジションに弱点があるのだと相手が勘づいてしまうかもしれない。また、相手の駒の動きもよく追っておかなくてはならない。動いていない駒はどれか？　それは地雷か、旗か、それともおとりか？　自分の手元にどの駒が残っているか把握しておくことはもちろん、相手がどの駒を手元に残しているかを覚えておけば、どう攻めるかの意思決定に効いてくる。

ストラテゴは、３つの思考のフェーズが別々に並んで成り立つものではない。むしろ、熟考と意思決定、そして行動が連続してどんどんつながっていくものである。もしかすると、このゲームが「ストラテゴ」という名前なのも、そこから来ているのかもしれない。「戦略」(strategy)があって、「行動」（go）がある。「ストラテジー」と「ゴー」で、「ストラテゴ」というわけだ。

実際には、ゲーム中に戦略は常に変わっていき、動きをかけ続けていかなくてはならず、単純な「ストラテジー」と「ゴー」で終わりではないのだが。「継続的」な「戦略」と「行動」ということで、「コンスタント・ストラテゴ」とでも言ったほうがいいかもしれない。

私たちの人生にも、おおむね同じことが言えそうだ。

クリエイティブ思考やクリティカル思考に時間をかけなければ、ただ行動を完了させようとしても問題がたくさん噴出してしまう。もとの戦略もうまくいかない。むしろ、目標を達成しようと頑張っているなかで予想もしない障害が出てきたら、戦略全体を見直して、いま一度新たなアイデアを考え、意思決定をし直さなくてはならないだろう。また、行動することだけに固執し、忙しさにとらわれてしまうと、生活に余計なストレスがかかってしまう可能性も高くなる。では、このような状態を避けるにはどうすればいいか。――「思いを描く」「意思決定する」「行動する」「繰り返す」。これに尽きるだろう。

戦略（strategy）という言葉は、ギリシャ語の「strategia」「strategos」から来ている。どちらもざっくり言えば、「将軍の役割、命令」とか「軍の司令官」とかいった意味だ。あなたはまさに戦略を握る将軍であり、自分の思考に責任を負っている。自分がプレーするストラテゴ、つまり自分の人生の舵取りは、他でもないあなた自身が行なうのだ。戦略と、思考と行動のしかたとは、密接に結びついているのである。

次の問いを、胸に手を当てて自問自答してみてほしい。

はたしてあなたは、常に戦略を練り続けることに対してオープンであるだろうか。

それとも、もともとのアイデアと判断にしがみつくあまり、敵の抜け目ない攻撃の餌食に甘んじて、敗北の屈辱に浸ってはいないだろうか。

共感を取り戻す

「私たちは、もっとじっくり考えなくてはなりません。いま世の中は思考の危機に瀕していると言ってもいいでしょう。いま一度、共感を取り戻すことが必要なのです」

これは、ブリティッシュ・コロンビア州の州都ビクトリア市のリサ・ヘルプス市長と話した際、彼女がふと口にした言葉である。ビクトリアは、私の第2のふるさとだ。私はバンクーバーに17年間住んだのち、２０１１年の夏にビクトリアに引っ越した。近隣のさまざまな市町村を含むビクトリア首都地域一帯として見ると、人口はおよそ40万人。地図で見ると、バンクーバーから南西に約96キロメートル下ったところに位置し、バンクーバーとのあいだを隔てるジョージア海峡は、アザラシやシャチのほか、息を呑むような美しい自然にあふれた広大な水域となっている。

リサが市長選に初当選したのは２０１４年11月のことだ。

私は彼女の公約にも関心があったが、それ以上に、彼女のふるまいにどこか興味を引かれていた。そしてリサが勝利すると、いっそう彼女のふるまいやアクションや意思決定の内容に注目するようになった。ここ数年、何人もの政治家にインタビューし、実際に会って親交を深める機会があったが、リサはその誰ともちがっていた。質素な執務室でインタビューに応じてくれた際、リサはこう語った。

「私が市政に持ち込んだいちばん大きなものはクリティカル思考だと思うのです」

リサはかつて歴史学を研究していたのだが、博士号を取得するのをやめて、政治の世界へと入ったそうだ。そこで、彼女が持っていた水平的にものごとを考える力——つまり、複数のまったく異なる要素をいかに織り込んでいくかを考える力——が、市長としての役割を果たすうえでも役に立っているという。

「私はいつも明らかなものとそうでないもの、この両者のあいだにつながりを見つけようとしています。私の望みは、世界を変えていくこと。この世界をもっとよいところにしたいのです」

いまの社会では、人の思考はがんじがらめになっている。「だから、心配なのです」と彼女はこぼす。「人々は、たとえばフェイスブックで3つほど投稿を読んだからといってすぐに態度を決めてしまう。私はそうはせず、いつでも考えを変える選択肢を持ちながら、どんな状況にも向き合っています。これは、私がこの仕事に活かしている1つの強みだと思っています。思考能力、という点ですね。市長をやるうえでの難しさの1つは、政治の世界には思慮深さというものがあまりないということ。政治家も市民も、アイデアや思考は積み重ねていくものだと、もっと受け入れる必要があると思います。互いに思いやりを持ちつつ、世の中を変えていくためのアイデアをしっかりと考えなくては——」

リサの率直な言葉から、もう1人、連想する市長がいる。2008年からブリティッシュ・コロンビア州のポートコキットラムの市長だった、グレッグ・ムーアだ。ポートコキットラムは人口5万8000人ほどの街で、バンクーバーから34キロメートルほど東、「ローワーメインランド」と呼ばれる地域にある。グレッグは市長の職を10年間全うしたが、2017年に、翌年の市長選には出馬しないことを表明した。また彼は、2012年からはメトロバンクーバー理事会の会長の職にも就いている。メトロバンクーバーは21の市町村と先住民族の居住域にまたがる地方行政区で、地域全体規模での行政サービスを計画・実施し、250万人以上の人口を擁するグレーターバンクーバー地域を管轄している。

グレッグはこう語っていた。

「自分の思考スタイルは周りの人を力づけるようなものであらなくてはと、常に意識してきました。できるだけ多くの人と、できるだけたくさん会話することが非常に大切です。人と言葉を交わすうえでは、たとえ自分が何かしらの意見を持っていたとしても、オープンマインドであるべきだと思います。文字どおり、いつでも自分の意見を変えられるようにしておくのです」

グレッグは自分が属するコミュニティで、オープンな思考スタイルが常にとられるような環境を率先して作っていったのだ。また、個人として、あるいは政治家として自分が高く評価された要因は、オープン思考を体現する環境を作る能力にある、と強調する。

「自分はクリエイティブ思考ができる人間だと示すこと。そして、意思決定や行動をしている最中も変化に対して前向きな姿勢を見せること。そうすればどんどん成功していきますよ」

さらにグレッグは、オープンマインドなアプローチについて、次のように語ってくれた。

「政治家であるからには、たとえズバリの正解ではないとしても、何かしらの答えは持っていなくてはならないと思っている人が多いようですが、私はそうは思いません。質疑応答の際に『これについて考えたことはありますか?』と聞かれたら、私は『いえ、ありません。ありがとうございます。いただいたご指摘をもとに検討し、あらためてご報告いたします』と答えますよ」

このように、人とのコミュニケーションのなかで着想を得て、現に進行中の対話やアイデアの中にうまく織り交ぜていくというスタイルが、グレッグの最大の強みの1つなのだ。だが、これはなかなかできることではない。「わかりません」と言えるためには、オープン思考ができないといけないからだ。


『「無知」の技法 Not Knowing』の著者、スティーブン・デスーザとダイアナ・レナーは、その中でこう述べている。

「ものを知らないと認める行為はリスクをはらむ。だが同時に、周囲と絆の意識を育てるものでもある。弱みをさらし、謙虚になることで、ともに働く者同士の距離を縮めるのだ。そうすれば力を合わせて問題を解決に臨むことができる。ともに大きな試練にも向き合っていれば、権力の差や階級構造は重要ではなくなる」

リサは、市長たるもの「公務は公の場で行なう」べきだと考えている。だからこそ、自分の思考や、自分が身を置く市政での検討のあり方はオープンでなければいけない、という。だが彼女もやはり、グレッグと同じ問題に直面しているようだ。

「もし私がラジオで何かを言えば、『あぁ、市長はこれこれをするんだな』というのが瞬く間に公然のことになります。ところが、その後私がアプローチを変えたら、市長は方針をすぐ変えるぞ、という話になりますね。でも実は、そこには揺るぎない考えがあるのです。――アイデアはそもそも、決して凝り固まったものにはなり得ない。そうでないと、本来の人の思考のあり方に真っ向から反することになってしまいます。アイデアや考えとはそもそも積み重ねていくものなのだと、私たちは受け入れなくては。そうやって進歩が生まれていくのです。これが、オープン思考だと思います」

この2人の市長は、オープン思考のある重要な要素を体現している。

それは、「オープンである」ということだ。

「え、そんなこと？」と思うかもしれない。だが、人との対話やフィードバックの中で得られる新しいアイデアや考えに対して、オープンであり続けることこそ、リサとグレッグに共通する能力だ。しかも、それをオープン思考の3つの領域すべてにおいて実践しているのである。

だからこそ、2人は市政で大きな成果をあげることができた。クリエイティブ思考もクリティカル思考もアプライド思考も、1回やればいいというものではない。他者から新しいコンセプトやアイデアをもらうことで、最終的によりよいものができるという可能性を、私たちはずっと心に留めて、オープンに構えていなければならない。オープン思考とは、常に一連の流れの中にあり、幾度となく繰り返していくものなのだ。

建築家であり、教員でもあるカイナ・レスキーは、ものごとに対してオープンでいると偶然の発見にも恵まれやすい、と言う。

「アイデアって、全然期待していない時にパッと浮かぶものだという気がします」

そう話す彼女が、30年以上のキャリアの中で目にしてきたもの、それは、人がいつもの習慣とちがうことをした時に、新しいアイデアが生まれることが多いということだった。まさに何かを進めている最中でも、ふとひらめいたアイデアによって、その方向性が変わっていくこともある。カイナはこの「ふとしたひらめき」について触れた、詩人ライナー・マリア・リルケの一節を教えてくれた。

――それと親密になったのは、疑いもなくある程度は、ふとあちこちへさまよう視線のせいなのである。何の奇もない身の周りのものでも、もしそれがいくらかでも私たちと因縁のあるものならば、私たちは思わず知らずそのような視線でまじまじと見て、理解するものだ。そんな視線をさまよわせていた時、私は急に眼をとめて、ひたと、注意深くひとみをこらした。――

この時、カイナはこう言葉を継いだ。

「何かを論理的なやり方で探そうとするのをやめてみる。すると、ひらめきが生まれる余地ができるんです。でもそれは、ひらめきが訪れるのをただリラックスして待っていればいい、というものでもない。一生懸命に取り組むことで、発見が生まれる源泉《ソース》に気づけるようになるのです。こうした発見は、決まった枠組みから外れるからこそ見つかるものであって、自分の思考の枠には収まらないものです。自分が知っていること、あるいは知っていると思っていたことがひっくり返ってしまう。この変化こそが、創造性の種になります。私自身、1人の教師として、デザイナーとして、またアーティストとして、何かに取り組んでいる過程では、常にここに立ち返るようにしています。私にとって発見、ひらめきは、コンパスの針のようなものなのです」

グレッグは、自分が以前、硬直思考とオープン思考とのちがいについて貴重な学びを得た時のことを語ってくれた。それは彼なりの「ひらめき」体験だったらしい。「私はもう少しで、人生最大の失敗を犯すところでした」とグレッグは言う。彼が2008年に市長に初当選したころ、ポートコキットラムの街には大勢のホームレスがいた。市長就任式を迎える前のある日のこと。グレッグが市庁舎の窓からふと外を見下ろすと、ホームレスがバスの待合所を寝床にしようとしている姿が見えた。そこでグレッグは、行政担当室長に、バス停留所の屋根からガラスを取り外すようにと指示した。庁舎から丸見えのところにホームレスが住み着くのが嫌だったのだ。本来ならいったん立ち止まって熟考するところだが、この時のグレッグは思考のバランスを欠いたまま行動を起こしてしまった。

あれは硬直思考ゆえの近視眼的な行動だった、とグレッグは振り返る。

「私の意思決定の内容は、ホームレスのコミュニティ全体に広まりました。そして、彼らの怒りを買ってしまったのです。抗議のしるしとして、彼らは市役所の芝のエリアに大々的にテントを張ろうとしました」

故郷の街で市長になりたてのグレッグにとって、市役所が「テント村」と化してしまえば、地域住民からよく思われないであろうことは明白だった。

「私は自分の過ちを認め、ホームレスの皆さんと言葉を交わすことに決めました。そして、彼らを市役所に招き、これからホームレスのためのタスクフォースを設けたい、と伝えました」

グレッグは自らの過ちを正そうとしただけでなく、彼らの声を聴き、きちんと当事者として巻き込むことで、最後にはよい結末につながるはずだと考えたのだ。グレッグの最終的な目標は、ホームレス問題自体をなくすことだった。集まった人々を前に、グレッグは自分の判断の誤りを謝罪し、まず彼らの思いに耳を傾け、オープン思考の姿勢を崩さないことを自ら心がけた。

「私はその場で彼らにタスクフォースの委員会メンバーになってくれるようお願いしたのです」

変化を起こすには、これまでとは異なる、もっと周りを巻き込む思考のやり方が必要だと、グレッグにはわかっていた。そこで彼は、ホームレスの共同体からさまざまな人に委員会メンバーになってもらうだけでなく、地元のビジネスリーダーたちにも声をかけた。

「ビジネス業界の人々はのちに、あのタスクフォースは、これまでやってきた各種委員会の中でもっとも有意義な取り組みだった、と言ってくれました。２つのまったく異なるコミュニティを巻き込んだことが大きかったですね。でも、私が閉鎖的なマインドのままだったら、ああは行かなかっただろうと思います」

何かを完遂しなければと思いすぎると、オープン思考はどこかに行ってしまいがちである。私たちはこのことを、よく肝に銘じておかなくてはならない。他の人の意見を聞くことを忘れてしまうと、よりよいものを生み出すチャンスも見過ごされてしまいかねないのである。

「私たちの社会における最大の壁は、真の意味での対話や反省の欠如ではないでしょうか。そこには、共感というものが大きく欠けていると思うのです。共感することは、オープン思考を実践するうえで不可欠だと思います。他者に共感できれば、ものごとのやり方は変わります。他者と対話することに対する熱意――これが欠けてしまう状態こそ、私たちが克服すべきものだと思うのです」

と、リサは言う。

リサとグレッグの話はいずれも、オープン思考を実践するにあたっては共感が重要である、という大切な学びを与えてくれる。他者の気持ちを考えることを忘れてしまったり、無視してしまったりすれば、私たちはたちまちクローズドなマインドへと陥ってしまうのだ。

テクノロジー企業であるビシネスソルバー（Businessolver）は、2017年に「職場における共感の調査」を行なった。その結果、自社を指して共感の空気があると答えた従業員は全体の半分以下であるのに対し、共感が大切にされていないと思う、と答えた数は85パーセントにも上ったという。

第7節で詳しく見ていくが、共感については理性面、感情面、そして思いやりの面の3つがオープン思考をうまくいかせるうえでの重要な要素になる。

実業家であり、世界的な自己啓発作家、デール・カーネギーは、著書『人を動かす』の中で、ヘンリー・フォードの次の言葉を引用している。

「もし成功の秘訣がひとつだけあるとすれば、相手の考え方をよく理解し、自分の立場だけでなく相手の立場に立って考える能力を身につけることだ」

フォードはいまから80年以上も前に、一般市民の立場に立って、その痛みを知ることを実践していたのだ。当時社会に必要だったのは、より速く走れる馬ではなかった。安価に手に入る自動車こそ、社会において市民の助けになりうるとフォードは共感とともに気づいたのである。

リサとグレッグのようなリーダーの例は、地域社会における取り組みやオープン思考の実践においては共感が重要であると教えてくれる。

研究者のジョージ・クーロスも、著書『Innovators, Mindset（イノベーターたちの考え方）』において、こんなふうに述べている。

「ものごとをなすうえでよりよく新しいやり方を作り出すためには、誰のためにそれを作ろうとしているのかを、まずきちんと心得ることだ」

オープン思考を引っ提げた革命児たち

「うちのチームの皆は、僕が1日に5回は『最終形を想像することから始めよう』と言うのを聞いていると思いますよ。僕たちは何を達成しようとしているんだっけ？ ということを思い描いて、それを達成するために逆算で動こうよ、というわけです」

これは、社会的企業WEの共同創業者であるマーク・キルバーガーの言葉である。世界を変えたいと願う人々を1つにする活動、これを行なっているのがWEだ。世界中の何百万人もの若者たちの伝説的なリーダーであるマークとその兄クレイグ。この兄弟のオープン思考の物語は、2人がまだ子どもだったころに始まっている。

アジア・アフリカなどの第三世界の子どもたちはなぜ苦しんでいるのか。どういう状況に置かれているのか――。10代から20代のはじめにかけて、キルバーガー兄弟はこの疑問に向き合い続けた。ジャマイカのスラム街で、南アジアの劣悪な工場で、そしてタイの路上で……。困難を抱える子どもたちの力になりたいという熱い思いを胸に、さまざまな場所でボランティア活動を行い続けた。

オープン思考をするためには、オープンマインドを持っていなければならない。マークとクレイグ、そしてWEの活動から見えてくる新たな希望について、ここで触れておきたいと思う。

貧しい国々へ何度も旅を重ねるうちに、キルバーガー兄弟はほかの人たちをも巻き込んでいき、それがチャリティを設立する動きへとつながっていった。そして、ケニアやニカラグアやインドといったところに、どんどん学校が建てられた。「次から次へとアイデアが湧いていったので、自分たちがやろうとしていることが不可能だなんて、思いもしませんでした」とマークは言う。兄弟はこのチャリティ団体でまず学校を1つ、次に10校、それから100校と、その数を拡大させていった。いまでは700校を超える学校が建ち、世界中で20万人を超える子どもたちが教育を受けている。だがこれは、2人のクリエイティブ思考、クリティカル思考、そしてアプライド思考の物語の、ほんの序章に過ぎない。マークは笑ってこう言う。

「学校へ行けと大人は言うけど、学校を建てろとは言わないでしょう。でも僕らは、自分たちの取り組みは深い目的に根差したものであること、そしてそれこそが自分たちが達成したいものであるとわかっていたんです。当初から、普通とはちがう考え方をしていたんですね」

学校の建設に携わっていたころからキルバーガー兄弟が持っていた思想が、今日のWEの思い、すなわち「人々をひとつに、世界を変えるツールを与える活動」につながっている。WEの活動は複数の企業体からなり、ウィー・チャリティ（WE Charity）、ミー・トゥ・ウィー（ME to WE）、それからかの有名なウィー・デイ（WE Day）などがある。とくにウィー・デイは、世界中の競技場で1年に1回、1日がかりで行なわれるイベントを主催しており、ローカルあるいはグローバルなコミュニティの中で変化を起こしている若者たちを称える活動をしている。毎年、このイベントには何万人もの若者が参加し、セレーナ・ゴメスやマジック・ジョンソン、ジャスティン・トルドー、ミシェル・オバマ、ショーン・メンデス、アル・ゴア、シャキール・オニール、ジェーン・ゴッダール、そしてダライ・ラマといった面々が登壇している。

WEに関わる仕事をしている人は、いまやグループ全体で400人を超え、何百万人もの人々に影響を与えている。

「僕たちの思考のプロセスはいたってシンプル。最終形をまず想像すること。それだけです」とマークは繰り返す。「僕たちがどうかではなく、『彼ら』はどうなのか。僕らはまず自分たちのステークホルダーのことを考えますし、また常にそうしています。僕たちは誰のことを語っているのか、何を達成しようとしているのか。大事なことはこの2つです。僕たちはこういう考え方でもって、チャリティの世界に挑戦状を突き付けているんです」

私はマークと話しているうちに、マークと、彼の兄クレイグ、それにWEに携わる人々の思考のプロセスの特徴がはっきりと見えてきた。――そこにはいつでも動きがあって、常に現状を打破しようとし、決して名声にあぐらをかかない。そして、エゴが先に立つ思考のカルチャーはオープン思考の精神に反する、という強い信念に満ちている。

「僕たちは、思考のパラメーターを変えたんです。まず、僕たちのパートナーを見据えた目標を定める。そしてそこから逆算でアイデアを描いていく」とマーク。「多くの人は、自己認識の欠如の罠にはまってしまいがちです。自分たちのことばかり考えてしまう。自分たちがいかに素晴らしいかということで頭がいっぱいなのです。そうやって自分ありきの思考をしていると、結局は結果がついてこない。でも、WEでは、自分たちが誰のために活動しているのかを第一に考えています。それから、チームとして関わっていくことができる領域を見つける。そして、思いを描き、意思決定をし、行動するというサイクルを回して実行していくのです」

マークや、彼の向こうに広がるWEという組織における思考のモデル、それがオープン思考とよく似たものであることが、私にははっきりと見てとれた。WEグループを構成する各企業の活動は非常に盛んで、そこでの思考のカルチャーは、従業員それぞれが――職位や肩書きにかかわらずオープンであり、したがって各人が正しい行動をとるだろうという相互の信頼に満ちたものになっている。最終形（メインゴール）を思い描くところから始めることで、クリエイティブ思考やクリティカル思考の習慣が組織の中で自由に実現され、ゴールを達成するためになすべきことが整理されていく。そこからアプライド思考のフェーズになってからも、ものごとがもしスムーズに進まなければ、自分たちはいつでもクリエイティブ思考やクリティカル思考に立ち戻ることをいとわない、とマークは断言する。オープン思考を行なうためには、このような反復的な試みがいかに重要かということがわかる例だと言える。

また、マークの言葉からは、多くの組織がいわゆる「クローズド・マインド」な思考習慣に陥っているという現実も浮き彫りになってくる。

「年配の人にWEに入ってもらう時はかなり苦労します。そういう人はこれまでずっと大企業で働いてきて、タスクの範囲を厳密に細かく限定するマインドセットに慣れてしまっているからです。思いを描いて、意思決定をして、ましてや自ら行動するなんていうWEのやり方は、相当難しいようですね。現代の企業は、人の思考を小さな箱の中にでも押し込めているんじゃないかと思いますよ。『君の責任の範囲はここまでだ。この線を越えないように』ってね。WEでの思考のカルチャーは全然ちがいます。1日を終えるところまでずっと、思いを描くことや意思決定をすること、そして行動することを皆が後押しする空気が社内に満ちています。たとえば、もし誰かから僕に承認を請うメールなんてものが飛んで来たら、『僕らのことじゃなくて、彼らがどうなのかがすべてだろう。どうするかはあなたが決めるんだ』と言うでしょうね。こういう考え方は、組織のトップから実践していかないと。そうでなければ、判で押したようなパターンができていってしまう。うちのカルチャーは、絶対にそうはさせませんよ」

WEの成功要因は、彼ら兄弟がクローズド・マインド的な思考にならないようにと幼いころから徹底してきたことにあると言っていいだろう。

今日では、国や職業を問わず何万人もの人々がＷＥの活動に触発されている。そのポジティブな影響力の源泉となっているものこそ、無関心思考や優柔不断思考や硬直思考に甘んじることを拒絶する、彼らの確固たる姿勢なのだ。

帽子屋に敬意をこめて

カナダのロックバンド、「ザ・トラジカリー・ヒップ」（The Tragically Hip）のホームページに、２０１６年5月24日、ある短いコメントが掲載された。リードボーカルのゴード・ダウニーが、多形成膠芽腫《たけいせいこうがしゅ》という珍しい脳腫瘍と診断されたという。そこに添えられていた「末期」の文字。ファンたちはそれを、衝撃とともに沈痛な気持ちで見つめるしかなかった。

翌日、また別のニュースが発表された。

――ザ・トラジカリー・ヒップの5人のメンバーは、最後にもう1度、カナダ国内を巡るツアーをすると決めた。ツアーは7月22日にビクトリアでスタートし、バンドの故郷であるオンタリオ州のキングストンで8月20日に幕を閉じる。――

私は幸運なことに、その夏のコンサート全日程のうち半分も参加することができた。ロックからブルース、オルタナティブまでこなすこのバンドを、私は１９８９年からずっと追いかけていた。ツアーの初日、ビクトリアでのステージに、ゴードが姿を見せた瞬間は忘れられない。

永遠に続くかと思うほどの、鳴り止まない歓声。現れた彼が纏《まと》っていたのは、トロントのデザイナー、イジー・カミレッリが手がけた、メタリックな輝きを放つ鮮やかなピンクのスーツ。そして、大きくてユニークなフェルトの中折れ帽。その帽子の左側には、クジャクの羽根と思われる飾りがついていて、魅力的なステージ衣装にいっそう華を添えていた。「帽子好き」を自称する私は一瞬でその帽子に魅せられてしまった。嫉妬すら感じていたかもしれない。

ゴードがそのツアーのためにあつらえていた帽子は全部で6種類あった。いずれも、トロントのリトルイタリーという街の近くにある昔ながらの帽子店、【リリプット・ハット】のカーリン・ルイズの手でデザインされたものだった。

私はその後、カーリンに連絡を取り、店に立ち寄ってもいいかと尋ねた。はじめは、ゴード・ダウニーのあの帽子たちが作られた場所を見てみたい、ただそれだけだった。しかしやがて、私の興味の対象は、この帽子店そのものに移っていった。

私は本書のために50人以上の人々にインタビューし、膨大なデータや歴史、研究結果とも向き合ってきたが、とりわけこの【リリプット・ハット】と、カーリンのリーダーシップには、心をつかまれるものがあった。まさにオープン思考のシンボルと言ってよく、また最高のサンプルでもあったのだ。

【リリプット・ハット】の店の扉は、がっしりとしたオーク材でできている。建物を彩るピンクと黒の縁飾りが施されたその扉を開くと、色という色のカーニバルが目に飛び込んでくる。

独特の香りが染みついた店内。あちこちで話し合う声がシンフォニーを奏で、木の床がきしむ音も聞こえてくる。リトルイタリーの街に店を構えるにふさわしい、洒落た外装ももちろん素晴らしいのだが、店内はそれこそ宝石のように眩く輝いていた。

店に足を踏み入れてまず目につくのが、壁に掛けられた帽子たちである。膝の高さくらいの陳列棚にも、いくつか商品が並べられている。ゆったりとした長いソファを通り過ぎると、制作チームがまさに働いているところにやってきた。バックヤードなんてものは存在しない。パーティションもない。テーブルには布があふれかえり、数台のミシンが音を立て、アイロンが蒸気をあげている。また、世界中の人間の頭の形をかたどっているのでは？　と思うほど帽子の木型もたくさん置かれていて、まるで壁のようになっている。あたりを見回せば、店内で行なわれている仕事の数々が、めくるめく7色の虹となって押し寄せてくる。刺激的で鮮やかな色彩は収まるところを知らず、制作チームと顧客らが交わす会話も途切れることがない。……この魔法のような不思議な空間に、私はたちまち魅了されてしまったのであった。

それから何度も訪ねるうちに、私はあることに気がついた。

【リリプット・ハット】の面々は、短期間、あるいは長期の仕事に取りかかる場合でも、思いを描き、意思決定をし、そして行動するというサイクルを常に回しているのである。

最高級の素材だけを使い、過去から長い時を経て受け継がれてきた伝統的な製法を守りつつ、

【リリプット・ハット】が1980年代の終わりころからずっと商売を続けてこられたのは、オープン思考のカルチャーがあったからだったのだ。

この店では、帽子のデザインと制作、そして販売が同時に行なわれている。どの帽子も手作りで、制作担当は6人。カーリンとその仲間たちにとって、帽子は絶対に完成させなければならず、不完全な仕事などもってのほか。それでも、創造性を発揮し、批判を正しく用いて意思決定をすることができるのは、まさに芸術と技術の交わりのなせるわざだ。

顧客との約束の納期のプレッシャーにさらされつつも、クリエイティブ思考とクリティカル思考を同時に働かせることは慣れっこ。

そんなカーリンと制作チームの姿を観察していて得た気づきを、各章の結びに代えて伝えていくこととする。

さあ、準備はいいだろうか。

まずはクリエイティブ思考について、本格的に議論を始めていこう。

第2章

クリエイティブ思考（創造的思考）

OPEN TO THINK

第2節

思考の孤独な淵で

——他の人は、いまあるものを見て、何故そうなっているのかを問う。

私は、今後あり得るものを見据えて、そうはならない理由は何かを問う。

パブロ・ピカソ(画家)

『キャスト・アウェイ』はオープン思考のフレームワーク

時は2000年代のはじめころ。

真っ青な海に、白いバレーボールが波に揺られて漂っている。するとどこからか、「ウィルソーン!」と叫ぶ誰かの焦った声が響きわたった——。

2000年公開の映画『キャスト・アウェイ』を知っているだろうか。

主人公はトム・ハンクス演じる、チャック・ノーランド。物流大手のフェデックス(FedEx)

に勤めるシステム・エンジニアであり、各地の配送倉庫のオペレーション効率を可能なかぎり高めるべく、世界中を飛び回るのが彼の仕事だ。

なぜ、突然映画の話を始めたのかといぶかしく感じた人もいるかもしれないが、この作品は、オープン思考のフレームワークの具体例を実にわかりやすく示してくれる。本章でお話しするクリエイティブ思考を掘り下げていくとっかかりとしてちょうどいいのだ。

さて、話を映画のストーリーに戻そう。

あるクリスマス・イヴのこと。急なトラブル対応で、ノーランドはマレーシアへと向かうフェデックスの貨物機に乗っていた。しかし、彼が目的地にたどり着くことはなかった。飛行機が海に墜落したのだ。同乗していたクルーは死亡。1人生き延びたノーランドは、太平洋に浮かぶ無人島に漂着した。連絡手段もなければ、物資もない。一緒に流れ着いたわずかな量のフェデックスの荷物を除いては——。ノーランドは荷物をいくつか開け、島でのサバイバルに必要な最低限の道具類と、ある友人を得た。そう、冒頭のバレーボールの「ウィルソン」である。

映画の序盤でノーランドは、日々追い立てられるように猛烈に働く、現代にありがちな仕事人間として描かれている。恋人のケリーとの時間をないがしろにし、きちんと向き合ってほしいという彼女の想いにも応えられない。体重も標準より20キロ以上もオーバーしている。紛れもなく、仕事で消耗してストレスを抱えていることの表われだ。ノーランドにとっては仕事が第一で、自分の健康やプライベートでの関係などは二の次。まさに典型的なワーカホリックといった印象である。

ノーランドというキャラクターが持つ欠点、それは、仕事を完遂することへの過剰なまでの執着だ。現代人の多くが同じようにこの執着と格闘している。常に多忙を極め、仕事に手をつける前に創造的に考えてみるなんてことは思いつきもしない。絶えず忙しくしていることこそ、仕事の意義だと思っている。頭にあるのは、タスクをできるかぎり速く終わらせることだけ。いったん立ち止まって思考を創造的にめぐらせる、という概念は、ノーランドにとっては異質なものでしかない。フェデックスのシステム・エンジニアたるもの、顧客に荷物が届くスピードが評価の基準。だからこそノーランドは、ずっとこのような生き方をしてきたのだ。

そんな中、飛行機が墜落し、1人になったノーランドは不安でいっぱいだった。そして、これまでの仕事人生で染みついた、すぐに判断に飛びつく癖をおおいに発揮した結果、どんどん状況が悪化していった。

無人島生活が始まったばかりの、ある夜のことだ。浜辺から数キロ向こうに、貨物船の明かりを発見したノーランドは、「これで助かる！」と喜んだ。夜が明けるとすぐに、壊れたオールを手に、空気が半分抜けたゴムボートで、船が通ったあたりに向けて漕ぎ出していく。ところが、波が強くて思うように進めない。奮闘するものの、途中でボートが転覆し、サンゴで脚を切ってしまう。当然、救出してもらうことはできなかった。

あらゆる選択肢を創造的に考えてみる前に、ものごとを速く成し遂げようと焦った結果、無残な目を見ることになってしまったのだ。

この時のノーランドは、自分で自分を追い込んでいたと言っても過言ではないだろう。


ノーランドが無人島で暮らしはじめてから4年が経った。

画面に映るノーランドは一変していた。身体は締まり、眼光もするどく、壮健そのもので、新しい環境に見事に適応している。彼には時間がたっぷりあり、生き抜くためには創造的思考をせざるを得ない。無人島に生き物は自分をおいて他にいないという状況にあって、生きることはノーランドにとって思考の連続だった。環境が、彼を飛躍的に進化させた。ノーランドはすっかりオープン思考ができる人間になっていたのだ。

洞窟に差し込む日光と、岩の割れ目でできる影を日時計にして、岩壁にカレンダーを作った。高価な文房具やデジタル機器に頼らなくても、これで月日の経過を計ることができる。また、ココナッツの殻と雨水で、真水を集める精巧なシステムも考案した。他にも、ノーランドが自身の精神面も肉体面も変化させ、よりよい思考ができるようになったことを示す例はいくつもある。そして何より、ノーランドは、思考してから行動し、熟考してから実践するという新しい習慣を身につけていた。思いを描き、意思決定をしてから行動に移すというサイクルを、継続的に回せるようになったのだ。

ノーランドがオープン思考を発揮する様子がもっともよく表われているのは、仮設トイレのドアが島に流れ着いた場面だろう。

ノーランドは浜辺に座り――かたわらには気の置けない友、ウィルソンがいる――ドアをじっと眺め、どう使おうかとずっと考えている。耐えがたいほど長く続く沈黙。アイデアをじっくりと練る日々。突然、彼はウィルソンに向かって叫ぶ。

「いける！　これならいけるぞ……」

ドアは、島から脱出するための舟の帆になった。ノーランドは、波の強さを乗り越えて帰還するにはどうしたらいいかを、何年間も考えていたのだった。だからこそドアをどう使うかを単に思い描くだけでなく、それぞれの使い方をした時のメリット・デメリットも慎重に比較していった。それだけではない。彼はドアを舟の帆として使うという結論に達すると、次はいかだを作るフェーズの検討を始めた。長旅に足りるだけの食料なども積めるようにしておかなくてはならない。そこから3カ月間、ノーランドはクリエイティブ思考、クリティカル思考、アプライド思考を繰り返し、新たに手に入れた帆を取り付けていかだを作っていった。

彼が目の前のタスクに取り組むなかで、思考と行動がシンクロし、ブレインストーミング、設計、検証、そしてアクションが一続きに行なわれていくさまを、私は画面を通して見ることができた。ノーランドは、どの場面でも紛れもなくオープン思考を発揮していた。

もし、仮設トイレのドアが流れ着いたのが飛行機の墜落から数日後だったら、ノーランドは、ドアを帆にはせず、すぐに屋根として使ったにちがいない。

はたして海に漕ぎ出した彼は、その道中、友ウィルソンとの別れもあったが、通りかかった貨物船に発見され、ようやく救出されたのだった。

現代の組織における従業員もリーダーも、無人島に漂着したばかりのノーランドと同じような状況に陥っている。

目の前のタスクに対し、いったん立ち止まって創造的に考えてみることをせずに、すぐ行動しては失敗することを繰り返している。「少ないコストでより多くの成果を」出すべし、そして、仕事をできるかぎり速く完遂すべし、という考え方を植えつけられてきた結果、いろいろな可能性を考えてみる時間を取ろうとしないために、良質な意思決定をする力も弱くなるのである。


なぜ、私たちは、行動を起こす前に立ち止まって創造的に考えることができないのだろう？

なぜ、結論を急いでしまうのだろう？

なぜ、いろいろな可能性を思い浮かべる前に、早く行動しなければと思ってしまうのだろう？

なぜ、いつもこんなに気が急いているのだろう？

なぜ、決断を焦ってしまうのだろう？

こうした疑問について、これから本節で考えていきたい。とくに、クリエイティブ思考を妨げるさまざまな要因や制限とは何なのか、一緒に分析していこう。

ピースの欠けたタワー

1990年代の終わりから2000年代のはじめ、私はブリティッシュ・コロンビア工科大学で、キャリア転向を考える社会人向けの発展講座の講義をいくつか担当していた。その中のある講座で、新入生たちに1つのワークをやってもらうことにした。その講座は1年かけて修了するプログラムで、すでに学位を持っている社会人が、ビジネスやリーダーシップ、最先端技術について学ぶというものだ。

第1週目の金曜日の午後。

私は30人の生徒たちを6人ずつ5つのグループに分けて、各自の名前をホワイトボードに書き出した。それから、「皆さんは、これから割り当てられた部屋に行って、机に置かれた封筒の中の指令を読み、タスクを完了させてください」と指示した。さらに、私は各教室を巡回して生徒たちを観察するが、生徒のほうから私に話しかけるのは禁止だということ以外、制限は設けないこと、ワークが終了したら、最初にいた大教室に戻ってきて、グループごとにどうだったかを議論してもらうことを伝えた。私が話を終えると、生徒たちは与えられたタスクを完遂すべく、わっと教室を飛び出していった。

ちなみに、生徒たちの平均年齢はおよそ35歳で、社会人歴を合計すると300年分以上と、ビジネス経験は豊富だ。また、生徒たちの学術的なバックグラウンドは多岐にわたり、学歴も折り紙つきである。高等教育を修めた証である学位や修了証書を数え上げれば1クラスだいたい40個、受けてきた教育期間の合計は140年間分にものぼる。

さて、彼らが向かう教室に置いてある封筒の中には、数枚の色画用紙、棒、のり、ホッチキス、ハサミ、定規、テープなどとともに、紙が1枚入っている。これが基本セットだ。紙には、ごく簡単な指示が書かれている。指示の内容はこんな感じである。

> 封筒の中のものだけを使って、45分以内に、チームで以下の構造物を作りなさい。
> 完成したら、大教室に戻ること。

文の下には、実際のモノの細かい寸法、比率、色などを詳細に示す図が描かれている。生徒たちが作るのは、紙と棒で作る何階層か分のタワーだ。封筒の中に材料は入れておいたので、どのチームも制作には着手できる。はじめは順調に行くだろう。だが、最後まで完成させるには一ひねりが必要だ。生徒たちは知るよしもないが、実は各チームの封筒の中身、つまり基本セットからは、それぞれ特定のものが抜きとられている。タワーの完成に必要なものが何かしら欠けているので、このままではどのチームも失敗してしまうことになる。

たとえば、画用紙をきれいに切ろうと思ったらハサミが必要だが、それが入っていない。タワーの上のほうの階層は特定の色が指示されているが、その色画用紙が入っていない。タワーの各部を接着するのに必要な、のりやテープやホッチキスといったものがない。また別のチームは定規がなく、サイズを測ることができないのである。

私はこの思考実験を5年間で15回は行なった。毎回、私は各チームの部屋を回り、学歴も高く社会経験もある生徒たちがどうするかを観察した。すると、どのチームも必ず、次の3つのうち、いずれかの状態にまず陥ることがわかった。

独裁状態

リーダーになる生徒がさっと現われて、チームにあらためて指示の内容を読んで聞かせる。そこからは総監督としての役割もその生徒が担い、自らのユニークな考えやアイデアでもってタワーを作るよう指示を出していく。リーダー型の生徒は、アグレッシブに方針を打ち出し、他の生徒はそれに従う。ものごとはたしかにどんどん進んではいく。しかし、いずれ限界が来ても誰も指摘しない。硬直思考の1例である。

パニック状態

指示の内容を1人の生徒が読もうが、チーム皆で額を寄せ合って読もうが、用意されたものをざっと確認するだけで、すぐさま全員が「このタスクは不可能だ」という結論に達する。そして、「定規やハサミがなければ打つ手がないじゃないか」と、ある種のパニックが巻き起こる。チームが破綻しかけたところで、いったん落ち着こうということになるものの、「どうしよう」という悲痛な声が上がり、チームをためらいの空気が包み、これ以上創造的に考えるのを妨げてしまう。優柔不断思考の表われである。

絶望状態

パニック状態にこそならないが、前述の2つのパターンにはあった、なけなしの意欲を投げ出してしまう。

指示を読んだあと、各自で役割分担を決め、粛々と進めていく。他の2つのパターンよりも、はるかに整然としているが、途中で、「これは無理だ」と悟る。タワーの何階層分かまではできるかもしれないが、全体の完成までは至らず、といった具合に。だからといって、それ以上行動を起こすこともなければ、あらためて考え直してみることもしない、無関心思考がチーム内に蔓延する。

オープン思考を妨げるこれらの3つの考え方のうちいずれかに陥ってしまったチームは、だいたいそのまま失敗していく。

しかし、このワークをこれまでやってきたなかで、「素晴らしい事象」が起きたことが5回ある。

それは、『キャスト・アウェイ』のチャック・ノーランドがそうだったように、生徒のうちの誰かが「いまの思考のやり方を変えなくては」とはたと気づいた時に起きた。

ゴールを達成するには、ちがう考え方をしていかなくてはならない。タスクを成功裏に終えるには、もっとチームでアイデアを膨らませて、きちんと意思決定をしていく過程を取り入れなくてはならない……。そんな境地とともに、素晴らしい事象にたどり着く方法が見えてくる。

そもそも「ある素晴らしい事象」とは何か？　気になる人もいるだろう。そのことについてお話しする前に、思い出してほしい。私が最初に生徒たちに指示を出した時のことを。

生徒たちに、割り当てられた部屋から出てはいけない、とは言わなかったはずだ。

当然、各チームの部屋には鍵などかけていないし、部屋にいるようにとも言っていない。

そして、ほかのチームと協力することも禁止していなかった。

そう。「ある素晴らしい事象」とは、ほかのチームと協働することで、指示を達成させたチームが現われたということである。

ほかのチームと協働しさえすれば、お互いに足りないものを補い合って、指示を達成することが簡単にできる。なのに、毎回、ほとんどの生徒が、それぞれ割り当てられた部屋の中で、チーム単独でタスクをやらなくてはならないと頭から決めつけ、完成させることができないままタイムアップを迎える。そして残念ながら、ほかのチームと協働することに気づいたチームも、そのことに思い至ったタイミングは、いずれもチーム内で何度かタワーを作ろうと試みて失敗したあとであった。

最初に時間を取って、まずどうやって作るかを考え、その手段を検証したチームは1つもなかったのである。

なかにはユニークなアイデアで対応したチームもあったので、ここで紹介しておこう。

ある階層を作るのに必要な赤い色画用紙が封筒に入っていなかったチームは、ペンで「この青色は赤色であるとする」と殴り書きしていた。また、別のチームは、自分たちで定規の代わりになるものを編み出して、なんとか寸法を合わせようとしていた。

さて、このワークの制限時間は45分である。

45分が経過すると、タワーが完成したかどうかはともかく、30人の生徒たちは、最初にいた大教室に戻って、ワークの間にどんなことが起きたかを報告し合う。

ワークの種あかしを聞いた生徒たちは一様に、自分たちの部屋へと向かう時にはもう気が急いていて、チーム間で協力するなんてことはおろか、ほかのチームの存在すら完全に忘れてしまっていた、という。なぜそもそも急ぐ必要があったのだろう、という声もよく聞かれる。さらに、多くのチームがドアを閉めて作業をするのだが、そもそもなぜ、自分たちの部屋のドアを閉めなくてはいけないと思ったのか、についても話し合われた。「競争に勝ちたいと思ったから」というのがたいていの答えなのだが、私はこのワークを競争だとはひと言も言っていない。実際、景品などもいっさい用意していない。

また、生徒たちは自分たちが部屋に入ったあとのことを振り返って、なぜ指示を読んですぐにタワーを作りはじめてしまったのだろう、とも言った。「もし、最初にいったん立ち止まって、タワーを作る方法をいろいろと考えてみていたら、きっと成功していたと思う」といった声が上がることも少なくない。

このワークをやった社会人は数年間で約400人にのぼるのだが、「ほかのチームと協力したらどうか」と最初に発案した者は誰もいない。1人も、である。全チームの実に3分の2がタワーを完成できなかった事実を踏まえると、多くの人がオープン思考の意味を忘れてしまっているか、そもそもその概念を学んだことがないのだと、あらためて気づかされる。

行動経済学者のダニエル・カーネマンも次のように述べている。

「確証バイアスは、自らがなんらかの考えを持っていて、その考えが自らの主張として固まった時に起こり、以後はなんでもその主張に合うように解釈しようとしてしまう。確証バイアスは、不確実なものに接した時の知覚作用に見られるプロセスだが、思考のプロセスにおいても同じことが言えるだろう」

オープン思考をするには、いまとはちがう考え方をすることに対して、そもそもオープンになる必要がある。自らに染みついた認知バイアスや、これまでの思考の傾向は、将来のよりよい思考の基礎としては使えない。

紙のタワーを作るワークからは、私たちの既存の思考習慣には、大なり小なり「チャック・ノーランド」がひそんでいる、ということが言える。つまり、「無人島に漂着したばかりころのノーランドの思考の傾向」のことだ。

ものごとに無関心になったり、優柔不断になったり、硬直的になったりする事態に陥らないよう、常に思いをめぐらせ、意思決定をし、それから行動するというサイクルを回すことだ。それこそが、オープン思考の目的なのである。

新しい概念を取り入れる「賭け」

ジョーゼフ・キャンベルは、私の好きな米国人作家の1人である。

著名な神話学者であり、大学の教壇にも立っていたキャンベルは、「英雄の旅」という理論を打ち立て、多くの脚本家や監督、小説家の人生に影響を与えた。キャンベルの言う「旅」の型とは、次のようなものだ。

「英雄はごく日常の世界から、自然を超越した不思議の領域へ冒険に出る。そこでは途方もない力に出会い、決定的な勝利を手にする。そして、仲間に恵みをもたらす力を手に、この不可思議な冒険から戻ってくる」

この型を用いた物語の中で私が好きなものといえば、ジョージ・ルーカス監督による映画『スター・ウォーズ』のオリジナル三部作がテーマとする、「ルーク・スカイウォーカー」の旅の物語だろう。

だが、キャンベルの理論と彼自身の生き方に関してしばしば見過ごされがちなのが、「時間」という非常に重要な要素である。この「時間」という要素について、本書の中でも取りあげたい。キャンベルは、じっくり思索にふける時間を人生の中で持つことをとても大切にしていた。創造的に考えることをよしとし、そのための時間をきちんと取るようにしていたのだ。彼は、行動を起こす前に立ち止まって考え、ものごとを前に進める前に熟考した。だからこそ（そしておそらくその時にこそ）、「英雄の旅」という後世に残る理論を生んだ素晴らしい力が働いたのだろう。

たとえば、キャンベルは20代のころ、コロンビア大学で博士号を取ろうとしていたが、神話学は論文のテーマとしてふさわしくないと教授から言われたことから、博士課程を中退した。その後数年にわたり、各国を旅して、いろいろな人の話を聞き、自分でもよく考えて人生を見つめ直した。そして、神話や伝説に見られる英雄の旅についての理論を１人で形成していった。

やがてキャンベルはニューヨーク州ウッドストックに戻り、そこでさらに2年という期間の大半を読書や思索に充てる。この経験がもとになって生まれたのが、紛れもなく彼のもっとも有名な著作である『千の顔をもつ英雄』であり、ここに彼の英雄理論のフレームワークが結実している。この本の中で、キャンベルはこう書いている。

「目的は『見る』ことではなく、自分がいまここに『ある』こと、つまりその本質を理解することにある。そうなれば、人はその本質自体として世界を自由に歩き回ることができる。同時に、世界もその本質をなす。自己の本質と世界の本質――この2つは同じものである。それゆえ、分離・遁世《とんせい》する必要はなくなる。どこを歩き回ろうが、何をしようが、英雄は常に自分自身の本質と直面する。なぜなら、英雄は完成された目で見ることができるからである。疎外感はまったく感じない。こうして、社会参加が個の中の全《オール》を知る方法であるのと同じく、放浪が英雄を万物の中の自己《セルフ》に導く」

ここでのキーワードは「歩き回る」だ。

一度立ち止まり、思考の中をさまよい歩くことを自分に許せば、その営みは自分の一部になる。自分の行動習慣の中に、自由に思いをめぐらせる時間を取り入れれば、それだけクリエイティブ思考を実践することになるのだ。

また、じっくり考えることを自分に許せば、オープン思考のマインドセットを身につけるのもより簡単になる。あなたがある組織のリーダーや「CXO（Chief X Officer）」と呼ばれる経営幹部の一員であるなら、熟考こそ新たなアイデアやイノベーションやブレイクスルーをもたらす鍵の1つになると心に留めておこう。

第1節で述べたとおり、じっくり考えることに時間を使わず、行動もしなければ、人は無関心思考に陥ってしまう。思考は怠惰になり、現状を甘受するばかりで、情報を受け取る感度も鈍っていく。自分自身も、自分が働くチームや組織の中でも、変化が億劫なものになってしまうのだ。かと言って、映画『キャスト・アウェイ』のチャック・ノーランドのように、思考を存分にめぐらせたり、アイデアを思い描いたりすることなく結論や行動に飛びついてしまうと、オープン思考をするチャンスを阻んでしまうことになる。目の前の状況に、新しいアイデアやイノベーションを取り入れることができなくなってしまうのだ。そしてもちろん、くどくどと考えることに時間を使ってばかりで、行動を起こさなければ、優柔不断思考に陥ってしまい、ゴールを達成することはできない。

ゲーム会社コードネーム・エンターテインメントのCEO、エリック・ジョーダンの話も、貴重な気づきを与えてくれる。エリックといえば、スコットランドの伝統衣装であるキルトを身につけ、膝まである革のロングブーツに、格子柄のシャツがお決まりの姿だ。彼の会社は、「クリッカー／放置系ゲーム」と呼ばれる領域でいくつもの人気ゲームを出している。「インクリメンタル・ゲーム」と言うこともあるが、プレーヤーが画面上で単純な動作を繰り返すことでコインを手にする、というのがその特徴だ。コインが集まるとゲームの新しい展開が開ける仕掛けになっている。

コードネーム社がリリースした中でもっとも人気があるゲームは、『Crusaders of the Lost Idols(失われた偶像を追う十字軍)』である。クリッカーゲームの1つで、受賞歴もある。プレーヤーはキャラクターを次々に入手し、レベルを上げ、アイテムを集め、敵を倒してゴールドを手に入れながら、仮想世界を進んでいく。10万9000タイトル以上のゲームが集まるホスティングサイト「Kongregate.com」で、もっともプレーされたゲームの1つであり、コンピュータ・ゲームのプラットフォームである「Steam」でも常に人気上位1パーセントにランクインしている。ほかのクリッカー/放置系ゲームにはないこのゲームの特徴としては、プレーヤーがキャラクターのフォーメーションを組むことができ、それによってより強く、モンスターを倒しやすい戦略を練ることが可能になるという点がある。

だが、エリックによると、この人気ゲームはあともう少しで日の目を見ないところだったという。

本来すみずみまでクリエイティブ思考が求められるはずのゲーム会社であるにもかかわらず、このゲームの開発前のコードネーム社では、経営思想に硬直思考がはびこっていたのである。『Crusaders of the Lost Idols』を出す前、コードネーム社は『Shards of Titan(タイタンのかけら)』という別のゲームをリリースしていた。エリックによると、「この当時は、とにかくアクションをすること、頭脳を使うことにフォーカスしすぎて、心で感じること、じっくり思いをめぐらせることを忘れていた」のだという。『Shards of Titan』は大失敗とは言わないまでも、今日の『Crusaders of the Lost Idols』の成功には遠くおよばなかった。なぜ2つのゲームにはちがいが出たのだろうか。

『Shards of Titan』の当時の開発チームは、常にアクションに追われ、一刻も早く作品をプレーヤーの手に届けることしか頭になかった。行動と熟考をバランスさせることを欠いたまま、制作作業ばかりを急いでしまったのだ。それに対し、「『Crusaders～』の時は一度開発をストップして、皆でゆっくり考えた。それが決定打だった」とエリックは言う。

さらにエリックはここ4年ほど、「賭け」という言葉で会社に新しい概念を取り入れていると話してくれた。

どういうことかというと、まず会社の活動の50パーセントは、既存のゲームや事業が収益目標をきちんと達成するための仕事に充てる。そして、残りの50パーセントは各自がアイデアを膨らませ、熟考し、新しい構想を自由に練る――つまり「賭け」をする時間に充てるのだ。エリックが言う「賭け」には、クリエイティブ思考の要素がふんだんに盛り込まれている。この活動の中で複数のゲームの開発を並行させたり、新しい企画をいくつか膨らませたりするようにしたことで、マーケットで成功するチャンスが高まったのだ。メンバーは、あるゲームの開発を数カ月間も棚上げし、別のゲームを検討したり構想したりしてもよいという。

この戦略は、『Crusaders of the Lost Idols』の開発当初から取り入れられた。従来の開発よりもずっと時間はかかったが、そのぶん徹底的に検討がなされたことで、顧客であるプレーヤーから本当に面白いと思ってもらえる作品ができたのだ。また、これを機に、コードネーム社のカルチャーも大きく変わったという。

「これまでと同じ戦略でやっていたら、『Crusaders ～』はいまのような成功は収めていなかったと思う。いまは、「賭け」をどんどん育てていくことにかなり時間をかけているよ。クリエイティブ思考を働かせる時間を開発プロセスの中でしっかり取るようにしたら、それだけ選択肢も広がっていくんだ」

日々の活動や企業文化にクリエイティブ思考を戦略として織り込み、いまではどのゲームも、開発の際にアイデアを育む期間を必ず設けるようにしているそうだ。

創造性は、私たちが夢想にふけったり、ぼーっとしていたりする時に花開く傾向がある。

2015年に、カリフォルニア大学サンタバーバラ校のジョナサン・スクーラー教授と、ヨーク大学のジョナサン・スモールウッド教授が、「人はあれこれと思考をさまよわせる時に創造性を発揮しやすい」とする研究成果を発表した。さらには、難しい問題に取り組む時には、まず「マインド・ワンダリング」、つまり、心がふわふわとさまよう状態を作るものに取りかかるようにするのがいいのだという。それからあらためて難しい問題に向き合うと、創造性がぱっと解き放たれるのだそうだ。両教授によると、創造性を発揮する最適な方法は、難しい問題と簡単な問題を交互に取り組むことらしい。簡単な問題をやっている時に、革新的なアイデアが孵化《ふか》するのだそうだ。

クリエイティブ思考を本当に成功させようと思ったら、ジョーゼフ・キャンベルのように、じっくり考えるための時間をきちんと作ることが必須である。これがオープン思考の肝にもなるということを、個人も組織もよく理解しておくことだ。

クリエイティブ思考を刺激する時間を作るという戦略を取り入れたら、自分自身、または自分の組織からはどんなアイデアが生まれてくるか、想像してみるといいだろう。

クリエイティブ思考を妨げるもの

スイスの精神科医カール・ユングは、分析心理学の創始者である。ユングは、ジークムント・フロイトによる無意識の研究に大きな影響を受けた。実際、ユングとフロイトは非常に親しくしていた時期もあった。だがユングは、最終的にはフロイトの学派からは袂《たもと》を分かつことになり、2人の交流も途絶えてしまった。やがてユングは「元型（アーキタイプ）」という独自の概念を打ち立て、私たちの集合的無意識の中には、古代から見られる普遍的な人格のイメージがいくつか存在するとした。先ほど話したジョーゼフ・キャンベルの「英雄の旅」も、このユングの考えにとくに影響を受けたようである。

ユングは「意識は自分の状態に関しては判断の目がくもっていて、自分の態度こそ正しい態度にほかならず、その態度が効力を発揮できないとすれば、それはただ何らかの外的な障害のせいだという幻想に凝り固まっている」と書いている。

人間の脳には無意識的な処理プロセスがあり、ある状況下における自らの態度やポジションが好ましくない、あるいは不適切なものになると、この無意識的な処理が優勢になるスイッチが入るのだという。自分の足元がぐらつきはじめると、パニックに陥ったり思考停止してしまったり、判断に飛びついたり、時にはいっさいの行動をやめてしまったりすることもある。私が生徒たちにタワーのワークをやらせた時に何度も見られた筋書きは、まさしくこのユングの理論が指すものの典型だろう。

クリエイティブ思考を妨げるものについての意見が欲しくて、ダニエル・レヴィティンに話を聞いたことがある。彼は心理学と行動神経科学の分野で、マギル大学の創設者の名を冠した「ジェームズ・マギル名誉教授」の称号を持っている。『音楽好きな脳―人はなぜ音楽に夢中になるのか』や『武器化する嘘―情報に仕掛けられた罠』などのベストセラー著作があり、現役の認知心理学者、神経科学者でもある。また、ダニエルは音楽家でもあり、レコードのプロデュースも手がけていて、グレイトフル・デッドやスティービー・ワンダー、スティーリー・ダンやクリス・アイザックといった面々と作品を出している。

私からの質問を伝えると、「理由はいくつか考えられます」とダニエルは言った。

「まず、自分で自分を批判しすぎること。それから、ほかの人からどう思われるかという恐れもあるでしょうね」

ダニエルの話でとくに印象に残ったのは、クリエイティブ思考を働かせるのに必要なツール類や、その人のスキルが「準備万端」になっているかどうかが重要である、という点だった。

「仮に自分が画家だとして、絵の具が手元にないとしましょう。あるいは、身の周りがぐちゃぐちゃで、どこに何があるのか見当もつかない状況だとします。そうなると成果は期待できないし、イライラが募れば創造的なエネルギーもどんどん奪われてしまう。自分の絵の具や絵筆、画用紙やキャンバスは、きちんと準備しておくことです。そうすれば、アトリエに入った瞬間からすぐに始められる」

この言葉には、文字どおりの現実的な場面と、比喩的な場面の両方の意味が込められている。ものごとを創造的に考えて、よりよい判断をしようと思うなら、行動を急ぐ前に、もろもろの準備を整えたほうがよいということだ。

ダニエルはまた、悪い思考は避けることが可能だとも言った。

難しい判断を1日の後半（神経が疲れ切っている時間帯）に行なっている人は、困難に陥ることが多い。そこで、荷が重くてハードな意思決定は、午後や夜にではなく、1日の早めの時間帯にすべきだというのだ。かつ、他の人に助けを求めれば、その分ストレスも減る。「自分はすべての領域でエキスパートになることはできない、と認めましょう。意思決定をする際には、他の人の専門性を頼ればいいのです」

ストレスや過労が私たちの思考に与える影響については、サムスン電子の事例を見るといい。簡潔なエピソードではあるが、私たちの心身の健康と、仕事の場での思考とのあいだにある関係性について、非常にわかりやすく教えてくれる。

2015年、サムスンの経営幹部らは、最大の競合であるアップルになんとしても勝ちたいと思っていた。アップルが新しい「iPhone7」を2016年の秋に出すといううわさが業界でささやかれる中、サムスンは開発チームに社命を下した。先行者利益を得るべく、自社の新機種「Galaxy Note 7」を「iPhone7」よりも先に市場に出せというものだった。

時間のプレッシャーが開発チームにのしかかった。メンバーは週に80時間も働き、しばしばソウルにあるサムスン本社の社屋で夜を明かした。心身の疲労と緊張は溜まっていくばかり。もちろん、そのような状況下ではクリエイティブ思考が育まれるはずもなく、開発チームは不適切な意思決定をいくつもしてしまった。

その結果、バッテリーの設計における欠陥を見過ごしてしまったのだ。この欠陥が、機器の爆発と発火を引き起こした。Galaxy Note 7シリーズの製品は全世界でリコールされることになり、53億ドルもの損益を計上する事態となったのだった——。

ダニエルによると、大きな問題を小さく切り分けていくことで、私たちの思考能力は増すのだそうだ。

北米で人気のキャンディ「ライフセイバーズ」の起源について考えてみよう。

1912年、クリーブランドで「クイーン・ビクトリア・チョコレート・カンパニー」というチョコレート会社を営んでいたクラレンス・クレインは悩んでいた。暑い夏のあいだ、消費者たちは自社の商品を買ってくれない。チョコレートが暑い気温のもとで溶けてしまうのが問題だということはわかりきっていた。

何か手を打たなければ——。

クレインは、単にチョコレートを溶けないようにすることで問題の解決を図るのではなく、別の解決策を選んだ。問題を小さく切り分けていった結果、「暑さで溶けないお菓子」を新たに作ろうと思ったのだ。彼は、地元の薬局で薬を作る際、平たくて丸い形を成型する機械を使っていることを知り、それを借りてきて、円盤状のペパーミント・キャンディを作った。そして、「クレインズ・ペパーミント・ライフセイバーズ」と名づけた。この名前は、商品の開発中、キャンディの真ん中に穴を開けることを思いついた時に浮かんできたものだ。その形状が、ライフガードがプールや海で使う「浮き輪」を彷彿させたからである。「ライフセイバーズ」は、いまもキャンディの定番として、子どもからも大人からも愛されている。

燃えるプラットフォーム

どうして人は、クリエイティブ思考という大切な要素をすっ飛ばしてしまうのだろう？なぜ、クリエイティブ思考は簡単に漂流《キャスト・アウェイ》してしまうのだろう？

ケース・ウェスタン・リザーブ大学のロイ・F・バウマイスター教授とエレン・ブラッツラブスキ教授は、膨大な資料のメタ分析をとおして、「心理現象に広く見られる一般原則として、悪は善より強い」と発見している。仕事での関係あるいはプライベートでの関係、ステレオタイプ、セルフイメージ、健康、学習パターン、言語といったあらゆる領域で、人はよいものよりも悪いものに影響を受けやすいらしい。実際、1つのネガティブな作用の影響を打ち消すには、5つのポジティブな作用が必要だと示した研究結果もある。「ネガティブな作用は、より強く、粘着性があり、長きにわたって影響を残す性質がある」ということなのだ。

仕事の状況に当てはめて考えてみよう。

もし職場に個の尊重の雰囲気が欠けていて、不安に満ち、無気力な状態だったら、または、上から命令され、コントロールされることが普通になっていたら、チームのメンバーが互いに協力して創造性を発揮することは難しいだろうし、ましてや自主的な活動など望むべくもない。

前者の状態なら、意思決定に持っていくほどのインプットがないので簡単に無関心思考に陥ってしまうし、後者の状態なら、皆、上からの命令に従わないとどんな目に遭うかが怖いために、ただ従順に、言われたことをやる無関心状態になる。

無関心思考に陥ると、いったん立ち止まることも、行動を起こすこともしなくなる。思考が苦行状態になってしまい、あえて情報を遮断することを選ぶようになるのだ。仕事に対してやる気もなく、目的意識にも欠けるタイプの人間がまさにこの状態である。

職場の人間関係やコミュニケーション、雰囲気がひどいものになると、無気力な空気が蔓延する。こうなると、組織の中で優秀だと目されている人は、「こんな会社は忘れて、出て行こう」と別のところで新たな職を探しはじめる。

同様に、組織が収益を上げることや、株主への配当を最大化することのみに注力すると、社員はやはり創造性を失っていく。なぜなら、彼らは会社の「悪い」、あるいは検討ちがいの目標に対して、心を1つに寄せることができないからである。

経済学の文脈において、ダニエル・カーネマンとエイモス・トヴェルスキは、人が金銭的な意思決定をする際には、得られるものの期待値よりも、損失の可能性のほうに目を向けがちであると言っている。これは「プロスペクト理論」として知られるものだ。「損失は、同じだけの利益に比べて、より感情的なインパクトが大きい」と彼らは言う。

ここでもやはり、悪は善より強し、なのだ。

人間の自然の傾向として、ポジティブなものよりもネガティブなもの(あるいはその可能性)により影響されやすいということだろう。そうであれば、権威主義的で、トップダウン型の、権力志向な組織のカルチャーがクリエイティブ思考を弱めるとしてもなんら驚きではない。あるいは、組織が高次の目標を目指すのではなく、金儲けや株主のためになることばかり考えて、他のステークホルダーたちに背を向けるようになれば、クリエイティブ思考が置き去りになってしまうのも当然ではないだろうか。

このことについては、ノキアのエピソードがわかりやすいだろう。

2011年はじめ、ノキアのCEOだったステファン・エロップは、社員に対してあるスピーチを行なった。当時エロップは、マイクロソフトから移ってきたばかりで、前職ではパッケージアプリケーション「Office(オフィス)」シリーズの責任者を務めていた人物だ。

強い言葉で人々を動かし、ワーカホリックとして知られるエロップのスピーチは、文字に書き起こされ、ノキアの社内ブログに掲載され、そしてその記事が『ウォール・ストリート・ジャーナル』紙にリークされた。彼のスピーチは、「燃えるプラットフォーム」という言葉とともに非常に有名になったのだが、まずはその経緯についてお話ししよう。

フィンランドの通信企業であり、人気携帯電話メーカーでもあったノキアは、１９９９年から２００７年までのあいだに、年間売上を２００億ユーロから５００億ユーロを超えるほどにまで伸ばしていた。当時のノキアは、多方面で成功していた。携帯電話の販売シェアは全世界で40パーセント以上。財務の面でうまくいっていただけでなく、企業文化も協調的で、四半期ごとにクリエイティブな製品が市場に送り出されていた。カスタマーからのロイヤルティも高かった。

ところが、２０１０年の終わりになると、売上は20パーセントも落ち込んだ。致命的な痛手というわけではなかったが、数字の下落は止まらなかった。純利益にも同じことが起きた。１９９６年には26億ユーロだった利益額は、２００７年には１０５億ユーロにまで達したが、２０１０年には一転、25億ユーロにまで下がってしまったのだ。

エロップは２０１０年の終盤に、アップルやグーグル、リサーチ・イン・モーション（現ブラックベリー）といった企業に対抗すべく雇われた。だがエロップの就任当初の施策に対して、リーダーとしての素質を疑問視する声も多く上がった。コスト削減が社内で徹底され、それに反発して、優秀な社員たちは自発的に辞めていった。さらに、エロップは前の勤め先であるマイクロソフトとパートナーシップを結び、ノキアの携帯電話のオペレーティング・システムだった「Symbian（シンビアン）」をマイクロソフトの「Windows Phone」に置き換えるという決定をした。硬直思考の表われである。

これが、ノキアの運命を大きく左右することになった。

社内のエンジニアは嫌悪感を示し、カスタマーは、ノキアはいったい何を考えているのかと訝《いぶか》った。むろん、記者たちは大喜びで騒ぎ立てた。

しかし、かつてのノキアにあった素晴らしいクリエイティブ思考の輝きを完全に消したのは、何といっても2011年はじめのエロップのスピーチと、その言葉が書き起こされたメモであった。

エロップは社員に向けてのスピーチの冒頭、北海の石油プラットフォームで働く1人の男のことを語った。

男はある日、石油掘削設備が爆発する音で目覚めた。瞬く間に周りを火に囲まれ、究極の判断を迫られた男。このまま火に飲み込まれるか、それとも一縷《いちる》の望みをかけて凍える北海に飛び込むのか――。

よく経営コンサルタントや経営者が不適切な比喩を使って、不信感をあおってしまう事態があるが、エロップも同じ、いやそれ以上のミスをしでかしたのだ。

不謹慎にも、1988年7月6日、北海のパイパー・アルファ石油プラットフォームで起きた爆発によって、167人の命が犠牲になった大事故のことを引き合いに出してしまったのである。さらに、エロップが選んだネガティブな言葉（２０１１年当時のノキアの状況を「燃えるプラットフォーム」と評した）は、社員たちの心に一気に冷や水を浴びせた。

社員をふたたび活性化しようというエロップの試みは裏目に出て、経営層と従業員とのあいだの亀裂を決定的にしてしまった。社員の多くは、エロップの発言を許すことも、はたまた忘れることもできず、また、クリエイティブ思考が組織全体で抑制されたせいで、会社のカルチャーも不安と恐れに満ちたものになってしまった。そして、２０１１年から２０１３年にかけてのノキアの損失は65億ユーロにものぼり、エロップは取締役会の後ろ盾もなく、結局ＣＥＯの職を辞してマイクロソフトへと戻っていった。奇しくもWindows Phoneとのパートナーシップと、ノキアの携帯電話事業をマイクロソフトへ売却する交渉をまとめていたことが、復職の手土産になったというわけだ。

ジャーナリストのペッカ・ニッカネンとメリナ・サルミネンは、当時のノキア社員に何百人もインタビューを行ない、こう結論づけた。

「あらゆる観点から言って、エロップは最低とは言わないまでも、世界でも最悪の経営者の１人である」

エロップのリーダーシップのもとで、かつて携帯電話の販売シェア全世界で40パーセント以上だったあのノキアは、組織としての目的も不明瞭で、社員の士気も低く、チーム間の亀裂も顕著な会社になってしまった。ネガティブな空気が重く垂れ込め、ポジティブな機運もすぐにしぼんでしまう。ノキアの経営が苦境に立たされたのも不思議ではないだろう。

ノキアが創造的でオープンな思考ができる、もっとポジティブなカルチャーのもとで組織を1つにしようと試みていたら、はたしていまごろ、どうなっていただろうか。

※注　ノキアブランドのスマートフォンは2017年に復活している。

組織の創造性の要はリーダー

組織のリーダーがクリエイティブ思考を抑制してしまう例はほかにもある。「心理的安全性」に関わるものだ。

ジン・ナム・チョイとトロイ・アンダーソン、アニック・ベイレッテの3人が2009年にアメリカの学術誌『Group & Organization Management』に投稿した論文によると、リーダーが従業員に対して否定的な態度を示すと、その従業員のクリエイティブな思考能力は抑制されてしまうという。

リーダーが仕事の場で脅しや威嚇《いかく》戦術をとると、心理的安全性が阻害される。すると、従業員は安心して職場で能力を発揮できず、個々人の創造性も劇的に低下してしまう。3人の研究者は職場におけるあらゆる要素を研究した中で、クリエイティブ思考を活かすも殺すも、もっとも重大な役割を担っているのが組織のリーダーである、と言っているのだ。

２０１０年、ＩＢＭは60カ国33業種にわたり、組織を率いる世界のＣＥＯら１５００人を対象にした調査の結果を公表した。「グローバル経営層スタディ（IBM C-suite Study）」と題されたそのレポートでは、「複雑さを増す世界の中で会社をうまく導いていくためには、厳しさや経営規律、経営における誠実さ、あるいはビジョンよりも、創造性が求められる」と書かれている。世界中のＣＥＯが、クリエイティブ思考こそ、会社の成長と将来の成功を促進する要素だと考えていたのだ。

６年後の２０１６年に世界経済フォーラム（ＷＥＦ）が出した「仕事の未来」というレポートには、さらに顕著な結果が出ている。地球全体で１３００万人を超える従業員を代表して、経営層数百人に、「２０２０年に向けて組織の成長を促進するためにはどんなスキルが必要か？」と尋ねたところ、クリエイティブ思考が圧倒的第1位だったのだ。

組織の上層部のリーダーたちは、クリエイティブ思考が大切だと常々口にする。だが皮肉なことに、その組織の中に目を転じてみると、従業員の士気は低く、会社のカルチャーもネガティブなものに留まり続けていることが多い。

アメリカの調査会社大手ギャラップによると、たいていの企業で、無気力な従業員の数は、意欲的な従業員の数に比べると2対1の割合で常に上回っているという。組織人事コンサルティング会社のエーオンヒューイットの調査では、きわめて意欲の高い従業員は全体の25パーセントほどしかいないという結果が出ている。２０００年の調査結果をさかのぼって見てみても、従業員のやる気にはたいして変化は起きていないのだ。

そしていま、転職して新しいチャンスを得ようと考えている従業員の数はこれまでになく増えている。実際、ソフトウェア会社ｉＣＭＳによる２０１６年の調査では、フルタイムで働く従業員の63パーセントが転職の機会を探しているという結果が出ている。ＮＰＯ支援団体のファース財団と提携した非営利法人メンタル・ヘルス・アメリカも、２０１７年に「職場環境に関する注意喚起」というレポートを発行した。それによると、従業員の70パーセント以上が「転職の機会を積極的に探している」、または仕事をしていてそのようなことを「常に、あるいは時々考える」と答えている。

何が従業員のモチベーションを低下させ、不満を生み、無気力にさせてしまうのだろうか。これまでのキャリアを振り返って私が思うに、これらの原因は常に、リーダーシップが機能していないこと、会社の目的が見当ちがいであること、そして組織のカルチャーがネガティブなものであること、といったあたりに帰結する。いずれも、思考自体が貧相なものになってしまっていることの表われである。

しかしながら、組織の経営幹部はクリエイティブ思考が大切だと口では言いながら、創造性が育まれる機会をつぶしてしまうようなリーダーシップのあり方を、結局は体現し続けている（あるいは看過し続けている）というのが現状だ。現場の実態をどんなデータをもって突きつけられても、クリエイティブ思考が発揮されるためには、従業員の士気が高くオープンな組織カルチャーが必須なのだという事実を、彼らは無視し続けているのである。

クリエイティブ思考が発揮されるのを妨げる要素はほかにもある。米国の調査会社ｉ４ｃｐが２０１４年に行なった「従業員の意欲と市場パフォーマンスを高める６つの人材育成策」という調査によると、リーダー層は、クリエイティブ思考は放っておいても勝手に生まれてくるものだと思っているという、なんとも衝撃的な結果が出たという。

また、同じくｉ４ｃｐが１０００人以上の従業員を抱える組織の人材管理のトップ３００人以上に対して調査を行なった結果、クリエイティブ思考を育むための時間をきちんと設けるようにしている企業は「好業績企業では全体の26パーセント」だったという。さらには、低業績企業で見るとわずか４パーセントだった。

この「時間」と「継続的なアクション」という概念については、次で見ていくこととしよう。

ネットアセスメント室

オープン思考の秘訣は、熟考と意思決定と行動、それぞれのフェーズに繰り返し立ち戻ることである。

リチャード・ニクソン元大統領が設立を承認したアメリカ国防総省ネットアセスメント室（ONA）は、「短期的思考の危険に対するアメリカの安全装置」と呼ばれる。ウォーターゲート事件では不名誉なかたちで歴史に名を刻んだニクソンだが、後世によいものを残した功績もたしかにあったのだ。

ONAは、長期的な視点から国家の安全上の利益について検討することを専門とする組織である。1973年にアンドリュー・マーシャルによって設立されたこの組織の成り立ちをひも解いていくと、オープン思考のモデルにおける「熟考」の重要性が見えてくる。

当時、アメリカは冷戦の最中にあって、ベトナム戦争を戦っているところだった。

ONAは、アメリカの長期的な安全上の利益という点に重きを置いて、大局観を担保するために作られた。ほかの機関からはあえて切り離され、アメリカの未来を守る戦略を描くことが至上命題で、ほかでは見逃されてしまう問題を取りあげて分析する、というのがONAのやり方である。「ネットアセスメント」と題された報告書、それが組織の名前にもなった。

他国の政策や軍事戦略、軍備の規模をアメリカと比較し、その分析内容はトップシークレット扱い。報告書は詳細に記載されており、将来の国際社会や安全保障の分野で起きうる危機を示唆するものになっていた。

ＯＮＡの職員は、常に将来のさまざまな可能性を考えていた。ＯＮＡの使命は、先の未来を推測することにあったが、その具体的な方法は、現在の状況をじっくり検討しながらクリエイティブ思考を存分に発揮する、というものだった。

ＯＮＡの手法は、コードネーム社とそのＣＥＯ、エリック・ジョーダンのやり方と非常に似ている。将来のことを考えるのに時間をたっぷりと使い、「もし〜なら？」という質問をあらゆる角度から検討する一方で、いま求められている成果を出すことも常に念頭に置いているのである。

また、ＯＮＡの話から連想して、以前にとある本を読んだことを思い出した。編集者スチュアート・ブランドによって書かれた『The Clock of the Long Now: Time and Responsibility（ロング・ナウの1万年時計――時間と責任の概念について）』という本だ。彼が設立した「ロング・ナウ協会」の活動コンセプトと対をなすものである。協会は「現代の加速度的なカルチャーとは逆の視点を提供し、長期的な思考をより広げていく」ことをその目的に掲げている。前述の本も、協会も、どちらも人々に自分の一生分の時間のことだけでなく、この先の1万年のことを考えさせることを目指している。

とくに胸を打つのが、「末永く存続し、末永く価値を有し続ける組織」を作ることを目指す個人と組織のために、ブランドとロング・ナウ協会のメンバーが作ったガイドラインの中の言葉である。そこで挙げられている価値観は、以下のようなものだ。

・長期的な視点を持つ
・責任感を養う
・粘り強さを尊ぶ
・目に見えないものを大切にする
・対立を乗り越える
・何にも肩入れしない
・長く生き続けるものを活かす

よりよい思考ができるようになるためには、立ち止まり、状況をよく観察して、思いをめぐらせる時間をきちんと取らなければならない。

前掲の価値観を眺めていると、このようなメッセージがひしひしと感じられる。ONAの活動は、ロング・ナウ協会が掲げる価値観にまさに沿っていると言えるだろう。

コードネーム社も、自然とこれにならっているところがある。もちろん、すべての人がこのガイドラインに一言一句従う必要はない。だが、「熟考するための時間を取ること――つまり、長期的な視点でじっくり考えること」は、目の前のこの瞬間においても創造性を誘発する。

言い換えれば短期的な視点にだけとらわれてしまうと、オープン思考が育まれる可能性はどんどん目減りしていってしまうということだ。

第2節の締めくくりとして、1つあなたに質問しておこう。

あなたは、長期的な目線で、将来の観点に立ち、クリエイティブ思考に浸る時間をどれくらい取っているだろうか？

帽子屋に敬意をこめて

第1節で紹介した、昔ながらの帽子店【リリプット・ハット】のカーリン・ルイズを、あれから何度も訪ねているのだが、ある時、彼女がこんなことを口にしたことがあった。

「ほとんどの人は、自分の仕事に創造性を持ち込むなんてことはしないし、そもそもそんなことを望んでもいない人もいる。でも、いずれにせよ、うちの店に一歩足を踏み入れたら、お客様はとたんに創造性に取り囲まれることになる。私たちはパンドラの箱を開けて、思いを描く力をお客様に与えているのよ」

思わずはっとさせられる、とても示唆に富んだ見方だと感じた。

多くの組織は、単調な業務上のタスクでいっぱいになっていて、そこで働く人も目の前のことに忙殺されてばかりいる。そんな人が【リリプット・ハット】にやってくると、たちまちめくるめく創造性の世界にその身を置くことになるというのだ。

カーリンは続けた。

「うちの店にはじめてやってくるお客様は、たいていはアマゾン・ドットコムで買い物するのに慣れっこになっている。だから、うちのやり方に面食らう。まず、どのお客様も、ここの騒がしさにびっくりするわね。いろんな発想が次々と生まれて、活気に満ちている証よ。もっと多くの人が、人生にこういう創造性を取り入れられたらいいのにと思うわ」

【リリプット・ハット】の帽子は1時間やそこらで完成するものではない。いろいろと想像しながらイメージを膨らませ、デザインや糸、フェルト、羽などについて、お客様の希望を確認しながら、つばの大きさ、飾りを1つひとつ決めていくには、相応の時間がかかる。「たかが帽子だろう」と言う人もいるかもしれないが、彼ら職人たちのクラフトマンシップは、まさに熟考によってかたちづくられるものなのだ。

クリエイティブ思考は強制的に発揮させることはできない。それは時間をかけて育まれていくものである。チャック・ノーランドや、私の講座の生徒たち、コードネーム社やノキアの例で見てきたように、私たちはクリエイティブ思考を置き去りにしてはならないし、決して急かしてもいけない。

クリエイティブ思考が生まれるために必要な余裕を、きちんと持っておくことがきわめて重要なのである。

個人として、組織として、それぞれ、クリエイティブ思考が生まれる環境が整っているかを確認する質問を用意した。常にチェックし、クリエイティブ思考を自ら捨て去ることのないよう、意識してほしい。

クリエイティブ思考について考える、個人のための質問

・タスクを与えられた際、すぐに行動に移るか、それとも一度立ち止まってよく考える時間を

取るか？

・何か問題が起きたら、あれこれ自由に考えをめぐらせてみる時間を取るようにしているか？（具体的な行動をする前に、ブレインストーミングをしてアイデアを膨らませる時間を取っているか？）

・クリエイティブ思考を発揮するチャンスを前にした時、自分のスキルは「準備万端」になっているか？　まず準備を整えるのが大変という状況になっていないか？

クリエイティブ思考について考える、組織のための質問

・組織のカルチャーは、熟考することやアイデアを膨らませることを重要なものとして奨励しているか？

・組織のリーダーたちが指揮統率型の管理手法をとってしまうことで、クリエイティブ思考が育まれるチャンスをつぶしていないか？

・チームのメンバーは、創造的に考えるための時間を取ることを許されているか？　常に忙しくあることをよしとする組織のカルチャーが信奉されていないか？

第3節

考えてみる

――創造力を使い切ることなんてできない。
使えば使うほど湧き出てくるから。

マヤ・アンジェロウ（詩人）

「長くつ下のピッピ」が教えてくれること

スウェーデン人作家のアストリッド・リンドグレーンは、「思考の変革」とは言わないまでも、著作活動のあり方に変化をもたらした文学界の巨匠である。
内気な女性だったが、外向的なタイプの夫ステューレと結婚、ラッセとカーリンという2人の子どもがいた。スウェーデンの自然豊かな環境の中で子育てをするかたわら、リンドグレーンは1940年代はじめから物語を書きはじめる。こうして生み出されたのが、9歳の女の子が繰り広げる、型破りな冒険譚だった。その名も『長くつ下のピッピ』である。

利口で、騒々しくて、自立心旺盛で、創造力豊かなこの主人公をとおして、リンドグレーンは年若い読者たちに、世間の常識とは対照的な考え方をすることも大切だと訴えた。だが、ピッピが誕生した1945年当時は、過激な内容だと受け止められ、文学界から批判を受けたようだ。

ピッピが持っている大きな武器の一つが、時間である。現代社会において組織のリーダーや従業員として生きる多くの人とは対照的に、ピッピは自分の時間を搾取されることがない。

周りのものごとに対して無関心思考に陥って、熟考するのも行動するのも放棄してしまうなんてこともない。ピッピのやり方からすると、そんなことは到底受け入れられない。またピッピはどんな時も、型にはめられた行動から抜け出そうとする。「これはやったことがないから、絶対できるはず」と毅然と言ってみせるのだ。

さらに、ピッピは自分を忙しそうに見せたり、時間に追われたりする必要もない。だから、いつでも新しい構想やアイデアやいたずらを考えられる。探究心旺盛でありながらも、自分の時間に責任を持ち、自由な時間をうまく活かして、次々に探索へと繰り出していく。

ひと呼吸おき、よく思案して、クリエイティブ思考を働かせる――。これができないほど時間に追われてしまうと、私たちの脳内ではある種の内戦が勃発する。すなわち、時間をめぐって、「探索」と「活用」という2つの概念が衝突するのだ。そして、勝つのはたいてい活用である。1993年に発表された「近視眼的学習」と題された論文で、経営学者のダニエル・レビンソールとジェームズ・マーチは「活用フェーズにおいては、探索フェーズよりも明確で綿密なフィードバックが早く得られる」こと、そして活用によって短期的にはポジティブな結果が生み出されやすいということを明らかにして、大きな反響を呼んだ。しかし、こと長期的な意味での成功という側面に関しては、活用ではなく、探索のほうが重視されなければならないのである。

時間を活用しようとする場合、私たちはすぐに結果を求める。手持ち無沙汰を嫌い、何かしらの行動に飛びついてしまう。適度に立ち止まってよく考えることで長期的な意味での利益が得られるかもしれないという可能性を、はなから消してしまうのだ。一方、時間を探索していくと、思索と行動のちょうどよいバランスが見つかる。焦りは消え、ストレスも減り、創造性と生産性の両方が高まって、よりよい判断ができるようになる。

『長くつの下のピッピ』の主人公ピッピの生き方が他の人とちがうのは、彼女がクリエイティブ思考を働かせているからである。オープン思考をするには、まずクリエイティブ思考を実現するための時間を生み出す必要があると、自然にわかっているのだ。

ひるがえって私たちは、仕事の場面で時間を探索するのではなく活用しようとするあまり、創造性の芽を摘んでいないだろうか。選択肢を広げることで得られるものは、個人の成長にとっても、組織的な成功にとっても、計り知れない。クリエイティブ思考がもたらす結果も、やはり果てしなく波及していく。

「時間を活用する」というと聞こえはいいが、実態としては無関心だったり、判断を避けたり、あるいは柔軟性に欠けていたりするような思考に甘んじていないか。せわしなさに埋没してしまい、クリエイティブ思考の機会を失っている面もあるのではないか。

これこそ、私たちが自らに問うべき問いである。

はたしてあなたは、未知のものを探索することから目を背けてはいないだろうか。自らの創造性に火をつけるために、『長くつ下のピッピ』から学べることはいくつもありそうだ。時間の活用ではなく、探索のほうをぜひ心がけてみてほしい。

創造性に意識を向ける

一般的に言って、自分たちの組織の外で発生した創造的なアイデアに着目するほうが、組織の中から上がってくるアイデアに意識を向けるよりたやすいものなのかもしれない。

ジョン・ラセターのエピソードを挙げてみよう。

彼は映画製作のウォルト・ディズニーとピクサー・アニメーション・スタジオの両社でチーフ・クリエイティブ・オフィサーに就任し、テーマパーク運営のウォルト・ディズニー・イマジニアリングでも、プリンシパル・クリエイティブ・アドバイザーを務めていた人物だ。『ファインディング・ニモ』『カーズ』『トイ・ストーリー』など、素晴らしい作品を世に送り出しているピクサーの中でも、指折りの天才と言われたのが彼である（『カーズ』『トイ・ストーリー』シリーズの監督でもある）。

ラセターは、ピクサーが現在のような成功を収める前、つまり、１９８０年代のはじめから、ミッキー・マウスの生みの親であるディズニーで、アニメーション制作に携わっていた。当時から彼は、アニメーション映画の未来についてよく考えていた。いわば、自分の心の中に棲む「長くつ下のピッピ」を解き放っては、映画製作の世界がどうなっていきそうか、自由に思いを馳せていたという。単に思索にふけるだけでなく、実際に行動も起こしていた。

ラセターはやがて、会社としてのディズニーの未来についても思いをめぐらせるようになる。数十年前から変わらない手描き一本での原画制作は、そろそろコンピュータで代替すべきではないか。少なくとも、コンピュータを取り入れることで進化できる部分はあるはずだ――。そう考えたラセターはコンピュータ・アニメーション映画の最先端の発明について情報取集し、上司や、そのまた上司にも熱心に説明したが、当時のディズニーの経営陣は考え方を変えることができなかった。

さらには、コンピュータで映画を作る時代が来る、というラセターの直感は正しかったにもかかわらず、経営陣はラセターの先見性あるビジョンを取りあげることなく、またせっかくのアイデアを育み実現するための時間も与えず、彼を解雇してしまったのだ。そのころのディズニーのリーダーたちは硬直思考にはまり込んでいて、自分たちの将来がどうなっていくのかを正しく見通すことができなかったのだ。ラセターのクリエイティブ思考がとらえたものをじっくり検討もせずにはねつけたことで、ディズニーは行動を起こすチャンスをみすみす失ってしまったのである。

もしかしたら、ディズニーの経営陣は、あまりに多忙で考え方をあらためる暇がなかったのかもしれない。あるいは、ほかに懸案があって既存の映画製作戦略を見直すことができなかったのだろうと思う。いずれにせよ、持つべき観点は、当時のディズニーの経営陣は、はたして時間を探索に充てられていたのか、それとも目先の活用に終始していたか、ということだ。

移籍から数年後、ピクサー内でもエドウィン・キャットマルやスティーブ・ジョブズらと肩を並べるキーマンになっていたラセターは、最終的にディズニーに戻ることになった。なぜかって？　いろいろな事情はあったが、ディズニーは自らの過去の過ちを認め、２００６年に74億ドルでピクサーの制作陣と作品群を丸ごと買収したのである。

ディズニーの経営陣は、戻ってきたラセターをチーフ・クリエイティブ・オフィサーに据えた。そして、買収前のピクサーは全世界での映画興行収入が18億ドルに満たないほどしかなかったが、ディズニーの傘下で新生ピクサーとなってからは、なんと70億ドルを超える総利益を上げるまでになったのである。

奥底にあるものを知る

世界でも有名なアメリカ人投資家であり、慈善家でもあるウォーレン・バフェットは、熟考することの大切さについて、こんな興味深いコメントをしている。

「私はほぼ毎日、座って考えごとをするためだけの時間を、必ずたっぷり取るようにしている。アメリカの普通のビジネスパーソンは、こんなことはしないだろう。本を読んで、思索にふける。読書と思考に時間をかけるほど、衝動的な判断をしてしまうことがなくなり、それが大多数のビジネスパーソンと私の差になっているのだ」

「長くつ下のピッピ」にも共通するのだが、バフェットは自分の目から見て愚かだと思った人間には容赦をしない。熟考することに時間をかけないリーダーのことは歯牙《しが》にも掛けないのだ。

バフェットのほかにも、じっと座って熟考する時間を毎日取るようにしているという経営者がいる。人工知能ベースのソフトウェアでマーケティング技術を提供するスタートアップ企業、カフナ（Kafuna）のCEOを務めていたサミーア・パテルだ。

カフナの顧客には、ひげ剃り替え刃のサブスクリプション・サービスを手がけるダラー・シェイブ・クラブ（Dollar Shave Club）、チケット取引サイトのティックピック（Tick Pick）、口コミサイト運営のイェルプ（Yelp）など、注目のスタートアップ企業が多い。そんなカフナにやってくる前のサミーアは、欧州最大級のソフトウェア会社ＳＡＰのゼネラル・マネージャー兼シニア・バイス・プレジデントに就いていた。そこでのミッションは、従業員や協業先、顧客と企業とのコラボレーションを促進するソーシャル・プラットフォーム、「ＳＡＰジャム（SAP Jam）」の開発を率いること。サミーアがＳＡＰを離れる時点で、ジャムの契約ユーザー数は世界で３５００万人を超えていたという。さらにその前職は、やはり企業内のソーシャル・ソフトウェアの導入に強いコンサルティング会社でパートナーを務めていた。

私がサミーアと出会ったのは、彼が自ら創業したコンサルティング会社、スパンストラテジーズ（Span Strategies）のトップを務めていたころだった。ちょうど、企業内のソーシャル・ソフトウェアの類が「エンタープライズ2・0」と呼ばれて注目されていた時期だ。この言葉は、マサチューセッツ工科大学の教授であり作家でもあるアンドリュー・マカフィーが、２０００年代の中ごろに提唱したものである。

私はサミーアがコンサルタントとしても、ゼネラル・マネージャーとしても、ＣＥＯとしても才覚を発揮できているのはなぜなのだろう、とずっと興味を持っていた。いろいろな役割を果たしているのに、そのどれもがうまくいっているのだ。彼と仕事で関わった人たちも、ハイテク業界の仲間たちも、皆が彼に一目置いている。そんな私の疑問に彼は、次のように語ってくれた。

「これまでチームや個人でいろいろと成果を出してきたなかで、1つ共通する要素があるとすれば、私はいつも考える前にあることをしているんです。それは、とことん観察すること。私はまず、いま何が起きているのかを知りたいのです。急いでものごとを誰かに喋ったり、いきなり議論したりはしません。目の前の事象の奥底にあるものを知って、シグナルを拾って、ポジティブな影響とネガティブな影響を自分の頭で考えたいから。絶対に、観察が何よりも先にです。観察することは、協調的なカルチャー作りにも欠かせない要素だと考えていますし、単に戦略上必要というだけじゃなく、組織として行動を起こしたり意思決定をしたりするには、周りで起きていることすべてにきちんと耳を傾けておく必要があるというわけです」

つまり、「常に状況を観察する」というこの思慮深さこそ、サミーアの成功の秘訣なのだ。組織を成長させ、創造性を発揮するための唯一の方法は、さまざまなアイデアや考え、データや情報の奥底にあるものをよく観察することに尽きる、というのが彼の信念なのである。

たとえば、頭の切れる1人の社員が、あなたのところにとあるアイデアを持ってきたとしよう。そのアイデアは、企業向けサービスのソフトウェア・プラットフォームに関するもので、大きな収益につながる見込みがあり、サービスが軌道に乗るのも早そうだ。だが、もしその切れ者の社員が、実は上昇志向のかたまりで、そのソフトウェア・サービスの実現に本気なのではなくて、自分が出世するための足掛かり程度にしか思っておらず、そのあとのことまで何も考えていなかったら？

「どんな時でも、行動に飛びつく前に必ず観察しなければなりません」とサミーアは言う。「どんな議論にも、『何を』だけでなく『どうやって』の観点があるはずなんです。行動する前に観察し、よりよい思考ができるようになろうと思ったら、『何を』と『どうやって』の両方をしっかり検討しなくてはなりません」

ディズニーとジョン・ラセターの話を振り返ってみよう。

ラセターが映画製作において、コンピュータの導入を提案したあの時、いったい本当は何が起きていたのだろうか。

ディズニーの経営陣たちは、ああでもない、こうでもないと、正しい意思決定に落ち着くまでに時間を要し、そのせいで行動がなかなか起こせなかったのだとしたら、彼らは優柔不断思考に陥っていたと言えるだろう。

ラセターがせっかく警鐘を鳴らしたことはわかっていたのに、そのうえで完全に無視して何もしなかったのであれば、無関心思考に陥っていたのであろう。

ディズニーの経営陣があまりにも多忙すぎて、ラセターの提案にもとづいた戦略の変更を考えるための十分な時間が取れなかったのなら、硬直思考に陥ってしまっていたのかもしれない。

いずれにせよ、私たちは常にあらゆるシグナルを見逃さず、ものごとの奥底にあるものをよく観察する一方で、行動することもまた犠牲にしてはならないということだ。熟考と行動とのあいだにはデリケートなバランスが必要なのだと、私たち一人ひとりが心に留めておかなくてはならないのである。

「学習する組織というものは、未来を創り出す能力を継続的に拡張し続けている」

そう書いたのは、作家であり、システム科学者であり、マサチューセッツ工科大学スローン・スクール・オブ・マネジメントの上級講師でもあるピーター・センゲである。未来を創るためには、チームのリーダーとメンバーの両方が、観察と熟考の重要性を常に意識している必要がある。あらゆる情報は、時に逆流し、また氾濫しながらも、とりとめもなく流れていく。その流れに耳を傾け、観察し、よく注意を払うようにすれば、大きな見返りが得られる。サミーアをはじめオープン思考を実践している人は、このことをよく理解しているのだ。

フランス人作家アナイス・ニンも「私のアイデアは、机に向かって書き物をしている時ではなく、生活しているなかで生まれてくる」と言っている。この言葉もまたヒントになるだろう。

創造的に考えるための時間を作る

ラセターがピクサーで作ったカルチャーにも、オープン思考がすみずみまで浸透している。ピクサーのオフィスをテレビやネットで見たことのある人もいるだろう。まさに会社自体がオープン思考の遊び場である、と言っていい。

クリエイティブ思考を実践するうえで、私たちが正面から向き合わなくてはならない問題は、普通の人や組織には創造的活動に専念するための時間が欠けている、ということである。「クリエイティブ思考はすべての組織にとって大切ですが、組織のトップという、いちばん重要なレイヤーにこの意識が足りていないことが多いのです」

こう語るのは、ソーシャルメディア管理プラットフォーム、フートスイート（HootSuite）のCEO、ライアン・ホームズだ。彼はこうも言っている。

「企業のCEOや創業者は、日々湧き上がるさまざまな要求や、事業計画の絶え間ないサイクルに追われて、簡単に気力を消耗してしまいがちです。これでは、真のクリエイティブ思考に割ける時間はほとんど残りませんし、仕事に注ぐエネルギーも奪われてしまいます。自分がそういう状態に陥っていると自覚するためには、いったん日常から離れて、創造性や企業家精神を刺激する筋肉をほぐす必要があるのです」

組織として、オープン思考のモデルをうまく機能させようと思ったら、クリエイティブ思考に時間がきちんと投資されるだけでなく、組織のカルチャーも相応のものになっていなければならない。

CEO自身がクリエイティブ思考のロールモデルになっていなければ——社員の目から見た時に、雑務に忙殺され、常にストレスフルで、夢を描くなんてとんでもない、という風に映っていたら――誰もクリエイティブ思考を実践しようとは思わないだろう。トップのあり方はその下にいる者たちに模倣されるものだからだ。人は、本質的でない雑事で頭がいっぱいになってしまっていると、新鮮なアイデアがもたらす可能性に目を向けようという気さえ起こらないものだ。「長くつ下のピッピ」やラセター、ピクサーは、こうした筋書きをうまく回避しているお手本である。彼らは、創造性を追い求めるための時間をきちんと作っている。時間に自らを搾取されてはいないのだ。ピクサーのカルチャーも、クリエイティブ思考を支え、肯定するものとして機能している。

クリエイティブ思考とは、いわゆる「可能なことを実行する技術」(art of the possible)であって、「不可能なことを頑張る技術」(science of the impossible)ではない。そのことを理解しておくべきである。

世界的に有名な経営者は、どんなに忙しくても創造性を追い求めるための時間を、自身のスケジュールにわざわざ組み込んでまで押さえている。

マイクロソフトの元会長でありCEOでもあったビル・ゲイツは、シアトルにあるこのハイテク企業を率いていた当時から、日常のタスクや経営のプレッシャーから離れる時間を取ることの必要性を認識していた。そこで彼は「シンク・ウィーク(Think Week)」として知られる仕組みを導入し、年に2回、1週間の休みを取って引きこもり、読書をしたり、思索にふけったり、いろいろなものを聞いたりして、「可能なことを実行する技術（art of the possible）」を脳に染み込ませている。

カナダのリーダーシップ系コンサルティング企業ヴァートゥス（ViRTUS）のCEO、マイク・デジャーディンも、同じようなことを実践していると言っていた。マイクの場合は、「シンク・ウィーク」ではなく「リーディング・ウィーク（Reading Week）」だそうで、知識の基盤を広げるために、本や記事などをむさぼるように読むのだという。その期間は、彼の電話はつながらない。クリエイティブ思考のための時間に心底没頭できるよう、自分の気を散らすようなものをいっさい排除しているのである。

ハイテク企業SAPの元CEO、ビル・マクダーモットも、いろいろと考えをめぐらせる時間を取ることの重要性について、次のように語っている。

「ほとんどの人は、短期的なものごとや、日々のプレッシャーに追われていて、リラックスして窓の外でも眺めながらぼんやりする時間なんて取れない。会議に出てばかりだし、しかもその大半は社内のもので、パワーポイントの資料作りで疲弊している。ぜひとも、自分の予定表の中に、完全に自由な時間を作るべきだ」

実は私も2002年以降、金曜日の午後には会議を入れないようにしている。電話やショートメッセージやEメールにもほとんど応答しない。私のための時間というわけだ。予定表もブロックして、他の人からの呼び出しを受けないようにしている。私はこの時間を、自分のイニシャルにちなんで「DPシンク・タイム」と呼んでいる。正しく述べると「マイ発散思考タイム」とでもすべきところだが、すわりが悪いのでやめた。とにかく、私も毎週こうして思索にふける時間を取って、さまざまな情報をつなぎ合わせたり、新しいアイデアを考えたりしているのだ。本を読むこともあるし、紙やホワイトボードに考えを書くことも、スケッチすることもあれば、窓の外をただ眺めていることもある。これを20年近く続けているが、今後もやめるつもりは毛頭ない。この時間を奪われるくらいなら仕事をクビになったほうがましだ。

さらに私は、少なくとも週4日は自転車かエアロバイクに乗って運動するようにしている。家で仕事をしている時は昼休みに行なうことが多い。出張の場合は、毎日仕事終わりにホテルのジムに行く。心肺機能の向上や健康によいのはもちろんだが、こうして週に160キロメートル以上サイクリングをする時間も、私にとってはアイデアを膨らませ、熟考し、思案する機会になっている。クリエイティブ思考のための時間と言っていいだろう。

私たちには毎日1440分という時間が与えられている。1週間だと168時間、年間にすると8760時間も使える。創造的に考えるための時間をはじめから相当程度割り当てておかないと、オープン思考を妨げる無関心思考、優柔不断思考、硬直思考はなかなか消せない。自分の内側にいる「長くつ下のピッピ」を解き放ち、サミーア・パテルやマイク・デジャーディン、ビル・マクダーモットやビル・ゲイツのようになろうと思うのなら、空いた時間を活用するのではなく探索し、クリエイティブ思考のための時間を作ることだ。長い目で見れば、きっと大きな見返りがあるだろう。

クリエイティブ思考を企業カルチャーにする

クリエイティブ思考は個人だけでなく、チーム、組織でも実践できるものだ。ただし、機能させるには、組織のカルチャーが現にそれをサポートするものになっていなければならない。

Case1

ブライアン・スクダモアは、家庭向けサービスを複数運営する企業グループ、O2Eブランズ（O2E Brands）のCEOだ。O2Eブランズの本社の社員は300名を超え、フランチャイズ経営下の各サービスの従業員を合わせると、世界でさらに1000人以上の雇用を抱えている。創業から30年で、O2Eブランズは資産数億ドル規模にまで成長した。

以前、ブライアンにインタビューをしたことがあるのだが、クリエイティブ思考について彼の考えを聞きたくて、ふたたびアポイントを取ることにした。

O2Eブランズの企業カルチャーを見ると従業員の士気は非常に高く、行動理念もしっかりとした目的意識に支えられている。もちろん、クリエイティブ思考の実践も、グループの中にしっかりと馴染んでいるようだ。

「僕たちは『リーダーは最後に食べる』ことを強く心がけています。ほら、会議の場で最初に発言するのって、すごく勇気がいるでしょう」とブライアンは言った。彼が引き合いに出したフレーズは、作家サイモン・シネックの『リーダーは最後に食べなさい！』という本で、そのタイトルには、組織のメンバーに安心感を与えてこそ優れたリーダーである、という意味が込められている。

また、ブライアンによると、O2Eでは毎日午前11時になる前に、本社全員が参加する7分間ミーティングを行い、ブライアンをはじめ経営陣は、そこで社員の声を聞き、アイデアや悩みをすくい上げているのだという。また、経営層から社員に対して、直近の会社の状況についての考えを手短に共有する場にもなっている。「優秀な人たちを1つの場に集めて、『最近の状況』について聞き、単に皆が同じ方向を見ていることの確認だけでなく、きちんとフィードバックや意見を吸い上げられる。すごくよい手法だと思っています」とブライアンは言う。7分間ミーティングは、クリエイティブ思考の実践と意見交換の機会を、短時間ながらも日々確保できる仕組みになっているのだ。


とはいえブライアンも、クリエイティブ思考を会社のカルチャーと目的意識の中にうまく浸透させる方法は、時間をかけてコツコツと学んでいったという。

その中で得た学びの1つが、人材採用だ。

「クリエイティブな人材を採用する方法も学ばなくてはなりませんでしたが、いかに自分たちとは異質な人材を採用するか、ということもまた大切でした」と彼は言う。O2Eブランズがクリエイティブ思考をさらに広げていくためには、思考の多様性が必要だと、ブライアンにはわかっていたのだ。「いろんなタイプの人からさまざまなアイデアを集めることを抜きにしては、クリエイティブにはなれないのです」。こうして、O2Eブランズにおけるクリエイティブ思考のあり方や、カルチャー、目的、そしてその採用の考え方に対するブライアンの言葉を聞いているうちに、私の頭にはまたしてもピクサーのことが浮かんできた。


ピクサー・アニメーション・スタジオの共同創業者で、同スタジオとウォルト・ディズニー・アニメーション・スタジオ両社の社長を務めたエド・キャットムルは、2008年にこう書いている。

「創造性は、組織の中で芸術的な要素や技術的な要素を扱うすべての人々の中に存在していなければならない」

ピクサーの経営層は、会社が成長を続けるために、社員同士のリスペクトや信頼感を醸成する環境を維持することに余念がない。そうすることで、ピクサーで働くすべての社員のクリエイティブ思考の可能性をいわば爆発させようとしているのだという。

「社員同士がよい関係にある環境が維持できれば、活力あふれるコミュニティが生まれる。才能のある人々が、互いを尊重し、誠意をもって協力し合う。自分は素晴らしいものを世に送り出すチームの一員なのだと、全員が感じている。——そんな人々の情熱と成果がコミュニティの磁力となって、卒業したばかりの学生、あるいは別の場所で働いていた優秀な人材を惹きつける」。また、とくに採用に関わることとして、キャットムルはピクサーの哲学についてもあわせて触れている。「創造性あふれる素晴らしい人材を採用して、その人たちに大きく賭ける。ありったけの裁量とサポートを与えて、誰からも正直なフィードバックが受けられるような環境を与える。さまざまな専門領域を背景に持つ人々が、互いに仲間意識を持てるようにすることは、専門を同じくする人々が仲間として1つにまとまるのと同じくらい大切である」というのがそれだ。

クリエイティブ思考は軽視されてはならないし、少数の人だけのものであってもならない。組織のカルチャーや目的がクリエイティブ思考を支えるものになっていることはもちろんだが、組織に新たに加わるメンバーにも、変化を歓迎し、自らのアイデアや意見を自由に人に伝えることの大切さを教えなくてはならない。キャットムルが言うように、「全員が安心してアイデアを出し合えるようにしなければならない」のだ。

すでに第1節で紹介したWEの共同創業者でありCEOでもあるマーク・キルバーガーは、オープン思考を組織で実践するためには、段階を踏んで結果を出していくことが重要だと言う。「結果」とはどういうことかというと、「自社の組織のカルチャーの特徴を挙げると？」という問いの答えに、クリエイティブ思考がきちんと挙がってくる状態のことだ。

また、これから述べる落とし穴には注意が必要である。

「『社運を賭けた大胆な目標』を掲げるなんて馬鹿げている。必要なのは半年から1年スパンの計画だ」とマークは語る。

社運を賭けた大胆な目標、いわゆる「BHAG」（Big Hairy Audacious Goals）とは、ジム・コリンズとジェリー・ポラスによる1994年のベストセラー『ビジョナリー・カンパニー』（邦訳版は1995年）で有名になった概念である。

「広い意味では、僕たちは社会奉仕活動のビジネスを根底からくつがえすことで、世界を変えようとしているんです。そのためには、クリエイティブ思考を短い区切りの中で一気に実践していかなくてはなりません。WEの社員も、パートナー企業も、一般の人々にもパワーを感じてもらって、気持ちを1つにする必要があるのです。皆がクリエイティブになろうと思ったら、5カ年もの計画の中でどうこうしようなんて絶対に無理ですよ」

マークによると、WEの成功は、クリエイティブ思考を現に実践しているからこそそのものだという。

「だって、5年後、自分がどんな世界に生きていると思いますか。まったくわかりませんよね?」とマークは笑った。計画のサイクルが短いほど、検討対象となる期間も短くなるので、社員はより創造的にものごとを考えられるようになる。さらに、期間を短く区切れば、その結果や業績を皆でたたえ合う機会も必然的に増えるので、協調的で目的志向な組織の風土がいっそう育っていくという。

マギル大学の経営学教授であるカール・ムーアと、彼のお気に入りだというモントリオールのカフェで一緒にコーヒーを飲んだ時、私は彼に、「長期的な計画はクリエイティブ思考に有用だと思うか?」と聞いてみた。

カールから返ってきた答えは、経営学分野での彼の同僚、ヘンリー・ミンツバーグが定義した「創発的戦略」という概念を踏まえたものだった。

「新しい分野の修士課程のプログラムを受け持つなかで、学生たちのクリエイティブ思考のサイクルが回る様子を何度も目にしてきました。重要なのは、一度戦略を立てても、時間が経過するうちにさまざまな出来事が起これぱいったいどう転ぶかわからない、ということです。競合だってあらゆる手を打ってくるし、市場環境も変わる。どの業界でも、目まぐるしい現実と向き合わざるを得ない状況に置かれているのが、いまのビジネスの世界です。『クリエイティブ(創造)』『クリティカル(批判)』『アプライド(実践)』——思考の3つのモードを、常に行きつ戻りつしなくてはなりません。なぜなら、長期的な戦略を練ったところで、すぐに時代遅れになってしまいかねないからです。10年か15年もすれば、変化も相当なものになるはずですしね」とカールは言った。

「創発的戦略」とは何か

ミンツバーグは、「戦略」という概念は、そのままでは硬直的になりすぎるところがある、と言う。その戦略が「創発」されるとは、定式化された論理的検討の結果として戦略が立案されるのではなく、環境の変化を実際に観察し試行錯誤するなかで、戦略が自然に生まれてくるということだ。場合によっては、後者のほうがより重要で、また成功に結びつきやすいこともある。ミンツバーグは、組織が戦略を考えるにあたってはプランニングだけに頼ってはならず、そもそも常に計画ができるわけでもない、と言う。

「すべての考え方の基本となる概念は、『思考と行動の関係』だ。本当に賢い戦略立案家ならば、人間はすべてを予測できるほど賢明ではありえないことを承知している」と論文の中でも書いている。

作家のロジャー・L・マーティンは、２００７年に出版した本『インテグレーティブ・シンキング』（邦訳版は２００９年）において、「インテグレーティブ・シンキング」という思考のアプローチを提唱した。それは、目の前に２つ選択肢がある時に二者択一で判断するのではなく、両方の要素を取り入れつつ、どちらよりも優れている新しいモデルを創り出す、という考え方である。

ロジャーは同書の中で、既存のモデルは必ずしも現実を正しく反映しているとは限らず、対立するモデルの存在は、自らに対する脅威というよりも問題解決に有益だと考えるべきだと述べている。また、既存のモデルは絶対ではないため、諦めずに取り組めば、よりよいモデルが必ず見つかるか、新たに作り出すことができるという。さらには、複雑性の中にこそ答えはあるので、その渦中に身を投じることをいとわないように、とも述べている。

「『インテグレーティブ・シンキング』は、可能性、解決策、そして新しいアイデアを生み出す。そこには無限の可能性がある」とロジャーは語る。

そもそも「インテグレーティブ・シンキング」ができる人は、「どちらか一方」でものごとを考えるのではなく、「どちらも」という考え方をする。ロジャーは、トロント大学ロットマンスクールで、この「インテグレーティブ・シンキング」のモデルを取り入れたコア・プログラムを展開しているほか、プロクター・アンド・ギャンブル、レゴ、アイディオやベライゾンといった企業の、世界トップクラスのＣＥＯたちに経営者向けのコーチングを行なっている。

その活動のかたわら、ロジャーは、『Creating Great Choices（すごい選択肢のつくりかた）』を、長年の同僚ジェニファー・リールと共著で出版した。彼らはこう述べている。

「私たちは、創造性とは誰もが活かすことができるもの、と再定義をしなくてはならない」

O2EもWEも、クリエイティブ思考が開花する土壌として、心理的安全性や透明性、仲間意識や協調性がある環境を整えるだけでなく、創造性はどの社員にも発揮できるものだと認識をあらためたうえで、自らの戦略を形成している企業である。

いずれも、戦略を不変のものとして位置づけてはいない（むろん、5カ年計画なんてものもまず存在しないだろう）。また、クリエイティブ思考を自社のカルチャーとして掲げられないような状態に陥ったこともないのである。

組織としてオープン思考を取り入れたいなら、カルチャーと戦略の両方が統合され、また創発されていくようにしなければならない。カルチャーが閉鎖的なものになれば、それだけ無関心思考、優柔不断思考、硬直思考のいずれかのタイプの思考カルチャーに陥りやすい。社員や他のステークホルダーをクリエイティブ思考のプロセスに巻き込もうとせず、社員に内在する創造性を解き放つのを阻害すればするほど、組織としても短期的な目線ばかりにとらわれ、苦しい結果に見舞われることになるだろう。

ベイビー・ステップ

私たちが赤ちゃん(baby)だったころ、毎日は探索のチャンスであふれていた。まさに、終わりなき冒険の日々だったはずだ。

最初はベビーベッドの調査からスタート。ベビーベッドを卒業すると、次は床のパトロール。そこからキッチンにたどり着くと、引き出しにはいろいろなアイテムがいっぱい詰まっていて、まさに宝の山。触ったり口に入れたりして調査は進む。

歩けるようになると、探索の対象はもっと広がった。風に触れ、空の青さに驚く。浜辺のさらさらとした砂、公園のやわらかな芝生。野原に積もってキラキラと輝く雪——。

興味の対象は尽きることがなく、五感で世界を感じる日々。

冒険がさらなる冒険を呼び、それがとにかく楽しかった。「変わりばえしない日常」なんてものも存在しない。自由かつ創造的にものごとを考えることができていたし、それをちっとも恐れていなかった。認知バイアスの類もいっさいなかった。

「長くつ下のピッピ」のように、利口で、騒々しくて、自立心旺盛で、創造力あふれる、小さな嵐みたいな生き物だった私たちは、毎日全身全霊で生きていたはずだ。

そしてもっとも重要なのは、あのころの私たちは、オープン思考を阻害する3つの思考——

無関心思考、優柔不断思考、硬直思考のいずれにも陥ることがなかった、ということだ。

しかしいまのあなたはどうだろうか。

赤ちゃんのころは、頭の中にも余裕があり、時間もふんだんにあったが、いまは、探索する者でありたいという自らの願望と、実際には搾取される側にあるという現実にはさまれて、葛藤している人がほとんどだろう。

人は強い。だから、頭の中がタスクで占められていても、あるいは精神的にきつい状態にあっても、私たちは既知の事象に対してはきわめて効率的かつ着実にこなすことができる。しかし、忙しくなればなるほど、人は予測可能な範囲のことを選ぶようになる。そのうち、感覚が鈍っていき、やがてはまひしてしまう。さらに精神的な負荷まで加わると、創造性を高めるチャンスはどんどん小さくなってしまうのだ。

イスラエルのバーラン大学の神経科学者で、ハーバード・メディカル・スクールの教授も務めるモシェ・バーは、私たちの脳がクリアな状態にある時には、認知システムにおいてクリエイティブ思考がデフォルトの状態になっていると２０１６年に発見した。

だが、ここには問題も１つ隠れている。バーと同僚らが行なった研究では、脳が考えごとでいっぱいの状態であれば、探索の機会はどんどん減ってしまうこともわかったのだ。追い打ちをかけるようだが、現代に生きる私たちの脳は常に何事かで埋め尽くされているらしい。そのせいで、私たちは時間を探索するのではなく、なんとか活用しようと躍起になってばかりいるというわけだ。

ペンシルバニア大学ウォートン校のジェニファー・ミューラーは、著書『Creative Change（クリエイティブ・チェンジ）』の中で、創造性をもっと取り入れていきたいと言う人は多いのに、実際に創造的な思考を実践できそうなチャンスを目の前にすると、皆それを拒絶してしまうということを明らかにしている。

私たちがもっと多くの時間を探索活動にあてられるか、それとも時間を単に活用しようとして終わってしまうか。ここが大きなポイントとなるということだ。また、熟考することと行動に移すこととのあいだにあるバランスについても、かつてないほどに重視されるようになっていると言えるだろう。

だからといって、平日にあまりに多くのことを詰め込みすぎると、私たちの心身には緊張と疲労が溜まっていく。そんな状態のところに「思いをめぐらせてみろ」とか「ちがうやり方でやってみろ」とか言われても、無関心思考に陥ってしまうだけだ。そうなると、検討も浅くなるし、アクションも停滞してしまう。無関心なふるまいがクリエイティブ思考を阻害し、その結果、自分のキャリアにも組織の目標達成にも多大な悪影響がおよんでしまうことになる。

先ほど紹介したモシェ・バーはこう言っている。

「脳は本来、探索志向で新しさを好むものです。でも何かで頭がいっぱいになっていると、自分がいちばんよく知っていて、それゆえ何の面白みもない解決策を選んでしまうのです」

仕事の場におけるクリエイティブ思考は、一朝一夕にイノベーションを生むようなものではない。アイデアも空から偶然降ってくるわけではない。

チャールズ・ダーウィンについて、１８３５年に彼がガラパゴス諸島で過ごしている時に自然淘汰の理論を思いついたと思っている人は多いが、実際はまったくちがう。実は、進化論にせよ、彼の有名な著書『種の起源』に書かれていることにせよ、ダーウィンの頭の中にこれらの構想が浮かんできたのは、彼がイングランドに戻ってからのことだ。『種の起源』が出版されたのも１８５９年で、ガラパゴス諸島への旅から20年以上も経過している。巷で信じられているストーリーとは異なり、ダーウィンは理論の構想と仕上げにじっくりと時間をかけていたのだ。

クリエイティブ思考をうまく機能させるには、時間を投資すること、また自分の時間の使い方を探索してみること、その両方が必要である。前の節でも触れたように、世界60カ国、33個の産業分野にまたがって１５００人のＣＥＯにヒアリングしたＩＢＭの調査でも、クリエイティブ思考こそ、事業の舵取りをしていくにあたり、組織全体でもっとも重要な特性である、とされているのは興味深い。

「偉大なアイデアには時間がかかる」とは、電気通信分野の基礎技術の研究開発を行なっているベル研究所のモットーである。クリエイティブ思考を組織全体の特性として落とし込めている、非常に素晴らしい例だと思う。ベル研究所には科学者も技術者も大勢いるが、皆時間を活用しようとする人間ではなく、探索しようとする人間ばかりである。さらに、自らの創造性を探索するのもとても上手で、それがレーザー・ビームやトランジスタなどの画期的な技術でノーベル賞を取ることにつながったと考えてよいだろう。

アメリカのロードアイランド・スクール・オブ・デザインの前学長を務めたジョン・マエダは、かつてこんなことを書いていた。

「創造性はどんな人の中にもふたたび蘇らせることができる。子どものころは皆、創造性豊かだったのだ。成長していくにつれて、クリエイティブになるための能力を失ってしまうというだけである」

まったくそのとおりだ。私たちは、自分が床を転げ回っていた赤ちゃんだったころのことを思い出してみたほうがいいのかもしれない。それはきっと、クリエイティブ思考の力を発揮するためにはいくつか手放さなくてはならないものがある、ということを教えてくれる、よいヒントになるだろう。

機能的固着

ここまで、クリエイティブ思考を発揮するために必要なことを紹介してきたが、実際、皆さんがクリエイティブ思考ができているのかどうか、それがわかる実験を紹介しよう。

想像してほしい。

あなたはいま、部屋のなかに1人でいる。その部屋には机が1つ、椅子が1脚あり、一般的なしっくい仕上げの壁に囲まれている。部屋は頭上の照明でくまなく照らされていて、手元もよく見える。

机の上には、次の物が置いてある。

- **マッチ**
- **紙の箱に入った画びょう**
- **ロウソク2本**

いまからあなたには、机の上にある物だけを使って（つまり、机と椅子は使えない）、壁にロウソクを取り付け、そのロウソクを灯して部屋を照らす方法を考えてもらいたい。ほかのものはいっさい使ってはいけない。

さて、答えは浮かんだだろうか？

ドイツの心理学者カール・ドゥンカーは、この「ロウソク問題」を1945年に考案、対象者が問題の回答を考えている際に「機能的固着（Functional Fixedness）」と呼ばれる行動特性を示すかどうかを実験した。

結論は、イエスであった。

特定の状況が色濃く匂わされたかたちで情報を与えられると、私たちはすぐに行動に走ってしまう。その情報を、所与の状況に関係なく別の目的で使えないか、一呼吸おいて創造的に考えるのは至難のわざである。人が持つこの行動特性を、ドゥンカーは「機能的固着」という言葉で定義した。目の前にあるモノをちょっと工夫すれば結果が大きく変わるという時でも、私たちの凝り固まった思考ではなかなかそうとは気づけない。

ロウソク問題に戻ろう。皆さんはどんな答えを考えただろうか。

ロウソクを直接、画びょうで壁にとめる？　あるいは、まずロウソクに火をつけてロウを溶かし、溶けたロウを使ってロウソクを壁にくっつける？

どちらの選択肢も、ものすごく頑張ればうまくいくかもしれない。

実はもう1つ可能性がある。

画びょうが入っていた箱を、ロウソクを立てるトレーとして使うという案だ。箱から画びょうを取り出し、そのうちいくつかを使って箱の側面を壁にとめる。それからロウソクに火をつ

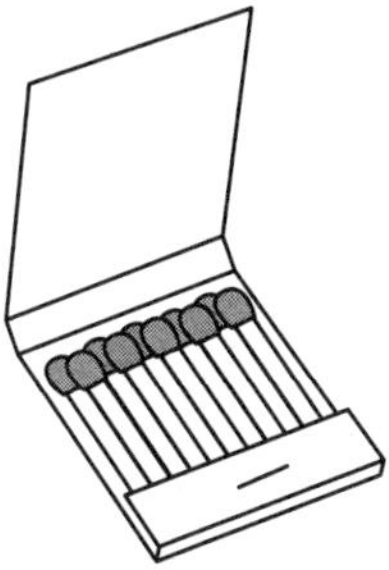

マッチ

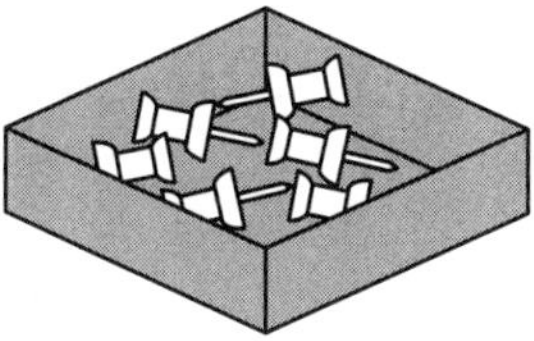

紙の箱に入った画びょう

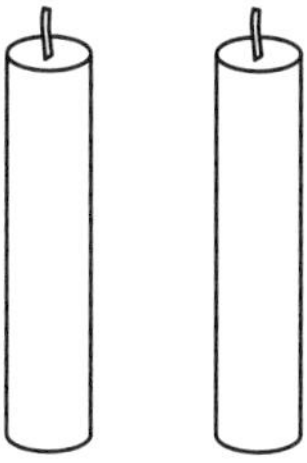

ローソク2本

けて、箱の底面に2カ所ロウをたらし、そこにロウソクを立てれば、ロウソクを倒すことなく壁に取り付けることができるというわけだ。

「機能的固着」の歴史的な事例があるので紹介しておこう。

ヨーロッパの覇権に甚大な影響を与えた「マジノ線」だ。マジノ線は、フランスの東の国境に300キロメートル以上にわたって延びる軍事要塞である。第一次世界大戦後、ドイツ軍からの攻撃に備えるためにフランスが構築したものだ。その地下はいくつものトンネルでつながっていて、まるで現代の1都市のような様相を呈している。重装備に固められた要塞の迷宮の内部には、店や教会や学校や病院、それになんと映画館まであったという。

1930年代のはじめころにアドルフ・ヒトラーが実権を強化していくのを受けて、新たな戦争は避けられないと考えたフランスは、対策を検討。第一次世界大戦では、兵士たちが地上に何千もの塹壕《ざんごう》を掘って戦った（「塹壕戦」という言葉はここから来ている）ことから、次もまた塹壕戦になるだろうと見て、マジノ線を築きあげたのだ。そして、巨大で複雑な要塞の中で、東からやってくるはずの敵を正面から迎え撃とうと、ただじっと待っていた。しかし、マジノ線を突破しようなどとは考えていなかったドイツ軍は、東からやってくることはなかったのである。

ドイツ軍のほうは、「機能的固着」に甘んじることなく、「ブリッツクリーク（Britzkrieg）」

と呼ぶ、まったく新しい戦闘方法を編み出した。「電撃戦」というこの戦法は、空中でも陸上でも、機動力を活かすことで敵に不意打ちをかけるというものである。１９４０年（第二次世界大戦が始まった翌年）にフランスに攻め入ったドイツ軍は、電撃戦を展開。フランスの背後を突いた。

ドイツもフランスも、同じくマッチと、紙の箱に入った画びょうとロウソク2本を持っていた――つまり、両者の前提条件は同じであった。ところが、フランスという国家と、軍のリーダーたちは、目の前にあるモノをよく見て、さまざまな選択肢を考えてみることをしないままに、これまでと同じような軍事要塞をつくったのだ。そして、そのことに満足していた。まさに硬直思考の状態に陥ってしまっていたのである。それが結局、第二次世界大戦での凋落につながったのだ。

よほど注意していないと、「機能的固着」はいつでも、誰にでも起こりうる。

たとえ答えはわかりきっているように思えても、目の前の道がいちばん明白に映る時ほど、自分たちがいかに盲目になりやすい存在であるかということを、よくよく自分に言い聞かせたほうがよさそうだ。

考えを書き出してみる

さて、ここまでクリエイティブ思考の習慣を見つめ直す方法をいくつか紹介してきた。

たとえば、ブレインストーミングをすることだったり、機能的固着を避けることだったり、ほかにもスケジューリングを工夫する、忙しさを排除する、思いをめぐらせる時間を取る……といった手法まで。

最後にもう1つ、個人のスキルや習慣に関わるところからクリエイティブ思考の阻害要因を挙げるとすると、情報の混乱、つまり、思考の整理ができていないことである。

はっきり言って、普段の生活においてものごとを整理するのを避けているようでは、クリエイティブ思考の力はなかなか発揮できない。クリエイティブ思考をかたちにする、もっとも単純でうまくいく方法は、シンプルに「書き出す」ことである。


航空会社ヴァージン・グループの会長、リチャード・ブランソンは、ノートを持ち歩くことの大切さをよく話す。

「旅に出る時、自分が何を持っていくかといったら、まずノートです。アイデアや連絡先、提案や課題を書きとめるのに使えるし、ちょっと外に出て問題にじっくり取り組むのもいいですね。ノートを持ち歩くだけで、人生がかなりスッキリしますよ」

ブランソン氏は、ヴァージン・グループが200億ポンドの売上を誇る企業に成長する過程で、自分の思考を整理することがいかに効果を発揮したかを振り返り、次のように述べた。

「いろいろな構想を書きとめた数枚のメモがなかったら、ヴァージン・グループをここまで大きくすることはできなかったでしょう。実際に個人でエアラインを経営しようと思ったら、こまごましたことが重要になるので、旅の時は本当にノートが手放せません」


第1節で紹介した、詩人であり、歌手でもあり、ザ・トラジカリー・ヒップの作詞を手がけたゴード・ダウニーに、どうやって歌詞や詩のアイデアを記録しているのかと聞いてみたことがある。ゴードは「モレスキンのノートを工夫して使っているよ」と答えてくれた。AからZまでのラベルが貼られたノートに、日々見聞きしたことや、気の利いた言葉や、意図的にあるいは偶然生まれたコンセプトを書きとめていくのが、ゴード流の思考の整理方法だった。ゴードは2017年の10月に亡くなったが、グラミー賞のカナダ版とも言えるジュノー賞を幾度も受賞した、本当に偉大なアーティストだった。ゴードは曲や詩を書く際、モレスキンのノートをさっと取り出し、言葉を練る作業から始めていたという。どこへ行くにもモレスキンのノートを持ち歩いている姿がよく目撃されていた。フランスの文具メーカー、ビックの4色ペンでアイデアをさまざまなかたちで書きとめていた。

とにかく、ここで私が伝えたいのは、自分に合う方法で考えを書き出そうということ。あるいは、思想家で英文学者でもあるマーシャル・マクルーハンの言葉を借りて「タイプライターは思考を表現する手段ではなく、思考を写しとる手段である」と言っておこう。

帽子屋に敬意をこめて

【リリプット・ハット】の店内へ足を踏み入れると、まず目につくのが制作チームの創造性だ。アーチ形のドアをくぐったそばから、色、羽根、フェルトといったものがあちこちで視界に飛び込んでくる。

第1節で述べたとおり、左右の壁と、腰の高さくらいまでの棚には、【リリプット・ハット】の制作チームが作ったさまざまな帽子がずらりと並んでいる。店の本業はカスタムメイドの帽子づくりであるが、店内に飾られている帽子もそのほとんどを購入することができる。

しかし、こうして帽子を派手に並べて見せる本当の目的は、ディスプレイした帽子を買ってもらうことではなく【リリプット・ハット】の想像力の結集を客に見せるためだという。

言うなれば、クリエイティブ思考のショーケースというわけだ。まさに「可能なことを実行する技術」(art of the possible) の表われである。

「帽子は冠でもあり、栄誉の証しでもある」と店主のカーリンは語る。

「あなたの頭の上に乗るものなのよ。帽子が頭をおおってくれるから、髪型が決まらない日用の帽子だってあってもいい。うちの店でどんなものができるのか、店に来てくれた人にすぐに見てもらいたかったの」

クリエイティブ思考は、私たち1人ひとりに独創性を求めてくる。そこから逃げてはいけない。「可能なことを実現する技術（アート）」として、文字どおりアート作品を飾るもよし、自らの創作活動で体現するもよし。いずれにせよ、あなたのその営みが、自分や周りの人に対して、より創造的にものごとを考えようという活気を与えることにつながるかもしれない。少なくとも、オープン思考を身につけようとする、自分の背中を押してくれるものにはなるだろう。

以下に個人として、組織として、クリエイティブ思考をどうやって自分に合った状態にして取り込むかについて確認する質問を用意した。

常にチェックし、クリエイティブ思考を自ら捨て去ることのないよう、意識してほしい。

クリエイティブ思考を実践する、個人のためのヒント

・予定を詰め込みすぎないようにしよう。クリエイティブ思考には、精神的なゆとりも、時間のゆとりも必要だからだ。とりとめもなく思いをめぐらせる時間を作る方法を探そう。少なくとも、空き時間はすべてスマートフォンを見るか会議に出て終わり、ということがないようにしよう。いまこの瞬間の中で、思考をじっくり「マリネ」できるようになるといい。

・よく聞いて、注意して、観察すること。どんな1日にも、新しい学びや、目の前にあるものにあらためて気づくチャンスが転がっている。周りの環境に向かって自分の五感を開こう。

そして、思考のおもむくままに探索してみよう。

・書き出すこと。その日頭に浮かんだことをノートなどに何かしら書きとめておく方法を考えよう。自分の前に現われたものすべてを覚えておくのは不可能だが、創造的なアイデアはいつ何時やってくるかわからないからである。

クリエイティブ思考を実践する、組織のためのヒント

・従業員の心身にかかっている負荷を分析してみよう。従業員が仕事にどれくらいの時間や労力をかけているか、組織として（またリーダー層が）把握できていないのであれば、ちゃんと調べて、問題があれば対処すべきである。認知機能への負荷が大きくなれば、思考も阻害される。生産性にも影響が出る。持続可能で、長期的な成功を求めるのであれば、クリエイティブ思考が育まれるためのスペースを作らなければならない。

・協調的なカルチャーがクリエイティブ思考を醸成する。チーム間で協働する方法（たとえば社員同士の仕事の領分の切り分けや縦割り制のチームの壁をなくすといったもの）がわかっている組織は、よりクリエイティブ思考を発揮させやすくなる。自分の組織のカルチャーを分析してみよう。もし閉鎖的で非協力的なものになってしまっていたら、個人もチームも、もっと一緒に協力し合えるようになるための策を打とう。

・組織におけるクリエイティブ思考の実践過程では、決して急いではならない。どうしてもそ

れなりの時間がかかるものだからだ。プロジェクトの計画の中に、ブレインストーミングや思考を発散させるフェーズをあらかじめ設けておこう。また、クリエイティブ思考について外面のよいことは言って終わりにはしないように。思考をめぐらせ、新たなアイデアや既存の目標の達成を支える革新的な方法を考え出すことを、社員にどんどん奨励していこう。

第3章

クリティカル思考（批判的思考）

OPEN TO THINK

第4節

思考の落とし穴

――人の価値は、自らがなす決断によって決まる。

ジャン・ポール・サルトル（哲学者）

クリティカル思考を妨げるもの

クリティカル思考（批判的思考）とは、道義的かつタイムリーな判断をするために、アイデアや事実を徹底的に分析することである。

私は、本書を書くにあたり多くの人をインタビューさせていただいたが、そのほぼ全員と、クリティカル思考を妨げているものについて議論した。まずは、この話から始めよう。

皆、言うことはだいたい同じであった。社会ではある事象が発生している、しかも明らかによくない傾向だ、と。

まず、私たちはあまりにも注意が散漫になっていること。

たとえば、ショートメッセージやメールを送受信するたびに、人の脳では快楽物質のドーパミンが分泌される。この刺激を欲する衝動は増していくばかりで、常に携帯やパソコンを気にしながら生活していないだろうか。そして、メールやメッセージに一喜一憂してしまっているのではないか。

次に、私たちはものごとの判断を過度に急ぐようになっていること。

ニュースを見る時も、それをきっかけに長期にわたるトレンドライン(傾向)を理解しようとするのではなく、ヘッドライン(見出し)をさっと見ただけで結論に走ってしまうことはないだろうか。

「認知的不協和」も必要以上に起きている。認知的不協和とは、人が2つ以上の矛盾した考えやアイデアを同時に抱えている時に感じる、精神的な不快感のことだ(のちほど本節でもあらためて触れたい)。

いま挙げたようなことはすべて、私たちのクリティカル思考に影響をおよぼしている。ここでも問題となるのが、やはり時間だ。私たちはいったい自分の時間をどのように消費し、それがクリティカル思考にどう作用しているのだろうか。時間の使い方と私たちの注意力が低下していることとの関係性、そしてテクノロジーへの依存こそ、私たちがもっとも憂慮すべきものである。

カナダ人ミュージシャン、ジョエル・プラスケットも、「デジタル機器へ依存していたために、自分のクリティカル思考の能力に自分で悪影響を与えていた」と語ってくれた。ジョエルは、自分のｉＰｈｏｎｅからソーシャルメディア系アプリケーションを削除しようと決めたのだそうだ。

「こういうスマホアプリの中毒になっている自分に気づいたんです。そのせいで集中力が削がれていたんだな、ということにも。テクノロジーの集中砲火にさらされていると、すべてがめちゃくちゃになってしまう。僕たちはいま、人類やテクノロジーの発展の歴史の中でもとくに異質で、かつ重大な局面に来ていると思いますよ」

テクノロジーに頼っていると、日々の単純な行動の中では、思考を批判的に働かせるということがそもそもなくなっていってしまう。だからこそ、まずは、その環境から離れるべきだと彼は考え、ＳＮＳをいっさい削除したのだ。


「インヴィクタス・ゲーム（Invictus Games）」という国際的なイベントがある。

イギリス王家のハリー王子が後援しているスポーツ大会で、戦場で怪我を負ったり病気になったりした兵士たちが、現役・退役を問わず参加するものだ（大会名の invictus とは「不屈」の意味）。この大会を史上はじめて成功させるにあたっては、クリティカル思考とタイム・マネジメントがきわめて重要になった。その総責任者を任されたのが、イベントディレクターのドミニク・リードである。

ドミニク自身のキャリアはこれまで、兵士から建築家、そして大規模イベントのプロデューサーまで、多岐にわたっている。そんな多彩な経験をしてきた彼の意見を聞くと、クリティカル思考が阻害される要因や、時間の使い方についての私の懸念などが、いっそう浮き彫りになってくるように思う。

「近ごろは世の中の動きにあおられて、すべての人に時間の多大なプレッシャーがのしかかっています。電子的なコミュニケーションは、すぐ反応することが期待されるカルチャーにつながり、それが人々の負担になっています。皆、自分は反応しましたよ、という証跡を残したいがために反応していると言っていいでしょう。テクノロジーがなかったらやらないような行動を、わざわざ強いられているのです」

ドミニクの仕事である大規模イベントの運営は、多くの人がともに力を尽くしてはじめて成功するものだ。前の節でも述べた、「オープン思考の実現には協調的なカルチャーが必要」という点にも通じるところがある。よい結果を出すには、いかにチーム全員を巻き込み、皆の力を注ぎ込めるか、つまり、オープン思考をチームで実践することが必要だ。

「昔は電話や、人と会って会話することで、ものごとを進めていました。皆で顔を合わせるなかでチーム内の関係性が築かれていくので、メンバーを信頼できるし、関係を構築する過程で、協力し合う空気もできていく。面と向かって話して伝えたことは、内容も忘れにくい。口頭でのやりとりが当たり前でしたが、当時は万事うまくいっていました。それがいまでは、すべてがメールやテクノロジーの類でなされ、さらには、メールも、不祥事があれば監査に使われてしまう。こんな組織風土が、大きな問題になってきているのです」

テクノロジーは人と人とのやりとりにかける時間に影響を与え、その結果、クリティカル思考にも悪影響がおよんでいる——ドミニクはそう指摘しているのだ。

さらに、スピードをよしとする世の中の傾向も、クリティカル思考をいっそう阻害することにつながっている、と彼は強く主張する。

常にテクノロジーに頼るようになると、チームやプロジェクトのカルチャーはおろか、ドミニクの場合は、大きなイベントを成功させるための要件自体も変わってしまうのだという。

「メールやその他のテクノロジーは、皆の考えを悪い意味で1つにしてしまう。複数の人間が関わるのだから異なる意見があって当たり前なのに、2つの相反する見方を同時に持っておけないような状態にする、という新しいデメリットがあるのです。私の仕事では、チーム内の関係性を生産的にするために、計画はこれでもかというほど詳細に詰めておきつつも、『ここは変えよう』といつでも言えなくてはなりません。テクノロジーに日々浸っているような人は、そんなのとんでもない！　と怒り心頭ですけどね」

私はこの「2つの相反する見方を同時に持っておく必要性」について聞きながら、経営学者ロジャー・L・マーティンの「インテグレーティブ・シンキング」のモデルに近い話だなと思っていた。

皆が「常時オン」なマインドセットになっているがために、2つの相反する見方を持つ能力を失いつつある、というドミニクの指摘は見過ごすわけにはいかない。新しいアイデアを練るにあたり、相反する見方からそれぞれ時間をかけて検討するためには、リーダーがチームメンバーのタイム・マネジメントをうまく助けてやる必要がある。もし皆が「常時オン」なマインドセットにとらわれて、判断を急いでしまったら、相反する視点からの検討などできるはずがない。このような考え方のもとでは時間そのものが敵になり、その敵を倒す武器がテクノロジーなのだとすると、私たちはさしずめ、戦いの不幸な犠牲者といったところだろうか。

こうした苦境を脱するためのヒントとして、ドミニクは「自分とほかの人が、創造的にも批判的にもなれる場を作る力が必要です」と教えてくれた。

チームメンバーのアイデアが実を結び、またしっかりとした判断ができるように、リーダーは「時短」を標榜する風潮からメンバーを守ってやるべきだ、とドミニクは言う。いまの世の中では、クリティカル思考を人に教えるのはたしかになかなか難しい。だが自分としては、チームがうまくクリティカル思考を発揮できるよう尽力を惜しまない、というのがドミニクのスタンスなのだ。

そこで出てくるのが「意図的な先延ばし」と彼が呼ぶコンセプトだ。いったん立ち止まるというカルチャーを作り、相反する考えを共存させておくための戦術である。この戦術が、よりよい意思決定へとつながっていく。

「ものごとすべてにすぐに対応せず、ＴｏＤｏリストのタスクをそのままにしていると、いろいろとよいこともあるとわかってきたのです。自然となくなってしまうタスクもあります。また、対応をしっかり考えるための時間が降ってくることも、こまごまとしたものが自分の知らないところで動くこともあります。数日おくことで、やがて正しい答えが浮かんでくることもある。そのことを私はチームに教えているんです」

これは、わざと期日を破るということではない。そうではなく、時間のバッファ（ゆとりや余力）を設けることで、意思決定の内容を改善し、クリティカル思考が実践できるようにしているのだ。とはいえ、「意図的な先延ばし」はやはり難しく、また終わりのない取り組みだとドミニク自身も認めている。

「残念ながら、いったん立ち止まるというカルチャーを浸透させるのはやっぱり大変です。人々が働くペースを見ていると、もはや正気の沙汰ではありません。それでも、立ち止まることの意義が腑に落ちれば、素晴らしい恩恵を受けられるのです」

アメリカ哲学協会の定義によると、クリティカル思考とは「意図的に自らを規制しながら判断を行なうプロセス」だという。このプロセスをうまく実践するための時間を創出できないと、組織は硬直思考や優柔不断思考や無関心思考にとらわれた人たちであふれ、ただ単純に行動を繰り返すだけのカルチャーに埋もれてしまうことになるのだ。

第3章では、このクリティカル思考についてお話ししていこう。

ソクラテスとネットフリックス

1997年、リード・ヘイスティングスは自らが興した企業、ピュア・ソフトウェアを7億5000万ドルでラショナル・ソフトウェア(現在はIBMへ統合)に売却した。その売却益を使って、彼がまもなく友人と起業したのが、ネットフリックス(Netflix)である。当時は、今日のようなオンライン・ストリーミングサービスの帝王ではなく、いま聞くと時代遅れに思うかもしれないが、ビデオ(DVD)の郵便レンタルサービスをやっていた。彼がネットフリックスを作ったのは、当時の大手ビデオレンタルのチェーン、ブロックバスターズで借りた映画を返し忘れ、延滞料を40ドルも取られたのがきっかけだという。2018年には、ネットフリックスの従業員は4000人近くにのぼり、売上は約90億ドル。オンライン・ストリーミングメディアとしてのサービスへと転身しただけでなく、『ザ・クラウン』や『マスター・オブ・ゼロ』『オレンジ・イズ・ニュー・ブラック』などのヒット作を手がける制作スタジオとしても成功している。ちなみに先ほどのレンタルチェーン・ブロックバスターズはというと、2010年に破産申請をし、2011年には当時残っていた1700店舗を、衛星放送サービスのディッシュ・ネットワークに売却している。

ネットフリックスは、その優秀な人材や革新的なカルチャーの実践でもよく知られている。たとえば、経費の考え方は端的に「Act in Netflixs' best interest（ネットフリックスの利益にかなう行動を）」と示されているのみだ。年間の人事評定は存在せず、その代わり、上司と部下のあいだでは、日々コーチングの要領でコミュニケーションが行なわれている。社員は休暇を好きなだけ取得でき、ストックオプションの権利を行使する期間の制約もない。だが、私は何よりも、ネットフリックスが提唱する企業としてのバリューと、行動・スキルの指針を高く評価したいと思うのだ。

ネットフリックスは、いくつかのバリューを掲げている。その最初に挙げられているのが「判断力」という項目で、まさにクリティカル思考に関するものである。バリューはその時々で変わるようだが、私がいま本書を執筆している時点での定義を見てみよう。

- （人、テクノロジー、事業や創造性に関して）たとえ曖昧な状況下でも賢明な意思決定を行なう
- 根本的な原因を特定し、表面的な対処を超えた対応をする
- 戦略的に考え、自分がやろうとしていることと、やらないことを明確に説明できる

・いますぐやるべきことと、あとで取り組めばいいこととをスマートに区別する

この4行の内容が、クリティカル思考を正しく働かせるための重要な指標になっている。ネットフリックスは社員に対して、短期のものと長期のもの、簡単なことと困難なこと、既知のものと未知のものとのバランスをとるよう求めている。よくわからないままに判断するのではなく、オープンに周知の情報を集める。熟考し、メンバー間で議論を交わすことで、真実――つまりファクトを見いだすことが大切だと考えているのだ。また、優柔不断になって日和見を決め込むのではなく、自ら行動を起こす人間であるかどうかも問われる。同社は判断力を非常に重視しているからこそ、これをバリューの最初に持ってきているのである。

今日の情報を取ってくるだけでなく、明日のニーズを見通すこと――同社はそう社員に説いている。ものごとのバランスをとるためには「イエス」と言うだけではダメで、「ノー」も言えなくてはならない、というのがネットフリックスの行動指針なのだ。行動と熟考の両方において判断力をきちんと活かす。彼らの考え方はきわめて哲学的でありながら、実践的なところもよく押さえられている。

哲学的といえば、西洋哲学の父と言われるソクラテスは、まさに真実を探し求めた人だった。彼はアテナイの街で、クリティカル思考の習慣を日々磨いていた。木箱の上に立ち、人々とよく喧々諤々《けんけんがくがく》の議論を交わしていたようだ。その様子はまるで互いに反目し合い、うるさく口

論しているかのようだったそうだ。だが、それがまさにポイントなのだ。

ソクラテスといえば、ギリシャ語で「エレンコス（問答法）」と呼ばれる、問答をとおして真実を引き出そうとする論法が有名である。ソクラテスとアゴラ（広場）に集まる人々のあいだで交わされる論争は、まさにこのかたちをとっており、対話式の議論の中でクリティカル思考がおおいに発揮されていた。「問答法」で問いと答えを延々と繰り返していく過程で、問われる側の人の思い込みが外れ、推定は打ち砕かれ、また意見の攻防が繰り広げられる。異なるものの見方をしている人が2人以上集まれば、そこに弁証法的な議論が生まれる。問答法、あるいは弁証法の目的は、ある話題に対するそれぞれの見方を引き出すことであり、それによって単に真実を見いだすだけでなく、望むらくは2つの意見を踏まえた新しい共通の理解を構築することなのだ。

ソクラテスは、自分がすべての答えを持っているとはつゆほども思っていなかった。そうではなく、いろいろな人の意見の中に散らばっている1つの答えを、問答法によってあぶり出していったのである。その過程では「無知である」ことが常に鍵となった。ソクラテスは「自分は無知だから」と言ってはばからず、自ら結論を出さないで、他者が持論を展開する際の勢いを逆手に取って、新しい真実を定義していくのである。このソクラテス流のクリティカル思考のメソッドを使えば、いろいろな観点からの議論に決着がつき、充実した検討を踏まえて出した判断によって、アイデアが前へと進んでいく。

ここに、ネットフリックスと通じるものがある。ネットフリックスのバリューの、「判断力」の4項目をあらためて読み返してほしい。そのうえで、ネットフリックス社内の様子を思い浮かべてみよう。おそらくそこは現代のアゴラと呼ぶのがぴったりの環境で、社員たちは日々こぞって問答法を実践しているのではないだろうか？

私たちのクリティカル思考の習慣を見つめ直すにあたっては、ネットフリックスやソクラテスの例が貴重なヒントになりそうだ。

認知的不協和

「判断力」にまつわるネットフリックスのバリューの定義は、端的に言えば「認知的不協和」を避けるためのものである。

この認知的不協和に関して、心理学者のレオン・フェスティンガーが1957年に論文を発表しているのだが、そこにはクリティカル思考についての示唆もおおいに含まれている。フェスティンガーは、人は自分の中に矛盾する考えやアイデアを抱えると、気持ちの面で不調和をきたすことがあると主張した。そして皮肉なことに、この不調和を避けようとして、かえって自分にとって最大の害悪になる状態を引き起こしてしまうのだという。「不協和が発生すると、人はそれを減らそうとするだけでなく、その不協和を強めてしまうかもしれない状況や情報を意図的に避けるようになる」とフェスティンガーは述べている。だからこそネットフリックスは、社員たちに多様な見方をあえて受け入れてもらおうと腐心しているのだ。

仕事の場面で起きる認知的不協和は、大きなストレスのもとになる。自分の思いやゴールと相反するような状況に直面すると、人は優柔不断思考のマインドセットへといとも簡単に倒れてしまう。何の手を打つこともできず、思考がまひし、よい判断ができなくなってしまうのだ。自分に割り振られたタスクやアクションの中で根深い不協和の存在に直面した場合にも、やはり判断力がまひし、クリティカル思考が働かなくなってしまう。

重要なのは真実

ウェルズ・ファーゴは、サンフランシスコに本社を置くアメリカの銀行である。2017年の売上は900億ドル近くにのぼる。この企業は、2016年の9月に、世間からの批判の嵐にさらされた。批判といえば、リーマン・ショックが起きた2008年に、デトロイトの自動車大手3社のCEOらが、250億ドルの公的資金による救済を求めてワシントンD.C.にやってくる際にプライベート・ジェットを使ったことが話題になったが、あれをけしからんと言うなら、ウェルズ・ファーゴの事案を聞けばめまいがしてくるだろう。

米消費者金融保護局（CFPB）は、ウェルズ・ファーゴの行員らが、顧客の架空の口座を

200万個余りも開設していると突き止めた。偽の口座開設が5年以上も行なわれていたというだけでなく、なんとそのすべてが顧客の承諾なしにされていたというのだ。このスキームに関与したとして責任を追及された行員は5000人を超えた。非常に多くの顧客に対して、本人に隠れてあるいはその同意を得ずに、非合法な手段で金融サービスを申し込ませたことは、重大な信用棄損に値する。CFPBの調査によると、ウェルズ・ファーゴの多くの行員たちがこのような悪質な行為に走ったのは、個人の売上成績がボーナスその他の金銭的インセンティブに直結していたことが原因だという。2017年には、CFPBは被害を受けた顧客の数を350万人に訂正している。

当然というべきか、CFPBはウェルズ・ファーゴの不正行為に対して1億8500万ドルの罰金を科した。CFPBのリチャード・コードレイ局長(当時)は、「一連の不正行為の重大性にかんがみて、ウェルズ・ファーゴにはCFPBとして過去最大の罰金が科されることになる」と述べている。2017年7月には、サンフランスコの連邦地方裁判所に集団訴訟が提訴され、原告側の和解金額の提案を「公正で、合理的かつ適切である」とする判断が示された。その額、1億4200万ドル。この集団訴訟とCFPBに支払った罰金によって、ウェルズ・ファーゴは3億2500万ドルも失った。2017年末には、関連する弁護士費用としてさらに10億ドル以上を見込んでいるとの発表がされている。

こうした道義に反する行為によって数百万人もの顧客が被害をこうむったことで、同社に対する顧客満足度ももちろん大打撃を受けた。不正行為が明るみに出てから数カ月のうちに、ウェルズ・ファーゴの各種ＫＰＩ（重要業績指標）は軒並み下がっている。たとえば、２０１７年1月の数値を見ると、新規の口座開設数は前年より31パーセント低下した。クレジットカードの申し込み数も47パーセント減った。さらに、多くの顧客がそもそも銀行へ足を運ばなくなったことで、支店の来客数は14パーセント低下した。

２０１６年の秋に『ウォール・ストリート・ジャーナル』紙のインタビューで、ウェルズ・ファーゴの当時のＣＥＯであったジョン・スタンプは、責任の所在は企業としてのカルチャーや倫理観にではなく、問題行為を行なった従業員にこそあるとした。このようなスキャンダルが起きたのは、行員らが顧客第一を実践せず、同社のビジョンとバリューを尊重しなかったからだとして、５３００人を解雇したと述べている。

「われわれが求めていること――顧客第一主義の実践という、当行のビジョンとバリューの尊重ができないのであれば、そのような従業員は必要ない」というのがスタンプ氏の弁だ。

数週間後、スタンプ氏は1億３３１０万ドル分の同社の株を持って退職し、ティム・スローンが後任となった。だが実はこの数カ月前にも、重要人物の突然の退職劇があった。ウェルズ・ファーゴの個人向け口座部門の責任者だったキャリー・トルステッド。スタンプ氏が「われわれのカルチャーの旗振り役」であり「顧客第一主義のリーダー」と評していた人物である。キャリーは、まさに架空の口座開設がなされた部門の担当役員だった。だが、CFPBが不正調査の結果を発表する前に、彼女は1億2400億ドルの退職金をもらって、まんまと逃げおおせたというわけである。

不正行為によって職を失った行員は数千人にのぼったが、それ以上に、このような不正がどうして起きたのかそもそもわかっていなかった行員が何万人もいた。

会社の状況に対して鈍感になっている従業員の多さ――これぞまさに、クリティカル思考の欠落がオープン思考におよぼす悪影響を如実に表わしている。もはや組織としての高い目的意識を持って企業活動を行なうことができなくなってしまうのである。

ウェルズ・ファーゴは公には、士気が高く、倫理もしっかりとしたカルチャーの上に、健全な意思決定がされる職場作りを標榜していた。「われわれ（従業員）一人ひとりが日々行なう判断の総体こそが企業倫理である」と明言していたのである。しかし、問題を起こした部署においては、アグレッシブな成長と利益の追求をよしとする風潮があった。

歪んだインセンティブが組織の行動倫理に織り込まれてしまうと、クリティカル思考が阻害されてしまうのである。

第1章で私は、クリティカル思考について、道義的かつタイムリーな判断をするために、アイデアや事実を徹底的に分析すること、と定義したが、はたしてウェルズ・ファーゴは、顧客にサービスを提供する際に、きちんとクリティカル思考を働かせていたのだろうか。つまり、倫理道徳にもとづいて意思決定をしていたと言えるのだろうか。

ウェルズ・ファーゴは、企業としての自社のバリューを以下のように定義している。

- **優秀な人材**
- **倫理道徳**
- **顧客にとっての正しさ**
- **ダイバーシティとインクルージョン**
- **リーダーシップ**

これら5つのバリューは、ウェルズ・ファーゴがさらに行員に求める3つの行動なるものを支えている。その3つの行動とは、「対話」「相互作用」「意思決定」。どれもクリティカル思考に欠かせないものだ。同社はこう語っている。

「もしわれわれが自らの行動を企業としてのバリューのうちどれにも結びつけられないなら、なぜその行動をやっているのかを自分に問わなくてはならない。きわめてシンプルだ」

さらに、ウェルズ・ファーゴのカルチャーは、「常に顧客第一で行なう思考と行動のパターン」によって定義されるものだとまで言っている。

しかしながら、ウェルズ・ファーゴの多くの従業員は数年にわたり、企業としてのこれらのバリューを故意に無視することを選んでしまった。同社の言うバリューと求められる行動に照らせば、倫理道徳を重んじ、正義をなすことは、顧客第一主義の実践において必須のものだったはずだ。だが、不正を犯した行員たちは踏みとどまれなかった。クリティカル思考も、起こりうる結果を想像してみることもしなかった。もしかすると、プレッシャーに迫られて犯罪に手を染めた行員もいたかもしれない。自らの職と、それに付随する給料を失うのが怖くて、企業としてのバリューから目を背けざるを得ないように感じていた者もいたのかもしれない。いずれにせよ、ウェルズ・ファーゴのエピソードには、非常に考えさせられるものがあると思う。

クリティカル思考をうまく発揮するには、ファクトやデータ、あらゆる関係情報に対して、一人ひとりがオープンに向き合わなくてはならない。

ソクラテスがやっていたように、他者と対話することで、新しいアイデアやチャンスを広く受け入れるマインドを実践する、というのはよい方法だ。

重要なのは、真実である。

人の考えと自分の考えを照らし合わせるのと同じくらい、自分の考えを客観的なデータと照らし合わせることが必要だ。道義的かつタイムリーな判断をする以前に、熟考し、意見をよく精査するための時間がなくてはならない。こうしたステップは個人にとってはもちろん、組織全体にも必要だ。クリティカル思考を複数のチームあるいは部署間で発揮しようと思ったら、よりよい意思決定をするべく、チームの全員がほかの人との意見交換を積極的に行なうべきである。

ウェルズ・ファーゴの従業員たちの行為は、明らかに道義に反するものだ。認知的不協和に陥っていた者、そして、自分の行為はまちがっているとわかっていながら、次から次へと顧客をだましていった者は、はたしてどれくらいいたのだろうか。

少なくとも、キャリー・トルステッドが率いていた部門では、組織が掲げるバリューによって自らの行動を律する、ということがまったくできていなかったことは明らかだ。

この事象は、1974年にハーバード大学の組織心理学者クリス・アージリスと共同研究者のドナルド・ショーンが提唱した、「信奉理論」と「使用理論」と呼ばれる概念で説明できる。「信奉理論」とは、「人が、自らの行動の基盤にあると信じている世界観や価値観」、「使用理論」は「実際の行動によって示されるその人の世界観や価値観であり、行動する際の青地図になっているもの」と定義される。

ウェルズ・ファーゴはたしかに、自らを5つのバリューで定義していた。だが現実は、現場の使用理論が会社の信奉理論の逆を行ってしまったというわけだ。倫理道徳だとか、顧客にとっての正しさだとか、リーダーシップだとか、耳に快いことを言ってはいたが、実践がまったくなっていなかった。すべては口だけで、行動がともなっていなかったのである。

ウェルズ・ファーゴの多くの行員たちは、自らの倫理道徳だけでなく、同社が提唱していたカルチャーである「常に顧客第一で思考し行動する」ことも無視してしまった。彼らは要するに、健全な判断を、まさに求められる時に実践できなかったのである。行員たちは、熟考より行動をとり、企業としての存在意義よりも利益を追いかけ、信奉理論と使用理論が見事に対立するという構図にはまってしまったのだ。

その結果、何千人もの従業員が職を失った。何百万人もの顧客も被害をこうむった。そしてもちろん、何百万ドルものお金が、クリティカル思考が欠けていたばかりに飛んでいってしまったのだ。

クリティカル思考（あるいはその欠如）のインパクトがどれほど大きいものなのか、これでよくわかっただろう。

ローマ法王がトランプを支持!?

クリティカル思考は、個人がテクノロジーに依存してしまうことによっても阻害される。「ただの携帯電話ですよ」という顔をして、あなたのポケットに収まっているそのコンピュータも、不安やストレスの原因になるだけでなく、人間の思考を外部に委ねるツールにもなっているのだ。

2015年、ウォータールー大学のナサニエル・バー、ゴードン・ペニーコック、ジェニファー・A・シュルツ、ジョナサン・A・フューエルサングらによる研究では、私たちがテクノロジーにどんどん依存するあまり、テクノロジーがわれわれのクリティカル思考を代替しようとしている状況が明らかになった。長期的観点からの結論はまだ出ていないが、短期的には危険な兆候が表われているとされている。

研究者の1人、ナサニエル・バーは、デジタル機器と思考との関係について、次のように述べている。

「数十年にわたる研究でわかったのは、人は問題解決に労力をかけるのを避けたがること、そして、スマートフォンをあたかも自分の脳を外部拡張したものとしてとらえる人が今後ますます増えるだろうということです」

さらに、バーらは「人は典型的に、速くて簡単な直感ではなく、面倒な分析的思考をわざわざするのを嫌がる」と言っている。これは、単に私たちがクリティカル思考をモバイル機器にやらせている、という状態だけを指して言っているのではない。何かを判断する際に、自分の直感や思い込みに頼る傾向が強い人ほど、自分の脳よりもデジタル機器のほうを使うようになる、と示唆しているのだ。

こうした傾向の影響はたしかに顕在化している。たとえば、2016年のアメリカ大統領選を思い出してみよう。ホワイトハウスをめぐるその夏の選挙戦の期間中、有権者たちはこんなタイトルのニュースを、さまざまなデジタル媒体でいくつも目にすることになった。

「世界に衝撃、ローマ法王フランシスコがドナルド・トランプを米大統領にと支持表明」

ローマ法王が、ある国の政治について特定の候補者を推すなど、いまだかつてなかったのだから、たしかに衝撃的な出来事である。記事の全文を読んでみると、ローマ法王の言葉として次のような一文も載っていた。

「私はローマ法王としてではなく、この世界に生きる1人の市民として、アメリカの皆さんが合衆国大統領としてドナルド・トランプに投票することを望む」

記事のリンクをフェイスブックでシェアした人は10万人以上。ほかのソーシャルメディア媒体でこのニュースを見かけた人もかなりの数いただろう。

だが、このローマ法王の言葉には小さな問題が1つあった。

そんな発言は存在しなかったのである。

この記事は完全なるねつ造だったのだ――。

ローマ法王フランシスコ自身も「私は選挙について何かを言ったことはありません。主権者は市民の皆さんです。私に言えるのは、候補者の公約をよく精査し、祈り、そして良心のもとに選びなさいということだけです」とのちに言っている。

では、なぜこのようなことが起きたのだろうか。

記事を作成した風刺ニュースサイトで働いていた編集者らは、自分たちの記事は「ファンタジー」なのだと主張していた。だが、これはファンタジーというよりも「フェイクニュース」であり、こうしたフェイクニュースの蔓延は、私たちがクリティカル思考をデジタル機器に委ねてしまっているからこそ起きたと言える。フェイクニュースも、その他のプロパガンダの類も、メディアの誕生以来ずっと存在はしていた。だが、新聞、チラシ、ラジオやテレビに比べて、現代のデジタルテクノロジーのほうが拡散力はずっと強くなっている。私たちは、自分がどう情報にアクセスし、取捨選択し、共有するのかについて、もっと注意しなくてはならない。私たちの行動が、ほかの人にも影響をおよぼす。批判的に考えることを自分がおざなりにすれば、うっかり（あるいは意図的に）ほかの人にも誤った情報をクリックさせてしまうことになるのだ。

また、この件は、発信元だけの問題ではない。

ローマ法王による支持表明というデマを多くの人が信じてシェアしたわけだが、はたして彼らはその前に一瞬でも立ち止まって、法王が政治で特定の候補者を支持するというのがどれほど異常なことか、考えてみたのだろうか。

おそらく、その視点に立っていたら、こんなにもデマニュースが広がるはずはなかっただろう。硬直思考に陥っていた人が多いと考えられる。

この一連のエピソードから、私は作家のジョナサン・スウィフトが1710年に書いた政治機関誌『エグザミナー』の一節を思い出した。

「嘘はまたたく間に広がり、真実はそのあとをのろのろと追う。人が本当のことを知るころには、時すでに遅し。戯れは終わり、虚構の物語の効果が芽吹いているだろう」

ローマ法王までもが、アメリカ市民に「公約をよく精査し」、その候補者を選ぶメリットとデメリットを、時間をかけて分析するよう諭しているにもかかわらず、いまや人々は電子メディアにおどるタイトルに惑わされ、そして、デジタルテクノロジーを使えばすぐ簡単に情報が拡散できてしまうせいで、そのニュースの真偽はともかく、急いでシェアしなくてはという気になってしまう。

人が行動を焦ると、思考をテクノロジーに委ねるはめになるという見本である。

この例から透けて見えるのは、ほとんどの人が思考せずに軽率な行動をとってしまうという、厳しい真実だ。クリティカル思考と意思決定をテクノロジーに委ねてしまえば、私たちは硬直思考に屈することになるのである。

「注意残余」という概念

経済学者のジョン・メイナード・ケインズは、1930年に発表した「われわれの孫たちの経済的可能性」という論文で、大胆な未来予測をしてみせた。なんと、21世紀のはじめごろには、働く時間は1日3時間以下になっているだろう、と言ったのだ。ケインズは、余暇のある人生を送ることは、誰しもにとって非常に魅力的だろうと思っていた。テクノロジーが進歩し、生活水準がよくなれば、物質的な欲求が満たされるので、時間を自由に使い、いろいろなことに深く思いをめぐらせながらのんびりと暮らせるはずだ、と。

皆さんもおわかりのとおり、残念ながらケインズの予想は見事に外れたわけだが、それどころか、私たちが感じるせわしなさはどんどんひどくなるばかりである。忙しさが増し、注意が散漫になるほど、私たちはいっそう集中できなくなっていくのだ。

マイクロソフトが2015年に行なった研究によると、人の「アテンション・スパン（集中力が続く時間）」は、2000年には12秒間だったがいまでは8秒間だという。なんと、私たちの集中力は33パーセントも低下しているのだ。ちなみに、金魚のアテンション・スパンは9秒間らしい。恐ろしいことである。

詩人のT・S・エリオットは、1943年に発表した詩『Burnt Norton（バーントノートン）』で、すでにこんなことを書いている。

時の経過にさらされてこわばった人々の顔をおおう
幻想と意味のないもので満たされた
気晴らしによって心の動揺から気を逸らし
何かに集中することもない無気力さが膨れ上がっていく――
――ただ瞬きだけが

また、作家であり、ジョージタウン大学で教鞭をとるカル・ニューポートは、自著『DEEP WORK 大事なことに集中する』を書いていた時、心理学者のアダム・グラントにインタビューしようと考えた。グラントは、ペンシルバニア大学ウォートン校で「テニュア（終身在職権）」を与えられている教授だ。『GIVE & TAKE 「与える人」こそ成功する時代』『ORIGINALS 誰もが「人と違うこと」ができる時代』の2冊のベストセラーがあり、『OPTION B（オプションB）逆境、レジリエンス、そして喜び』の共著者でもある。
グラントは学術論文も大量に発表している。2012年には、主要な学術誌に7本の論文を発表している（普通の学者よりもずっと多い数だ）。2013年には5本の論文に加えて、『ニューヨーク・タイムズ』紙に掲載されたベストセラー、『GIVE & TAKE 「与える人」こそ成功する時代』を出版している。2014年には査読審査済の論文の数は60本になっており、この時は2冊目の本をまさに執筆中だった。弱冠33歳である。

ニューポートは、なぜグラントがこれほどまでに生産性が高く、また成功できているのか、不思議に思うとともに興味を抱いたのである。

ニューポートはインタビューを通じ、その秘訣が集中力にあることを知ったという。ニューポートいわく、グラントは「難しいが重要な知的作業をまとめて、長時間、中断することなく続ける」能力があり、気が散るということがないのだそうだ。常に集中力を保ち続け、「ディープ・ワーク」に没頭できる。だから、先ほどのような書籍の執筆や論文作成等ができるというわけである。

クリティカル思考の観点からいっても、ニューポートによるグラントの集中力に関する分析は、非常に重要な意味を持つ。確固たる意思決定をし、現状打破を図りたいなら、自らのアテンション・スパンを伸ばさなくてはならない。善悪を区別し、自分の意思決定にもとづいてきちんと行動するために、クリティカル思考を存分に発揮できるよう、気を散らされることのない環境を1つひとつ整えていく。そして、あらゆるファクトとデータを集中して精査し、可能なかぎり最良の決断を下すのである。

「注意残余」という概念がある。

これがあると、目の前のことに深く集中できない。ちなみに、ニューポートは次のように述べている。

「たとえば、10分ごとにメールの受信トレイをちらっと見るくらいは問題ないと思うかもしれない。でも、ちょっとチェックするだけでも注意はそれる。もっと悪いことに、すぐに対処できないメッセージを目にした場合、その時点で未処理の仕事を抱えることになり、さらにその状態で本来の業務に戻ることになる。切り替わらないままの〝注意残余〟のせいで、仕事の生産性は低下する。あなたが最高の生産性を発揮するには、長時間、気を散らすことなく、1つの仕事に全面的に集中する必要がある」

ニューポートの著書、『DEEP WORK 大事なことに集中する』を読み終えて、私は自分のクリティカル思考についてあらためて考えた。とくに、本を書く時の自分の習慣を振り返ってみた。これまで述べてきたように、オープン思考は私たちが継続的に思いを描き、意思決定をし、行動をするというプロセスにおいて発揮される。私自身、そうやって本を書いている。作家であれば誰でも、原稿を書きながら同じことをやっているはずだ。とくに私の場合は、リーダーシップや経営についてのノンフィクションが専門なので、本を1冊書くにあたっては、調べものをして、インタビューをして、書いて、書き直して、本の内容や文章の流れについて意思決定を行なう、といったことを頻繁にやっている。

だが、あらためて自分の仕事のしかたを振り返るなかでふと思ったことがある。それは、「私はもしかしたら、最初の2冊を書いていた時、執筆の質に関して、自分の首を絞めるようなまねをしていたのかもしれない」ということだ。それはどういうことか。

外出している時は、iPhoneやiPadを使うこともあるが、私は執筆作業の90パーセントをパソコンで行なっている。その際、本来なら完全に避けられたはずなのに、あることで何度も自分の気が散らされていたことに気づいてしまった。パソコンの画面にポップアップで現われる、リンクトインやツイッター、フェイスブック、インスタグラムといったソーシャルメディアからの通知である。これらがことあるごとに視界に飛び込んでくるのだ。ストーリーを決めて、主張を固め、あるいは本のコンテンツの流れを考えている最中に、ポンと通知が現われるせいで、本来の検討や意思決定とは何の関係もないことに注意を削がれ、思考の片すみで、集中力を欠いてしまっていたのである。

OSがスクリーンに表示してくるポップアップに実際に反応することはほとんどないにしろ、通知の表示があることによって思考の流れが中断されていることは認識していた。つまり、パソコンの通知を切ってさえいれば、私も「ディープ・ワーク」をもっと簡単に発揮できていたはずということだ。

そこで、本書を書いている時にこの点に気をつけてみたところ、当然というべきか、過去の2冊を書いていた時に比べて、執筆のストレスがずいぶんと少なかったように思う。

作家のダニエル・ゴールマンは2013年に出した本『フォーカス』(邦訳版は2015年)において、脳の「実行機能」が高まると、集中力のコントロールや自己抑制、我慢ができるようになる、と述べている。

「1つの対象に集中して他のことを捨象《しゃしょう》する能力は、意志力の根幹をなすものだ」というのだ。

実際、集中力を欠いた状態と、クリティカル思考を発揮できない状態には共通項がある。まず、ストレスを感じたり、気が散ったり、忙しすぎたりするような時には、脳の実行機能を向上させる必要があることを示している可能性が高い。

アダム・グラントの例でいうと、彼の実行機能はきわめて高性能である。意志力も非常に強い。実行機能をコントロールするのは脳の前頭葉と呼ばれるエリアで、「抑制」と「整理」とをそれぞれつかさどる部分に分かれる。「抑制」が機能すれば、与えられた状況を把握して、自分の行動や対応をそれに合うように変更することができる。そうすれば、私がパソコンの通知をオフにしたように、自分の注意を逸らせるようなものをあらかじめ排除しておけるのだ。

一方、前頭葉で「整理」をつかさどる部分は、情報を収集してうまくまとめることで、内容を適切に評価してとるべき行動を決められるようにしている。いわば、思考の処理エンジンのようなものだ。これぞまさしく、ソクラテスの得意分野だろう。実行機能を高めれば、注意残余や気を散らせるようなものを取り除き、集中力を高めることができるのだ。

帽子屋に敬意をこめて

【リリプット・ハット】のカーリン・ルイズに、クリティカル思考について聞いてみた。すると、彼女は顧客の心境を思いやってこう言った。

「うちの店にやってくるお客様たちは、昔ながらのものづくりを求めていらっしゃるからねえ。いまはアマゾンやスターバックスみたいなサービスに慣れている人が多くて、そういう人たちの生活って、安い・手軽・速いがすべてになっているでしょうけれど、伝統的な帽子づくりをしているうちみたいな店に通うことへの憧れが強い人たちが多いから、理解してくださっているのだと思うわ」

ポイントは、帽子をつくるのにかかる時間だそうだ。

「よい帽子は、つくるのに時間がかかるもの。だから、私たちが創造性を発揮したり意思決定をしたりするのに費やしている時間は、多分ご想像よりもずっと長いと思うわ。でも、帽子作りに妥協はなし。だから、私たちの工程にも近道なんてないのよ」とカーリンは微笑んだ。

私が【リリプット・ハット】での帽子作りをオープン思考のメタファーに使っている意味が、だいぶ「形になって」見えてきたのではないだろうか。

クリティカル思考について考える、個人のための質問

・意思決定をする前に、すべてのファクトを把握しようとあらゆる手を尽くしただろうか？ 考え方が変わるような追加情報が出てきたら、意思決定をやり直す気はあるだろうか？
・認知的不協和の状態に置かれても落ち着いて、相反する意見をよく精査し、より検討を充実させたうえで意思決定ができるだろうか？
・テクノロジーのせいで注意散漫になっている時間はどれくらいあるだろうか？ そのせいで、本来オープン思考を実践できるはずの場面で、忙しすぎたり集中力を欠いたりしていないだろうか？

クリティカル思考について考える、組織のための質問

・組織のバリューや、提唱するリーダーシップ像の中で、クリティカル思考はどこに位置づけられているだろうか？ そもそも、クリティカル思考について触れられているだろうか？
・組織のリーダーシップ養成プログラムの中に、クリティカル思考はどのように織り込まれているだろうか？ 新人向け研修の中にも取り入れられているだろうか？
・組織の意思決定モデルは、協調性と目的志向を両方担保するものになっているだろうか？ 上司がチームメンバーにコーチングを行なう際、クリティカル思考のモデルを使っているだろうか？

第5節

偉人の考えることはやっぱりちがう

——専制的な体制のもとにあっては、思考するよりも行動するほうがはるかに簡単である。

ハンナ・アレント（哲学者）

クリティカル思考に欠ける学生たち

教師をしている人たちのあいだで、最近とくに重要視されているトピックが、クリティカル思考（批判的思考）だ。

「ラーニング・フォワード」は北米を基盤とする教師たちの組合で、「教育という職の発展に取り組む人たちのため」の組織である。学校教育にたずさわる校長などの管理職と教員らとが、質のよい学習を計画し、実践し、また評価できるよう支援することがその目的だ。私はこれまで、このラーニング・フォワードの年次総会に何度か参加し、登壇の機会を得るという幸運に恵まれてきた。

2012年にボストンで開かれた年次総会にて、何人かの教師の方々とランチをとった際、教師をしている人に会うたびに聞くようにしている質問をぶつけてみた。「学生たちが『よりよい学生』になるのを妨げるものは何ですか?」と。

さまざまな意見が返ってきたが、満場一致だったのが、「クリティカル思考のスキルの欠如」だった。その4年後の年次大会はバンクーバーで行なわれ、その時もまたはじめてお会いする人たちに同じ質問をしてみたところ、クリティカル思考の必要性については皆やはり同じ答えだった。

教育の場と仕事の世界は多くの点でつながっている。

クリティカル思考に欠ける学生たちが、学校を卒業してそのまま就職してしまうと、クリティカル思考の欠如が個人の意欲や目的意識の形成に大きく影響するのはもちろんだが、その人が働く組織の生産性やイノベーション、成長やカスタマーサービスのレベルといったところにも余波がおよぶ。若い人たちは早いうちからクリティカル思考に触れて、実践する機会を持たなくてはならない。さもないと、学校教育の場を卒業して仕事の世界にやってくる者たちが、判断を焦り、行動を急ぐばかりになってしまう。つまり、じっくり考え、各種の情報を踏まえて意思決定することを身につけないまま社会人になってしまうということだ。次に私がラーニング・フォワードの年次総会に参加させてもらう時には、教師の皆さんから「クリティカル思考はもはや大きな心配ごとではなくなりましたよ」という声が聞けるといいのだが——。

しかし、教師もまた職業人であることには変わりない。学生の教育に責任があるのはもちろんだが、自分たちが働く場である学校という組織に対しても負うものがある。したがって彼らは、教師ならではのやり方——つまり、同僚の教員同士で、あるいは教室の中で学生らと一緒に、という2通りの方法で、クリティカル思考をおおいに実践することができる。

この、教育者でありながら職業人でもあるという教師の独特な位置づけをじっくり見ていくなかで、クリティカル思考をかたちづくる重要な要素を、いくつか掘り出していきたいと思う。プロの教師を何人か例として挙げていくので、彼らがどのようにクリティカル思考を発揮しているかを学んでいこう。

クリティカル思考を実践する教師たち

「私は、観察とフィードバックにもとづいて、常に自分の教育のやり方を評価し、調整するようにしています」

こう語ったのは、ブリティッシュ・コロンビア州ビクトリアにある、セント・マイケルズ・

ユニバーシティ・スクール（SMUS）に2007年から勤め、いまは日本の小学3年生にあたるグレード3のクラスを受け持っているアリソン・ギャロウェイだ。

「子どもたちの声を聞いて、その興味や情熱に響くような魅力的な授業のやり方を考えて……と、常に子どもたちの立場に立とうと心がけています」と彼女は言う。

私がアリソンに出会ったのは2011年9月のことだ。私の真ん中の子どもがグレード1になった時の担任だった。アリソンには好奇心や思いやり、そして、教育を実践する際の協調的な姿勢が感じられ、私は非常に感銘を受けたのだった。

アリソンにとって教育とは、1人でやるものではなく、子どもとその親、地域、クラスメート、そして教師である彼女、それぞれが担う責任が合わさってできるものである。このような全体観を持ったアリソンの考え方のもと、ユニークな教育の手法がいくつも実践され、子どもたちの知能が育っていくのはもちろんのこと、情熱や興味が自由に羽ばたいていくことが感じられた。

私がとりわけ関心を引かれたのは、アリソンのクリティカル思考のマインドセットである。アリソンは新しいことを進んで取り入れ、失敗に対しての恐れがまったくない。それは彼女がよく失敗をするという意味ではなく、失敗を意に介していないのだ。クリティカル思考の力をうまく発揮するには、クリエイティブ思考とアプライド思考とのつながりが必要である。つまり、もし私たちが新しいアイデアを受け入れず、あるいは、何かをやってみて失敗をしたあとクリティカル思考に立ち戻るのを拒否してしまうようなら、オープン思考を実現できる見込みはほとんどないということだ。「アイデアに対してオープンになって、新しい教え方をいろいろと試してみることが、私にとっては仕事への満足感にとても大切なんです」とアリソンは言う。アリソンの教育スタイルは、ＳＭＵＳの教師という役割の中で彼女が感じている仕事の意義と、密接に関連しているのである。

ジェームズ・スチュアートは、トロントにあるビショップ・ストラチャン・スクール（ＢＳＳ）で、２００１年から歴史の教師をしている。啓発的で示唆に満ちた語り口の授業が評判のジェームズも、クリティカル思考を実践するうえでは柔軟性が重要だと感じているそうだ。「私は授業の構成をいつもしっかり固めています。でも、新しいアイデアが浮かんだら、柔軟に取り入れる余地も残すようにしています。また、生徒から最高のアイデアをもらうこともあります。だから、生徒たちに何を学びたいかを聞くことも、私の情報収集の一部なのです」

実際、ジェームズは教師として仕事をするにあたり、クリティカル思考に関して以下の５つのガイドラインを心がけているのだという。

・専門職としての技能を常に磨く
・実践の中で熟考する

・同僚の意見を聞く
・実践のさなかでも柔軟性を発揮する
・毎回の授業をよりよいものにしようとする

「ものごとは臨機応変に変えていくことができます。たいていはスキルの問題です」と言い、また、「意思決定の基盤にあるのは、自分の授業がうまく進んでいるのか否かを見定める、プロの教師としての判断力です」と話すジェームズは、生徒が何かを調べるのに時間がかかっていたり、もう少し噛み砕いた説明が必要そうだったりすると、タイミングを逃さず、さっと打つべき手を決断する。つまり、彼は常に状況に目配りしているのだ。

教えることは、教師1人だけで完結するものではない。そこには多くの人が関わっている。学校も、さまざまな仕事をしている人たちからなる1つの組織である。ジェームズは言う。

「教師チームの中で、生徒のつまずきに接した際の意思決定についてよく議論し、考え方をすり合わせたり、同僚の意見を聞いたりしています。どの教師も、教室で何が起きているかをじっくり観察しているので、重要な点についてのふとしたコメントがたくさん飛び交います。経験豊富な教師とそうでない教師を見分ける1つのポイントは、生徒たちの様子にすぐ気づけるかどうかというところにありますね」

生徒たちの状況を常に観察し、その瞬間、何が起きており、また何が起きていないかを分析して、その結果のシナリオについて同僚たちと一緒に考える。その過程で、ジェームズは教師という自らの役割のインパクトを最大化する方法を考えているのだ。そして、1つひとつの授業についてさらに改善していくための評価サイクルを回す、ということもよくやっているらしい。こうした取り組みが、ジェームズを非常に優秀でかつ尊敬される教師にしているというわけだ。

さて、アリソンの話に戻ろう。

彼女は自らのクリティカル思考の哲学を、子どもたちの長期的な成長のために活かしたいのだという。

「長い目でものごとを考えるのが好きなんです。今日の私の言動が、将来の出来事に影響を与え、それが子どもたちにどんなインパクトをもたらすだろうか、といつも考えています。とくに、授業のプランニングをする際には、子どもたちが学ぶことと、彼らの今後の人生とに何らかのつながりを持たせて、これまでの学びや将来のニーズに、授業の内容をうまく結びつける方法を探すようにしています」

教えることと、柔軟さを保つことについてのアリソンの考え方は、「レッジョ・エミリア教育」のアプローチに強く影響を受けているところもあるようだ。この教育法は、第二次世界大戦後のイタリアで、心理学者のローリス・マラグッツィの指導のもと確立されたものである。学習は、自主性、共同性、探索、発見そして個の尊重という理念のもとに成り立つものだとして、子どもの情熱と興味に応じて、その子主体で決まっていくカリキュラムが展開されていく。

これを実践するためには、もちろんアリソンとしても、クリティカル思考だけに力を入れるのではなく、オープン思考全体を継続的に取り扱っていかなくてはならない。

こうして見ていくと、アリソンは、本書がまさに念頭に置く典型的なロールモデルだといえる。まずアイデアを考え、教室で生徒たちと一緒にタスクを達成するために必要なステップやスキルを決めていく。それから、実際の行動に移る。だがそのあとも、さらに改善を加えていくため、クリティカル思考に(必要とあればクリエイティブ思考(創造的思考)にも)柔軟に立ち戻る。

「私はマインドマップのようなものを描いて、浮かんだアイデアと、対象の授業の分野と、実際の授業の内容とをひもづけるようにしています。そして、単元を進めながら、子どもたちの意欲のレベルと、必要なスキルの習熟度をチェックしていきます。もし何かうまくいっていない感じがしたら、そのトピックの教え方を変えてみたり、時間を取ってそもそもの考え方から子どもたちに教え直したりします。自分の直感を信じるとともに、子どもたちの反応を見て、生のフィードバックを受け取るようにしているのです」

教えるということは、まずもって耳を傾けることであり、そのうえで妥当な意思決定をしていくべき、というのがアリソンの持論である。子どもたちの様子を見守り、観察することで、この若き学び手たちの成長を支援していく――、そんなアリソンの教育姿勢が、彼女をいっそう素晴らしい教師にしているのだ。

どんな教師にも、従うべきカリキュラムがある。組織において、どんな役割にも所定の義務や責任があるのと同じだ。

だが、先ほど紹介したもう1人の教師、ジェームズの場合、彼は変わりゆく世の中でまさにいま起きていることに注意を払い、臨機応変な判断で、その時々で教える内容をアップデートしている。たとえば、2017年にドナルド・トランプ大統領が就任演説を行なった際には、もともと計画していた授業内容を変更し、エイブラハム・リンカーン大統領の第2期就任演説について時間を割いて、演説の言葉を紹介した。「その時々の出来事と歴史の話とを結びつけられそうであれば、そのトピックに時間を少し多めに取るようにしています」とジェームズは言う。だが、そこまでやるには、あらゆることに相当気を配りつつ専門性を発揮しなくてはならない。実際、歴史の出来事に関わるどんなニュースも授業の役に立つので、常に情報収集や事実の調査を欠かさないのだそうだ。さらに、彼はこんな話もしてくれた。

「ある素晴らしい回顧録を読んだんです。『The Education of Augie Merasty（オーギィ・メラスティが受けた教育について）』という本です。これはぜひとも生徒たちに教えるべき内容だ、と思いました」

その本は、著者ジョゼフ・オーガスト・メラスティ自身の子ども時代の体験を記したもので、ファースト・ネーションやイヌイット、メティといったカナダの先住民族の子どもたち15万人が親から引き離され、政府が出資し、教会によって運営される全寮制の学校に入れられた、当時の記憶を克明につづった物語である。

「同僚たちにもこの本を紹介したところ、今年の授業で取りあげようという話になりました」とジェームズ。この話もまた、クリティカル思考を実践するためには情報をよく集め、ファクトにもとづき、その時々の状況に合わせて健全な意思決定ができなくてはならない、ということを示す好例である。

「チェックリストは思考の代替にはならない」

これは、ウォーレン・バフェットの言葉だが、アリソンとジェームズによるクリティカル思考のアプローチを見ていると、この言葉を思い出す。実際、クリティカル思考はチェックリストのことを言うではないのはまちがいない。クリティカル思考とは、ものごとの結果にポジティブな影響を与えるような結論を導き出せる能力であり、そのためには積極的かつ柔軟に、当事者意識を持って、ほかの人のことをよく考え、またファクトを大切にする姿勢が必要だ。

アリソンとジェームズは、まさにその見本であると言っていいだろう。

クリティカル思考を構成するもの

クリティカル思考とはどういうものか、理解できてきただろうか。

アメリカ哲学会（APA）によると、クリティカル思考とは「意図的に自らを規制しながら判断を行なうプロセス」のことだという。

コロンビア大学エドワード・グレイザー教授による1941年の研究では、クリティカル思考を「1　自分の経験に照らして問題や主題を偏ることなく吟味して評価する態度」「2　論理的な探求や推論の方法に関する知識」「3　それらを提供するいくつかのスキル」の3つの特徴で定義している。

「シリコンバレーの人材宝庫」の異名を持つカナダのウォータールー大学は、クリティカル思考とは「問題を細分化して調べ、注意深く評価し、その評価を裏づける主張や証拠を挙げることができるものだと説明している。

このように、多くの研究機関や団体がさまざまな定義を試みている。

だが、クリティカル思考を表わす行動について網羅的に調査した研究を1つ挙げるなら、何と言っても「デルファイ・レポート」だろう。

１９８７年にアメリカ哲学会の委託研究として行われたこのプロジェクトの目的は、クリティカル思考を体現した状態とはどういうものかをシステマチックに探究することで、研究の成果をアメリカの小・中学校およびその後の学校教育のカリキュラムに活かそうというものであった。研究を率いたのはピーター・A・ファシオーニ博士である（当時はサンタクララ大学のアート・アンド・サイエンスカレッジ学部長だった）。１９９０年に発表された同レポートでは、批判的（クリティカル）に思考する者はとくに、「日常的にものごとを探究し、情報収集に熱心で、合理性を重んじ、オープンマインドで、柔軟性があり、自分のバイアスにも誠実に向き合い、用心深く判断をし、再考することをいとわず、関連情報を丹念に洗い出し、基準を選択するに際して妥当性があり、調査に集中し、結果を求める粘り強さがある」とされている。それにしても、このレポートが出されてから実に四半世紀以上が経過したわけだが、教育界に何か大きな変化があったかというとそうとは言えないのが悲しいところだ。

私たちはいま、不確実性の多い社会の波に揺られて生きている。

だからこれまで以上にクリティカル思考の重要性をしっかり意識していかなくてはならない。たとえば、２０１０年にコンサルティングファームのマッキンゼー・アンド・カンパニーが行なった調査によると、経営者の72パーセントが、「（自社で）悪しき意思決定が、よき意思決定と同じくらいの頻度で行なわれている」と回答したらしい。社会と組織の両方で今後ますます複雑性が高まっていくことを考えると、あまり明るい見通しとは言えない。

すでに述べたように、オープン思考は、次の3つの要素でできている。クリエイティブ思考と、クリティカル思考と、クリエイティブ思考の実践だ。なかでも、クリティカル思考こそがもっとも重要な要素であると言ってしまってもいいだろう。私たちはクリティカル思考を使うことで、アイデアやファクトや知識をまとめ、ものごとを前へと進めるための意思決定を行なっていく。

ここでいま一度、本書でのこの言葉の定義を確認しておきたい。シンプルにまとめると、こうである。

クリティカル思考とは、道義的かつタイムリーな意思決定をするために、アイデアや事実を徹底的に分析すること。

クリティカル思考ができなければ、私たちは無駄な意思決定をしてしまうか、もしくはそもそも意思決定自体ができなくなる。それだけ、クリティカル思考がオープン思考の核になっているということである。これを理にかなうかたちで行なえてこそ、アリソンとジェームズのような、素晴らしい教育を実践する教師になれるのである。

軍隊指揮

ある1人の人やグループが行動に関して特有のロジックや論拠を持っていて、別の人やグループにはそれがない場合、全体としてオープン思考を達成するのは難しい。また、クリエイティブ思考に何か特定の思想や派閥に寄った固定観念がくっついていると、せっかくクリエイティブ思考のフェーズで生み出した夢やアイデアも、実現するのは不可能になってしまうので注意が必要だ。

マーティン・ルーサー・キング牧師が活動するよりもずっと前に、白人至上主義を否定して、アフリカ系アメリカ人の平等のために戦った人物がいる。社会学者であり、作家で活動家でもあったW・E・B・デュボイスだ。デュボイスは20世紀はじめ頃から、事実にもとづく綿密な研究、他者との協力、そして過去の意思決定を見直すことに対する受容性をベースに、人種不平等について精力的な著作活動や発信を行なった。ところが、その活動には多くの批判が寄せられるという状況が数十年と続いた。

たとえば、南北戦争からのアメリカ再建期にあたる1860年から1880年にかけてよく見受けられた、教育のレベルや機会を白人と黒人で分けるという施策は、人種不平等を助長するとデュボイスは訴えた。だが、彼の思想は当時の世間ではまったく受け入れられず、一笑に付されて終わり、ということも多くあった。歴史家や学者らのあいだでデュボイスの主張がまっとうに受け入れられるようになったのは、1960年代から1970年代以降になってからのことである。

もし、当時のアメリカ社会で影響力を握っていたリーダーたちが、凝り固まった政治的バイアスを持たずにいたなら、いまごろアメリカはどんなふうになっていただろう。もし彼らが、人種差別の不当性を訴えるデュボイスの声に耳を傾けていたなら、アメリカ全体を包む社会的な調和の雰囲気は、どれほど高まっていたことだろう。

どんなにオープン思考を実践しようにも、そもそもそこに固定観念が染みついてしまっていたら、クリティカル思考がまったく意味をなさなくなってしまうということだ。言い換えると、クリティカル思考を正当かつ合理的に実現するものを定義していくためには、ものごとに対してオープンな姿勢でいることが私たちに課せられた責務でもある。

第2節で、マジノ線をめぐるフランス軍とドイツ軍の話をご紹介した。ちなみに、私がナチス体制を支持しているとか、その思想に共感しているわけではないことは、いま一度強調しておきたい。

そのうえで、当時のドイツ軍には、クリティカル思考が全体に広く浸透し、実践されていたという歴史的事実からは、やはり何かしら学べるものがあるのではと思っている。もう少し、ドイツ軍の話を続けることとしよう。

1933年、ドイツ軍は「軍隊指揮（Truppenführung）」として知られる規範を導入した。これは、『孫子の兵法』の20世紀版のようなものである。「軍隊指揮」は教本として、ドイツ軍のすべての階層の兵士に配布された。そこには、刻一刻と変わっていく戦況において兵士たちが実践できる、知的なツールと方法論が詰まっていた。当時、第二次世界大戦はもちろんまだ始まっていなかったのだが、他国を侵略しようというドイツ軍の構想は着々と進んでいたのである。

この「軍隊指揮」は、段階的な指示を逐一記したマニュアルでも、単なる戦術ハンドブックでもなく、より哲学的思想や精神論の部分に触れるものだった。その結果、「軍隊指揮」は見事にドイツ軍全体としての価値観を醸成し、個々の戦況においてどうふるまうべきかの考え方を示すことに成功したのだ。状況の見きわめは、いかなる意思決定にも先立つものなのである。

その後、つまりこの「軍隊指揮」が導入されてから、いわゆる「D-デイ」（第二次世界大戦中に連合国軍がナチス占領下のヨーロッパに侵攻を開始した日）までの間の、ドイツ軍の圧倒的な強さは疑うべくもない。ぞっとするが、これが事実なのだ。

ヒトラーは、（ヴェルサイユ条約を破棄して）ラインラントへの進駐を1936年3月7日に開始すると決めた。この時から「軍隊指揮」の実戦での適用が始まり、またヨーロッパを征服するというヒトラーの野望も現実のものになっていった。1938年にはドイツ軍はオーストリアの国境を越え、チェコスロバキア、ポーランド、デンマーク、ノルウェー、ベルギー、そしてフランスへと、どんどん侵攻していった。その過程で、「軍隊指揮」に書かれた実戦規範は、ヒトラーの長期的な計画を実行するためのクリティカル思考の哲学を示すものとして見事に機能した。これによって、ドイツ軍兵士1人ひとりが現場で批判的に思考することができていたのである。

このドイツ軍の当初の強さの秘訣と、クリティカル思考と「軍隊指揮」とのあいだにある関係性とについては、この教本の中の、次の部分によく表われている。

「何が起こるかわからない戦場において求められるのは、自ら考え行動し、綿密な計算のもと大胆不敵にあらゆる状況を利用し、勝利は1人ひとりの肩にかかっていると理解している兵士である」

ではなぜ、ヨーロッパひいては世界征服という壮大なミッションに向けて、これほどの侵略を進めてきたドイツ軍は、最終的に第二次世界大戦で敗れたのだろう？

ヒトラーの独裁体制と野望の失敗についてはさまざまな理由が言われているが、「軍隊指揮」に関わる説が1つある。なんと、ほかならぬヒトラーとナチス上層部が、この「軍隊指揮」を放棄してしまったというものだ。つまり、全軍からクリティカル思考の機能を取りあげてしまったのである。

ヒトラーは、自らを唯一の意思決定主体としたのである。そして、前線から上がってくる実情報告に耳を貸さず、周知を集めることもせず、時宜を逸した意思決定をし、また自分の下した判断に固執した。「軍隊指揮」の規範に完全に背を向け、現場でクリティカル思考が発揮されるのを否定してしまったために、ヒトラーはついに敗れた、というのである。

ナチス・ドイツという第三帝国の崩壊によって、もちろん世界はよくなった。だが、「軍隊指揮」の哲学を棄て去り、クリティカル思考をたった1人の人間の手に委ねたナチスの失敗が、私たちに反面教師としての学びを与えてくれることには変わりない。

ここからは、クリティカル思考を成功させる5つの重要要素について、詳しく見ていくこととする。

以下の5つを順に追っていこう。

- **読み解く力**
- **協力**
- **時間**
- **意思決定**
- **柔軟性**

読み解く力

アレン・ディヴァインは、カナダの大手通信企業テラスのチーフ・ドリーマー（Chief Dreamer）である。「読み解く力」について述べるにあたっては、彼のことをご紹介するのがうってつけだろう。

テラスにおいてテクノロジー戦略部門を率いるアレンの役割は、既存のテクノロジーを使って未来の問題を解決する創造的な方法を見つけることだ。とくにアレンが注力しているのが、デジタル・ヘルスケアの領域である。たとえば、彼が立ち上げた「イノベーション・センター」という最先端技術の研究開発所に入ってみると、すぐにアレンの仕掛けと対面することになる。なんといまあなたが通ってきたばかりの扉のところで、心拍数が測定されているのだ。それも、あなたの身体のどこにも触っていないのに、である。

次にやってきたのは、よくあるキッチンだ。ところが、普通のキッチンとちがうのは、老化に関する病気をわずらっている人が使うことを想定して設計されているという点である。

念頭にあるのは、アルツハイマー病や、変形性関節炎といったものだ。生体測定デバイスや人工知能、その他のコミュニケーション技術を組み合わせることで、センサーの光が食器類のしまってある場所を教えてくれる。また、音声処理技術とロボットアームも備えているので、服薬の時間になったら音声で知らせて、薬を出しておいてくれる。これが、急速に高齢化が進む社会に必要なものとして、アレンが見据えている世界なのだ。

さて、あなたはアレンが「チーフ・ドリーマー」という役職にあると聞いて、彼がよほどアイデア出しやクリエイティブ思考に膨大な時間を割いていると思ったのではないだろうか。たしかにアレンはこうした活動にどっぷり浸っているが、だからといってクリティカル思考を犠牲にしているわけではない。「私のいちばんの目標は、過去からの学びといま得られる情報を、これからやってきそうな新しいトレンドに活かすことです」とアレンは言う。彼を見ていると、明日の世界をよりよくしていくためには、ファクトと情報を絶えず読み解いて、クリティカル思考を使っていかなくてはならないのだと思わされる。

「1にも2にも情報ですよ」とアレンは断言する。自分が発見したことを因数分解して、それぞれの要素を分析していくことが重要らしい。

「1日の時間の20パーセントは、世の中に影響を与えているトレンドについて、できるだけ広く文献を読むようにしています。それからまた20パーセントの時間を、新しいソリューションと、それが何を目的に作られたのかを学ぶのに使います。その中でとくに興味を覚えたものについて、そのソリューションが実際どういうものなのか、何か制約はあるのか、いま自分が考えている将来のプロジェクトに何か影響がおよぶだろうか、といったことを、さらに40パーセントの時間で考えます。そして、残った20パーセントの時間は、人の話を聞いたり、人を観察したりして、ニーズや問題を知るのに充てるのです」と彼は語る。

アレンは、クリティカル思考についての大切な示唆を与えてくれた。――そう、データはどこにでもある。その中で、真実と嘘、よいものと悪いもの、そしてファクトと誤りをきちんと見分けるために、時間をかけて、つぶさに確認していかなければならない。よりよい意思決定をして、オープン思考を実践するためには、あらゆるかたちのデータや情報にあたってみて、それが信頼できて、しかも有用なものかどうかを、自分の責任で分析しなくてはならないということだ。

ダイオン・ヒンチクリフにインタビューした際、彼も同じことを言っていた。ダイオンは、オンラインコミュニティを利用したソリューションベンダー、セブンサミッツ（7Summits）の最高戦略責任者をしている。企業の情報技術に関する領域で20年以上の経験があるベテランで、本も数冊書いており、次世代のテクノロジーにも詳しい。

そんなダイオンは、「いまの時代、本当に結果を出せる頭の使い方や戦略立案ができるようになりたければ、情報収集に没頭しなくてはなりません」と述べている。ハイテク産業においては、ものごとは2、3年であっという間に変わっていく。そして、新たな情報やアイデアを取り入れて自分の知識の基盤を拡張し続けることは、分野を問わずすべての人に必須のことだと考えているのである。

「私は1年中、毎日ノートをとって、情報を集める時間を確保するようにしています」とダイオン。この情報収集への飽くなき意欲こそが、ダイオンのクリティカル思考の燃料になっているのだ。

「ただ、実務の場面になると、もっと柔軟な感じでやっています。なぜなら、私は自分の仮説を常に反証しようとしているからです」とダイオンは言葉を継いだ。「データや情報はあふれているけれど、そのほとんどはまちがっている。私たちの役割は、データを大量に集めつつ、その正確性を保証すること。よい戦略を立てるためには、仮説はいつでも変更できるようにしておかなくてはならないのです」

情報を読み解くスキルを伸ばすもっとも簡単な方法の1つは、グーグル検索の「アドバンスドサーチ」機能を使うことだ。私たちが集めてくるデータや情報は、そのほとんどがウェブ上に存在している。そして、世界でもっとも使われているこの検索エンジンは、使い方によってクリティカル思考の助けにもなれば、阻害するものにもなりうる。単純なキーワード検索のみを使って、最初に出てきた検索結果のページだけを見ているとしたら、その内容には偏りや誤りがあるかもしれない。

そこで、もっと踏み込んだ検索機能を使えば、よりよい情報を掘り起こすことができる。たとえば、ウェブサイトのアドレスの先頭に「cache:」と打てば、グーグルが取得していたそのサイトのキャッシュ版が表示されて、もとのデータや情報に行きつくことがある。さらに、検索したい言葉やフレーズに「*」（アスタリスク）をつければ、より多くの検索結果が表示され、欲しい答えに速くたどり着けるかもしれない。グーグルのアドバンスドサーチには、ほかにもさまざまな機能がある。また、私はインターネットアーカイブスの「ウェイバックマシン（Way Back Machine）」もよく利用している。これを使えば、ウェブサイトでいまは見ることができなくなっているページに、ずっと以前にはどんなことが書かれていたかを、さかのぼって見てみることができるのだ。

また、アレンもダイオンも、クリティカル思考の力を増強するために、たくさん読書をしている。

そこで、ファクトの裏づけに使えるグーグルのサービスとしてもう1つ触れておこう。「Google ブックス」には3000万冊を超える本のスキャンデータが蓄積されており、自分の考えをサポートしてくれる文章を、膨大な文献の中から探すことができる。

世界最大の図書検索データベースである「ワールドキャット（World Cat）」も、オンライン上で利用できる貴重な情報源だ。そのミッションが示すとおり、「ワールドキャットのライブラリーは、ほとんどの人が情報を検索する際にはじめに使うウェブから、図書館のリソースにアクセスができるようにすることを目指す」ものである。このサービスを使えば世界中の図書館の蔵書目録が調べられ、そこからさらに情報を取りにいくこともできるし、もともと自分が

危機
危机

持っていたエビデンスを増強することもできる。

だが、もっとも重要なことは、証拠を探しながらも、常にその正確性を問い続けることだ。面倒だからといって情報を鵜呑みにしたくなる衝動には、徹底的にあらがわなくてはならない。ウェブ上の情報検索は、ファクトが正しいかどうかわかりにくいところもある。だから、いつも同じデジタルプラットフォームだけを使うのはやめておこう。

ローマ法王フランシスコも、2018年のワールド・コミュニケーションズ・デーのスピーチでこう述べている。

「複数の情報源にあたることで、偏見を排し、建設的な対話を生み出せる。この健全な相克なくては、虚偽の情報が蔓延してしまうことになる」

たとえば、上の漢字を見てみてほしい。

ジョン・F・ケネディ元大統領や、アル・ゴア元副大統領、元国務長官のコンドリーザ・ライスといったアメリカの政治家が、それぞれスピーチの中でこの漢字に言及している。3人の政治家の実際の言葉を知っている英語圏の人は、これは英語の「crisis」にあたると思っているはずだ。先の政治家らは、この漢字は全体として「danger（危険）とopportunity（機会・チャンス）」を表わすものだと述べた。とくにゴアは2007年のノーベル平和賞の受賞スピーチでも触れているくらいである。

本書の冒頭でフロストの詩を取りあげたが、実はここにもやはり解釈と理解の誤りが生じている。この文字は、全体として「危険とチャンス」という意味を表わしているのではない。アメリカの最重要ポストにそれぞれ就いていた3人の政治家が、そろいもそろって誤訳を用いたせいで、だまされている人が北米だけでもなんと多いことか。

漢字には、1文字ずつに中国語の音節が存在する。

英語の「crisis」にあたる「危機（weiji）」という漢字は、「危（wei）」と「機（ji）」の2文字からなっている。英語圏の人たちがクリティカル思考をきちんと実践して、先ほど取りあげた政治家たちの発言の正しさを自ら疑ってでもいないかぎり、「危（wei）」という音節の1文字だけで「danger（危険）」の意味になるなんて、知らないはずだ。

一方、もう1つの「機（ji）」のほうは、「何か変化が訪れる際の決定的な瞬間」を意味する。したがって、「危機（危机）」という漢字は、「とくに警戒すべきリスクや潜在的な危険をはらんだ状況」を表わしているのだ。「危険とチャンス」という意味の言葉ではないのである。

クリティカル思考を実践するうえでは、以下のような問いを、常に自分にし続けることが必要だ。

- この主張は本当だろうか？
- この点を裏づける情報ソースはほかにもまだあるだろうか？
- この情報が真実だと証明する研究や引用文献はどこにあるだろうか？
- たしかな意思決定をするためには、ほかにどんなデータやファクトが必要だろうか？
- 裏づけが簡単すぎるのではないか？　何か情報を見落としていないか？
- 最終決断をするのが早すぎはしなかっただろうか？
- ファクトの裏づけをするのに、誰と協力できそうだろうか？　その人たちは信頼できるだろうか？

この7つの問いの最後に「協力」というワードが出てきたが、次のセクションでは、この「協力」のコンセプトについて、もっと詳しく見ていこう。

協力

クリティカル思考の重要な要素である、協力と信頼にまつわる取り組みの例として、「メーカースペース（makerspace）」をご紹介したい。

公式ガイドブックを読むと、メーカースペースとは「いろいろなツールやプロジェクト、メンターや専門的な知見が集まっている場」とある。スペースの形や広さはさまざまで、病院、図書館、博物館、教会、コミュニティセンターなど、あらゆる場所に設けられる。メーカースペースは、人々が集まって、アイデアやイノベーションの種を探索する、物理的な場を提供することを目的としているのだ。特別なスペースを設け、その中で各種のツール類やテクノロジーを使えるようにしておくことで、情報を探索したり、テストしたり、構想を膨らませたり、アイデアを生み出したり、創作したり、失敗したり、そしてまたちょっと何かを作ってみたり……といった活動が、思い思いにできるようになっている。

私はこのメーカースペースの取り組みを、小学生向け版と大人向け版の両方で目にしたことがある。小学生向けの場に置かれているツールは、レゴ（ＬＥＧＯ）、キーヴァ（ＫＥＶＡ）などの積み木やブロック、電気回路、３Ｄプリンター、コンピュータ、ストロー、接着剤、針金、電飾……といったものだ。これが大人向けの場になると、道具類やハードウェアは、たとえばドリルや工作機械、半田ごてといったように、もう少し高度なものになる。

メーカースペースの素晴らしさは、用意されているツールやテクノロジーにあるのではない。年齢もさまざまな人が入り交じり、一緒に活動するというところが肝なのだ。生徒同士のやりとりや、教師がガイド役として一人ひとりをサポートしている様子を見ていると一目瞭然である。メーカースペースでは、クリエイティブ思考とクリティカル思考がひとつなぎに実践される。その場にいる人が互いを信頼し、平等な立場で協力し合うなかで、問題解決と意思決定が行なわれていくのだ。

アメリカのニューメディア・コンソーシアムが発行する、高等教育における最新技術の動向についての「ホライズン・レポート (Horizon Report)」の2015年版では、メーカースペースは「デザイン、制作、そしてそれらの反復を体験学習することによって、学習者が創造的でより上位の問題解決に取り組むことができる」と書かれている。

また、マイアミ大学のジョン・バーク図書館長は「何を作るかは問題ではない。創作活動をとおして、学習者の思考プロセスやビジョン、アイデアをつなぎあわせる力が育っていく。この力がつけば、あらゆる分野でその人の思考や取り組みのレベルが向上する」と述べている。

小学校教師のアリソン・ギャロウェイも、メーカースペースに非常に共感しているという。協力と信頼を活かしたほかの取り組みとして、アリソンが生徒たちと実践しているのが「ジーニアス・アワー（Genius hour）」だ。これは、生徒たちが自分の情熱にしたがって、とくに興味のあるトピックやアイデアについて学ぶ時間のことである。この時、信頼と協力は、生徒と教師とのあいだで成立する。何を学習するかは生徒が自分で決め、教師であるアリソンは信頼できる援助者として、適宜生徒たちの考えを聞いて協力し、問題を解決したり情報を調べたりするのをサポートするのだ。ジーニアス・アワーになると、生徒たちは学校のあちこちで好きに活動し、料理をしたり、小さなロボットを作ったり、動画を作ったり、裁縫をしたり、プログラムのコーディングをしたりする。アリソンと生徒たちのあいだで信頼と協力関係が成り立っていることで、このジーニアス・アワーをとおして生徒たちのクリティカル思考が形成されていくのだ。

メーカースペースにしろ、ジーニアス・アワーにしろ、アリソンのような教育者たちが実践していることの効果は専門家も認めているところだ。ウェスタンイリノイ大学のアヌラーダ・ゴーカレー准教授は、1995年に発表した論文で「協力と信頼関係をベースにした学習を経験した学生は、クリティカル思考をより高いレベルで身につけている」と述べている。

フラットな環境の中で、生徒も大人も、ほかの人を信頼し、協力し合いながら、それぞれのクリティカル思考のプロセスを進めていく。要するに、自分の最終的な意思決定を妥当なものにするために、ほかの人と一緒に取り組むのだ。協力し合うからこそ、プロジェクトがうまくいく。まさに、現代におけるアゴラとエレンコス（問答法）の実践と言っていいだろう。

他者と協力し合えば、凝り固まった思考の枠が外れ、先入観にとらわれない判断ができるようになる。そして、他者との信頼関係の中で、もらった意見やアイデアを活かし、よりよいものを作っていく――。こうした取り組みを積み重ねていけば、まちがいなくオープン思考ができるようになっていくだろう。

もしかすると協力とは、互いに「向き合う（turn with）」かたちで話し合いを繰り返していくことなのかもしれない。「話し合い」は英語では「conversation」だが、その語源をたどると「con」が「with（ともに）」を、「verse」が「turn（向く）」をそれぞれ表わしているとおりだ。協力とは、話し合いを重ねていくこと。また互いに向き合うこと。そして、こういう話し合いにはもちろん時間が必要になる。

次はこの「時間」について、クリティカル思考にとって重要なポイントを見ていこう。

時間

1861年に行なわれた、エイブラハム・リンカーン大統領の第1期就任演説には、次のような1節が含まれている。

――価値のあるものは、時間をかけてもなくなりはしません。もし、自分の思いとは裏腹に、一歩踏み出せと急かしてくるようなものがあれば、それが目的とするものは、時間をかけているうちに廃れてしまうものなのでしょう。しかし、善なる目的は、時間をかけても決して褪せることはありません。――

時間は、クリティカル思考において重要な部分を担っている。決断するのに時間をかけすぎれば、無関心思考や優柔不断思考に陥ってしまう危険がある。かといって、判断を急ぎすぎれば硬直思考になってしまう。決断が遅すぎるのと行動が速すぎるのとは完全に別の問題だが、どちらも望ましい結果が得られるかどうかを大きく左右する話であることには変わりない。

こうお話しすると、私たちの手元には時間がたっぷりあると思ってしまいがちだが、もちろん、時間は有限であり、できることも限られる。情報や人とのやりとり、とるべきアクション、注意を逸らされるものなどがあふれかえっていると、結局、クリティカル思考は悪影響を受けてしまう。

メールの受信ボックスは突然空っぽにはなってくれないし、携帯電話に届くメッセージの類も、魔法のように消え去ることはないし、急に届かなくなることもない。会議の出席依頼も依然として飛び交い続けるだろう。周りの人からは際限なく意見を求められ、時間を取ってほしいという声もきりがないだろう。タスクも絶えず降ってくる。終わらせるための時間を見積もらなくてはならない。報告書も書かなくてはならないし、自分が読まなくてはならないものもある――。毎日の生活は、自分の時間が侵略されることの繰り返しだ。あなたが自営業をいとなんでいて、自分の気を逸らすものや時間が奪われるものを減らす術を身につけていないかぎり、時間は、クリティカル思考の中でもとくに細かく分析しなくてはならない重要な要素だと思う。

コンサルティングファームのベイン・アンド・カンパニーが２０１４年に発表した調査結果によると、「組織全体の時間の15パーセントが会議に費やされており、この数字は２００８年から増え続けている」という。さらに、管理職が1年間で受け取るやりとりの数も、１９７０年代には電話で１０００件だったのが、いまはメールで3万件の規模にまで膨れ上がっていることも明らかになった。

また、調査会社ラディカティ・グループが毎年発表している「Eメール統計レポート」によると、メールの数も毎年5パーセントずつ増えているというのだから驚きだ。２０１７年の同レポートでは、２０２１年には1日に３２００億通ものメールが送信されるとの見通しが示されている。これを受けて、フォルクスワーゲンやダイムラー、ドイツテレコムといった企業が、会社全体のポリシーとして、通常業務時間後のメール発信に制約を設けた。だが、クリティカル思考を支えるための施策として、はたしてそれで十分なのだろうか？

関連するトピックとして、仕事の中断について取りあげてみよう。カリフォルニア大学アーバイン校のグロリア・マーク教授らによる２００８年の研究によると、オフィスで働く従業員は、平均して11分に１回仕事を中断されているという。そこからまたもとの生産性のレベルに回復するのに、さらに23分もかかるのだそうだ。

ここまで私たちが時間を奪われている要因について見てきたが、実は他人のせいばかりにもしていられない。予定表上の会議依頼や携帯電話のメッセージをとおして私たちの時間を削ってくる他者と同じくらい、ほかならぬ私たち自身が、自分の時間を無駄にしているところもある。これがクリティカル思考の能力に大きな影響をおよぼしている。

ロンドン・ビジネス・スクールのジュリアン・バーキンショー教授と、ダイエット業界大手のウェイト・ウォッチャーズ社で学習・成長・才能開発本部の組織生産性部門を率いるジョーダン・コーエンは、２０１３年に、ナレッジワーカー（知識労働者）の生産性に関する研究を行なった。その結果、人は本来の仕事の達成にそれほど役立たないタスクに41パーセントもの時間を費やしているとわかった。ハイテク企業アトラシアンの２０１４年の調査でも、私たちは1時間に36回もメールをチェックし、月に62回も会議に出ているという。そして残念なことに、出席した会議のうち半分は完全なる時間の無駄だったと感じているのだ。

結論としては、私たち自身がタイム・マネジメントに失敗しているケースがあまりにも多すぎて、クリティカル思考を発揮する能力に支障をきたしている、ということである。

クリティカル思考の領域でもっと時間をうまく管理するためのコツは、熟考と行動の両方に関わってくる。どちらにも時間を割かなければ無関心思考になるし、熟考に時間をかけすぎれば優柔不断思考に陥る。また行動を急げば硬直思考になってしまう。

私たちに必要なのは、情報やデータを集めて読み解くのに、どれくらいの時間をかけるべきかを見きわめる力だ。また、クリティカル思考を実践するのに、何人くらいに協力をあおげばいいかも考えなくてはならない。その活動に、自分が巻き込もうとしている人たちの時間がどれほど必要なのかもわかっていることが重要だ。これができなければ、みすみす他人の時間を奪ってしまうことになる。

また、熟考や行動のフェーズで時間をかけすぎると、私たちはそこから動けなくなってしまう。状況を延々と分析していても、何も決断できずただお手上げ状態、いわゆる「分析まひ」の状態に陥ってしまうのだ。もちろん、逆に熟考に時間を全然かけないのも行動に差し障る。1つの判断に飛びついて、せっかくここまで見てきたことや積み上げてきたものにダメージを与えてしまうわけにはいかない。だからこそ、熟考と行動というこの2つの要素は、クリティカル思考に与えるインパクトがどちらも大きいのだ。

クリティカル思考にマイナスに作用する、時間に関係する諸問題。これらに対抗するための方法を挙げておきたい。順不同だが、以下の4つの方法がある。

1 時間にバッファを設ける

タスクを詰め込みすぎるのを避け、また仕事を邪魔する要素が出てきた時に対処できなくなる事態を防ぐため、予定表の中にあらかじめ自分のための時間を取るようにする。これが時間を管理するもっとも簡単なやり方だ。私がこれまで出会ったオープン思考ができている人たちのあいだでも、もっともよく実践されている方法である。

たとえば、会議を60分するかわりに45分と設定して（またはそういう会議しか受けないようにして）、1つの会議ごとに残る貴重な15分を、毎回熟考と行動に充てたらどうだろう？　1日のはじめと終わりに30分ずつ、熟考と行動のための枠を作っておくのもいい。

2 状況のレベル分けをする

それぞれの状況を、望ましい熟考と行動のレベルに応じて分類するスキームを編み出そう。たとえば、星4つで区別する方法を考えてみる。星1つだと、行動の前により熟考が必要ということを表わす。一方、星4つだと、熟考はいいからいますぐ行動が必要、という具合だ。方法はなんでもいいが、「状況のレベル分け」を行なうことで、どんな難しい状況でも、熟考と行動の適切なレベルが自分でわかるようになる。受動的ではなく、能動的な対処法だ。

3 アウトソースする

日常生活のささいな用事をアウトソースできれば、より熟考や行動に使える時間が取れるようになる。

たとえば、製薬会社ファイザーでは、社員が利用できる「ファイザーワークス」という社内プログラムがある。報告書の作成やパワーポイントの資料作り、統計分析や資料の公開作業など、コア業務でないものを専門チームに頼むことで、本業に集中する時間が取れる、というものだ。同社によると、このプログラムによって、1年で数カ月分にあたる時間が節約でき、社員は些末な業務ではなく、より重要な活動に時間をかけられているという。

4 現実感を持つ

クリティカル思考は、食べ放題バイキングのように扱われることがよくある。そこに食べ物があるから、という理由だけでお皿に山ほど盛ってしまう心理と似ている部分があるからのようだ。だが、変わったレポートや目を惹くデータがあったからといって、いちいち首を突っ込んではいられない。熟考と行動の量や質については、きちんと現実感を持たなくてはならないのだ。そのためには、時間に対する感覚がもっとも重要だ。

熟考と行動に適したタイミングを見分ける目を持つことで、現実感は担保される。

食べものでもそうだろう。美味しいからといって栄養の偏ったカロリーを積み重ねるのも、手軽だからといってファストフードを食べるのもちがう。いつ「ノー」を言うべきか、きちんと心得ておくことだ。

時間に振り回されるのではなく、時間をコントロールすることで、クリティカル思考は、より効果を発揮するのだ。

意思決定

あらゆるファクトや情報を集めて読み解き、適切な人と協力し、必要なだけ時間をかけて(多くても少なくてもいい)状況を分析したら、いよいよ決断の時だ。健全なクリティカル思考のスキルを身につけていれば、もっとも悩まずに選べる選択肢こそ正しい答え、ということになるはずである。

神経学者のダニエル・レヴィティンは、「満足化」と彼が呼ぶ、ユニークで一歩先を行く意思決定の方法を教えてくれた。もともとこの言葉は、社会科学者のハーバート・A・サイモンが考案したもので、人が意思決定をする際に、最善の選択肢を探るのではなく、最低限の条件を満たしている選択肢があればそれで妥結してしまうことをいう。満足化の基準で意思決定をする意図は、オープン思考の次の段階であるアプライド思考にすぐ移りやすい、というところにある。さらにおまけとして、優柔不断思考に陥るのを防ぐ効果もある。

「満足化とは、ものごとがこれで十分というレベルであれば、細かな事柄については検討を繰り返さずに、時間とエネルギーを節約することです」とダニエルは言う。意思決定する際にいちいち立ち止まらず、前へと進んだほうがいいケースもある、ということだ。もしかしたら最高の決断ではないかもしれないが、十分よいと言えるものであればこと足りるだろう。ダニエルいわく、１００パーセント理想どおりの選択肢を追い求めてもきりがないし、完全無欠の決断というものもあり得ない。完璧な意思決定をしようとするのをやめれば、それだけ労力も不要になるのだ。

「たとえば、私が住んでいる町のドライクリーニング屋は、最高レベルのお店ではないかもしれません。でも、仕上がりには十分満足しているし、もっとよい店を探して徹底的な調査をするだけの時間がもったいないないと思うのです。それならもっとほかに生産的なことをやりたいですね」とダニエルは言う。

ダニエルのこの考え方は、著名な投資家で、投資会社バークシャーハサウェイのＣＥＯでもあるウォーレン・バフェットに学んだところもあるようだ。ダニエルによると、バフェットはもう数十年間ずっと、質素な家に住んでいるのだという。過去に決めたことについて何かを変える必要が生じていないなら、わざわざ追加で意思決定するのは不要というわけなのだろう。バフェットについて触れたあとで、ダニエルはこう言った。

「いま私が住んでいる家も完璧とは言えないし、ニーズがすべて満たされているわけでもありません。でも不便なこともないですし、新たに住む場所を探すには非常に時間がかかります」

そして、次のように締めくくった。

「すごく裕福なのに古いモデルの車に乗り続けている人たちを何人か知っていますが、彼らはけちなのではなく、単に車を乗り換えなくてはならない差し迫った理由がないというだけなのです」

ダニエルの話は理にかなっている。自分の熟考と行動のスキルを自分で信頼できていれば、ファクトにもとづいて決断をしたあとは、もういつまでもうじうじと悩む必要はないのである。「満足化」は、完璧な決断を求めたくなる気持ちを抑えて、効率的な意思決定をするのに非常に有効なのだ。

せっかくなのでもう1つ、ウォーレン・バフェットが実践している意思決定の戦略をご紹介しよう。「サークル・オブ・コンピテンス」、日本語では「守備範囲」と呼ばれる考え方だ。経営学の父、ピーター・ドラッカーは「組織としての意思決定はスペシャリストから現場の経営管理者まであらゆるレベルで行なわれている。意思決定の能力は、組織のいかなるレベルにおいても、致命的に重要なスキルである」と記している。ドラッカーの言葉は正しい。意思決定とクリティカル思考は一部の人だけのものではなく、すべての人が実践するものであり、だからこそ自らの守備範囲は全員が考えるべきことなのだ。

守備範囲という概念をバフェットがはじめて使ったのは、「バークシャーハサウェイの株主の皆様」へ宛てた、1996年発行のレター形式のアニュアルレポートにおいてである。それ以来、バフェットはこの言葉を何度か使って、投資家たちに自分の専門領域にだけ注力することが大切だと伝えている。だが、もっとシンプルにとらえると、守備範囲の概念は、意思決定に使える便利なツールにもなる。実際にこれを活用している事業家も多く、たとえば、人々のよりよい意思決定を支えるオタワ発の情報発信ブログ「ファーナム・ストリート」のサポーターである、起業家のシェーン・パリッシュもその1人だ。

バフェットの守備範囲理論の中心にあるのは、投資の意思決定を行なう際に重要な2つのエリアの考え方である。バフェットは、投資で成功したいなら、行動する前に自分の守備範囲をよく考えることが大切だと言っている。自分が投資しようとしているものが守備範囲の内にあるのか外にあるのか、きちんと知っておく必要があるのだ。バフェットのモデルの主要なポイントをざっくりまとめると、次の3パターンになる。

1. 自分の守備範囲の内側にいる（し、それを自覚している）場合。
2. 自分の守備範囲の外側にいる（し、それを自覚している）場合。
3. 自分の守備範囲の外側にいる（が、それを自覚していない）場合。

第3章で議論してきたクリティカル思考の要素にもとづいて考えると、3つのうちもっともよいシナリオは、明らかに1番である。自分がその対象について精通していれば、意思決定は簡単とは言わずとも、非常にスムーズに進むだろう。守備範囲の内側こそがオープン思考を行なう際の自分のスイートスポットになる。専門知識であれ、スキルであれ、才能であれ、意思決定の能力であれ、自分の強みがまさにそこにあるのだ。

だが、強みがあることと、一匹狼で行動したり、結論を早く出したりするのとはまったく別である。守備範囲の内側にいるということは、自分の才覚と習熟のたまものではあるが、だからといって、情報を集め、読み解き、他者と協力し、時間をうまく使うことを怠っていいのかというと、それはちがう。単純に、自分が習熟していることはスムーズに進みやすい、というだけなのだ。

だが、自分の守備範囲の外側にいる（し、それを自覚している）場合には、意思決定のプロセスの舵取りはいっそう重要になる。このパターンでは、自分が必要な情報を集め、それを正しく読み解き、適切な人の協力を得て考えをまとめ、決断をするための時間をうまく使えているか、1つひとつきちんと押さえていくべきだろう。もちろん、大切なのは自ら能動的に動くことと、自分の守備範囲の外で意思決定しようとしている自分の状況を正しく認識することだ。これができれば、クリティカル思考において、情報の収集と解釈、他者との協力、そして時間管理というそれぞれのステージを進んでいくにあたり、より早く手が打てて、そのぶん意思決定もしやすくなる。もし自分が守備範囲の外にいるのに、そのような逆境に気づかずのほほんと過ごしていたら、望まない結果が出てから頭を抱えることになるだろう。

第4節でご紹介した大規模イベントプロデューサーのドミニク・リードに聞くと、「個人が自らの経験値を増やしていくことは必須」だと言う。また、「どのチームメンバーにも、自らの専門性を発揮するチャンスは平等にある」とも言う。

ドミニクいわく、きわめて有能な個人を集めたチームを作ることで、自分の守備範囲の外のことで悩む時間を減らせるのだそうだ。「専門家を結集したチームであれば、自分にわからないことも誰かに聞けばすむので、自分がその分野の専門家になる以上の価値が出せます」「専門家のいいところは、自分が気づくよりもずっと早く、問題の兆候をつかんでくれることです」などと言うドミニクが手がけるような規模のイベントともなると、責任者の肩にかかる意思決定の数は非常に多くなるし、その内容が自分の守備範囲の外のものであることもままある。

「ほかの人の専門性にもっと頼ることで、自分の意思決定にもより自信が持てるようになると学んだのです」とドミニク。「高い専門知識を持った人たちと一緒に仕事をするのはもともと好きでしたが、いまはもっと好きですね。仕事が楽に進むだけでなく、成果への満足度も上がりますから」

このような姿勢は、一般的には「知的謙遜」と呼ばれる。自分の知識の限界を知っているから、自分が守備範囲の内にいるのか外にいるのか、きちんと把握することができる。もっとも結果が出せる意思決定をするために、いつ、またどの程度までほかの人を巻き込めばいいか、ドミニクはよくわかっている。クリティカル思考を行なう際のこの謙虚な姿勢こそ、ドミニクのオープン思考の引き出しの素晴らしさを物語るものなのだ。

柔軟性

クリティカル思考の5つのポイントの中でも最後の要素、柔軟性について見ていこう。これを発揮できれば、クリティカル思考で成果が出せる確率はぐっと上がる。

アプライド思考のフェーズに入ったあと、あるいは、その手前で情報収集と裏づけの作業をしている時に、自分の過去の決断や、それまでのクリティカル思考のプロセスを見直すことができなければ——私たちは硬直思考か無関心思考に陥ってしまう。こう言うと、ダニエル・レヴィティンが言っていた「満足化」の考え方とは逆行するように思うかもしれないが、柔軟性は、意思決定の効率化とはまた別の問題である。

順応する、ということは重要である。一度した決断がまちがっていることだってある。環境は変わっていくし、予想外の状況が発生することもある。現実の世界では、変化は起きて当然なのだ。そこで頑固に過去の判断にしがみついていても、オープン思考は実現できない。むしろ、クリティカル思考の成果を合理的かつ着実に出し続けたければ、柔軟性こそが必要な要素になってくる。

このことをお話しするにあたっては、とあるER(救急救命室)でのエピソードをご紹介するのがいいだろう。

ジェームズ・ペリーは、カナダのトロントにある病院、サニーブルック・ヘルス・サイエンス・センターの神経科長だ。トロント大学の医学部教授でもあり、オデットがんセンターとハーヴィッツ脳科学プログラムに所属する神経腫瘍学者でもある。また、脳腫瘍の専門家40人以上と、脳腫瘍の症例を成人・小児の両方で診ている研究者らが集まる国営の非営利団体、カナダ脳腫瘍コンソーシアム(CBTC)の理事長でもある。ジェームズは臨床試験の企画、実施や結果の分析にも取り組んでおり、原発性脳腫瘍(転移性ではなく腫瘍がその場所でできるもの)の画期的な治療法の試験に非常に注力している。

要は、ジェームズは学識のある人物だということなのだが、実は彼はオープン思考の体現者でもある。臨床試験を行なっている時も、同僚らと脳のがんの治療法について議論している時でも、常にクリエイティブ思考、クリティカル思考、そしてアプライド思考を繰り返しているのだ。

とりわけクリティカル思考における柔軟性について何か挙げるなら、と言って彼が語ってくれたのが、救急救命室でのエピソードだったのである。

「患者が脳梗塞を発症して間もない急性期において、決定的に重要なのは、発症から患者の命を救う薬が投与されるまでの時間です」とジェームズは言う。「一般的な基準としては3時間だと、何年も言われていました。組織プラスミノゲンアクチベータ、通称TPAという薬を、3時間という制限時間以内に投与すれば、患者の命は助かる可能性が高い、と」

だが、探究心の強いジェームズは、なぜ「3時間」が当たり前の目安とされているのだろう、と疑問に思うようになった。そこで、大量のデータや研究結果をひっくり返してみたところ、驚くべきことがわかった。TPAはたしかに3時間以内に投与すれば効き目がある。だが、2時間以内に投与すれば結果はもっと上がり、さらに1時間以内であれば、結果によりいっそうの良化がみられたのである。

「TPAが3時間と言わずもっと前に投与されれば、より多くの患者の命が救え、副作用も減るのではないか――」

ジェームズは、医療業界の「標準」を問い直そうと考えた。つまり、クリティカル思考において、彼は柔軟性を発揮したのだ。

3時間という目安はもう何年も前から存在していた。誰もそれを否定することはなかった。世界中の医療従事者の誰ひとりとして、その目安の妥当性を真剣に疑ったことはなかったのである。

「救急救命室という閉ざされたシステムの中で見えてきたのは、治療プロセスにたずさわる人の誰もが、その3時間という枠が何かしらの作業でどんどん埋まっていくことに対して、とくに何も感じていないという実態でした」とジェームズは語った。「それがベストプラクティスだと言われていたので、減らそうなんて誰も思いつかなかったんです。救急救命室では、よく『タイム・イズ・ブレイン（Time is Brain）』なんて言いますが、そもそも、一定の時間の枠が与えられたら、タスクで埋めようとしてしまうのが人間の性なのです。3時間だと言われたら、そこを埋めにかかってしまう」

しかし、結果は出た。あとはどうするかを決めていく必要がある。

「クリティカル思考を使いながら柔軟性を発揮する」とは、過去の意思決定の内容に改善の余地があるかを見直してみる、ということだ。ジェームズがやったのは、まさにこれである。現状に疑問を感じたジェームズは、次に同僚のリック・シュワルツ博士と議論した。すると、リックもぜひやろうと言って、本腰を入れて改善策の検討を始めてくれたのだという。「リックは、救急救命室で実際に3時間という目安がどう運用されているのかを調べてくれました。脳梗塞かもしれないという患者が救急救命室のドアをくぐったところが分析のスタートです。私たちはこれを『ドアから注射針までの時間』と呼んでいます。治療にたずさわる人たちは皆プロフェッショナルですし、きちんと自分の仕事をしていました。それでも、リックが細かく分析してみたところ、いたずらに時間を埋めているだけと言える部分もあったのです」

ジェームズはさらに詳しく語った。「たとえば、脳のスキャン画像を撮ったあと、医師が何度も何度もそれを見る。レントゲン技師を呼ぼうとなると、さらに時間がかかる。患者の配偶者に電話するのもなかなかスムーズにはいかないでしょう」。ここで挙げたようなこまごましたタスクを足し合わせていくと、あっという間に3時間になる。TPAを投与されるまでの時間が短くなれば、脳梗塞患者が助かる確率も、後遺症のリスクも下がるということは、研究で示されているのにもかかわらず、である。

ジェームズは続けた。

「次に、無作為に選んだグループで実験を行ないました。救急救命室の中に、皆から見える大きなストップウォッチを置きました。これで、患者が運び込まれてから投薬されるまでの、『ドアから注射針までの時間』がどれくらいかかるかを計ったのです。いくつかのグループでは、目標タイムを1時間以内と設定しました。すると、そのグループでは、全員が自分の仕事を何らかのかたちで効率化できたのです。もとの水準から比べて削減できた時間は、50パーセント以上にものぼりました。でも、何よりも素晴らしかったのは、脳梗塞の患者たちの残存能力のレベルが大きく改善されたことです」

つまり、より多くの命が救えるようになり、脳梗塞の後遺症が劇的に少なくなったのだった。

もし、何年も当たり前になっていた過去の誰かの意思決定内容を、ジェームズが見直してみようとしていなかったら。もし、せっかく掘り起こしたファクトや研究内容を、ジェームズが無視してしまっていたら。――きっといまも何も変わらないままだっただろう。そして、もしジェームズが同僚のリックと議論するチャンスを逃していたら、何のアクションも起きていなかっただろう。脳梗塞患者の標準的な治療プロセスにおける時間指標は、そのままになっていたにちがいない。だが、クリティカル思考において柔軟性が発揮され、病院じゅうの職員を巻き込んだことで、古い基準がガラリと塗り替えられたのである。

「チームの全員が、何か改善しようという気持ちになってくれました」と彼は振り返る。

「移送チームも、救急救命室のドアが夜間は施錠されていることに物申してくれたんです。鍵がかかっていなければ、もっと貴重な時間を節約できるのに、とね。で、実際そのとおりでしたよ」

クリティカル思考において柔軟性がいかに重要かはジェームズが語ったとおりだが、彼のこのしなやかな考え方によって、いまや何千人もの人が恩恵を受けているというわけである。最後にジェームズはこう付け加えた。

「ヘルスケアの世界は、『質を基準にした補助金給付』という方向に向かいつつあります。病院の質を示す指標がよいほど、カナダ保健省から補助金が下りるというわけです。指標を上げることができれば、それだけ予算が増え、看護や技術開発など、いろいろなことにお金が使えるようになります。こういうポジティブな結果が見えれば、皆が喜んでくれる。そして何より、患者のためになるのです」

いまでは、カナダだけでなく世界の脳梗塞の治療センターで、時計が治療室に設置されるようになり、ＴＰＡの投与までの時間も60分を目安とするのが普通になっている。だが、この変化を生んだのは、ジェームズが過去の古い意思決定を見直そうと、クリティカル思考の中で柔軟性を発揮したことがきっかけだったのだ、という点を強調しておきたい。

２０１６年にスタンフォード大学で、イーベイの元ＣＥＯ、ジョン・ドナホーが記念講演をした際、彼はこう語っている。

「自分が正しいことをやっているという確信を持てたことは、ここ30年で一度もありません。『よし、全部わかったぞ』と思ったことも一度もありません。いまもそうです」

ドナホーの言葉は、人間がもっとも犯しやすい誤りを示唆している。私たちが行なう意思決定が１００パーセントすべて正しいと言い切るのは不可能なのだ。

オープン思考の実践――とくにクリティカル思考を最高のかたちで発揮するということについては、過去の意思決定内容を見直そうとしたジェームズの姿勢に学べるものが大きいだろう。

鍵は、柔軟性だ。

これがあれば、人の命だって救えるのである。

帽子屋に敬意をこめて

【リリプット・ハット】を訪れたある日、カーリン・ルイズの言葉に、私は驚いた。

「私の代わりに誰かに意思決定をお任せできないのが痛いところね」

カーリンほど成功しており、有名で、創造性に恵まれた人物であっても、忠実で信頼のおけるチームのメンバーに意思決定を委ねたいと言うのだ。

「皆かなり自立してやってくれているけれど、私の判断を待っていたり、ただ指示に従おうとしたりするところがあるからね。これでいいですかって皆聞きにくるのよ」

ちょうどその時、カーリンが言ったとおりのことが目の前で起きた。カーリンがまさに話をしているところに、1人のメンバーが近づいてきたのだ。カーリンを尊敬する気持ちの表れでもあるのだろうが、何か彼女の答えをもらおうとしているのは明らかだった。

「カーリン、この羽根なんですけど、どう思いますか？」と従業員の女性は聞いた。

慣れっこなのか、カーリンは視線を私からすっとその女性に移して、「赤いのがいいと思うわ」と即答した。

そこには恐ろしいほど迷いがなかった。先ほどまで私たちはまさに意思決定について話していて、カーリンも「もっと店のメンバーに決断を任せていきたいと思っている」と口にしたばかりだったのに――。

カーリンは、そのことについて考える様子もなく、自分で意思決定をしてみてごらん、と従業員にうながすことなく、自分がコントロールを握ってしまっていたのだ。

頭では正しいと思っていることと、実際のギャップは、どんなに成功している人でも、やはりなかなか埋めがたいものなのだろう。もしかするとここにも、クリティカル思考が役に立つ余地があるのかもしれない、と思わされた出来事だった。

クリティカル思考を実践する、個人のためのヒント

・自分の時間をコントロールしよう。時間は言うまでもなく、オープン思考をするうえでもっとも貴重な財である。詰め込みすぎを避け、熟考と行動のバランスを見ながら状況のレベルづけをして、些末なことはアウトソースし、作業の見積もりに現実感を持つようにしよう。時間をコントロールするために、あらゆる手を尽くすのだ。

・自分の意思決定に対して反駁《はんばく》してみること。新しい情報や反対意見を探してくるのでも、追加の検討をするための時間を見つけてくるのでもいい。自分の認知バイアスに意思決定の舵を握られないようにしよう。できるかぎり証拠を固めておくことだ。

・ほかの人と協力しよう。大事な決断の際にほかの人にアドバイスを求めることは、オープン思考を実践する人にとっては弱さではなく強さの表われである。意思決定に至る準備の段階

でほかの人を巻き込んでおけば、意思決定そのものがよいものになるだろう。

クリティカル思考を実践する、組織のためのヒント

・クリティカル思考の指南書をつくろう。組織として求めるクリティカル思考や行動の規範を定めて、従業員全員に対して学習やコーチングなどの機会を提供すれば、個人やチーム、組織における望ましい意思決定の方向性を打ち出すことができる。
・失敗に向き合おう。失敗や災難からは、クリティカル思考についての貴重な学びが得られるものだ。失敗事例集などをまとめて共有するのも賢いやり方だ。うまくいかなかったポイントをハイライトしておけば、ほかの人にも参考になるだろう。
・クリティカル思考をリーダーシップの1要素として位置づけよう。ネットフリックスはクリティカル思考を組織カルチャーとしても重視していたからこそ、基準として明文化していた。組織のリーダーシップのモデルや哲学の中に、クリティカル思考の要素を追加してみてはどうか。ただ、決して上っ面の信奉理論にはならないように、きちんと実践がともなうようにしよう。

第4章

アプライド思考（実践的思考）

OPEN TO THINK

第6節

思っているより早く

——ただ忙しいだけの不毛な人生に気をつけよ。

ソクラテス（哲学者）

何を求められているのか

フランスの哲学者で、数学者でもあり発明家でもあったブレーズ・パスカルは、かつてこう記している。

「人間の問題はすべて、部屋で1人静かに座っていられないところに由来する」

彼のこの言葉は、オープン思考の3つ目の要素をめぐる私たちの探訪の幕開けにふさわしい。その要素とは、アプライド思考（実践的思考）——。そう、意思決定した内容を実行に移す際のコミットメントのことである。

私たちはここまで、クリエイティブ思考（創造的思考）とクリティカル思考（批判的思考）について、それぞれの阻害要因と成功戦略を見てきた。だが、アプライド思考はおそらくもっとも難解で、改善していくのももっとも難しいと思う。

ものごとを完了させることこそ、自分の価値を示す方法だと思っている人は多いだろう。忙しくして、チェックリストの項目をどんどん消していき、会議の場で上司に成果を報告して、メールやメッセージの類に延々と返事をし続ける……。

だが、これらが表わすのは、あくまでも自分が「何の」アクションをしたか、ということにすぎない。アプライド思考の目的物である、自分が何をやろうと決断し、そもそも何を対象として思い描いていたか、とは別のものだ。こうした何か（WHAT）を完了させていくための取り組みが、先ほど挙げた一連の行動である。もちろん、どうやって（HOW）やるのか、というところも見落としてはいけない。実際にタスクをどのように完了していくのかも、意思決定と同じくらい重要である。

先ほどのパスカルの言葉を思い出してほしい。

私たちは何か行動をしようとする時、はたして同時に頭を使って、この仕事で何が求められているかを冷静に考えられているだろうか？

さらに多くの場合、仕事はほかの誰かとともに行なわなくてはならない。部屋で1人じっと考えに浸ることもできないばかりか、そんなことより、とにかく片づけていかなくてはならないタスクがあり、さまざまな領域で一緒に協力しなければならない。こういう状況になると、いろいろと問題が噴出しはじめるものだ。

古代ローマ時代の哲学者セネカが、このことを非常にうまく表現してくれている。

「あらゆるところにいるということは、どこにもいないということに等しい」

つまり、あれこれ手を出しても中途半端で意味がない、という話である。ここがこの第6節の重要なポイントだ。思いを描いて意思決定するフェーズから、行動へと移行しつつ、オープン思考をし続けるためには、思考における「どうやって（ＨＯＷ）」の側面もあらためて見つめ直し、改善していかなくてはならない。

前の2章と同様に、本章でもまずはアプライド思考を妨げるものを見ていこう。クリエイティブ思考の説明でも映画の例を出したが、ここでもある映画を比喩として使いたいと思う。

チャーリー・チャップリンによる古典映画『モダン・タイムス』である。

この作品が見せてくれるのは、人がタスクを完了させる際のやり方や戦略が、性急で近視眼的なものになってしまっている世界だ。

とくに冒頭10分ほどのチャップリンの演技は、アプライド思考が欠けてしまうとどうなるかをまさに描いている。

この映画は、次のような字幕で始まる。

〝モダン・タイムス：機械社会の中で個人が人間性を見い出し幸福を求める物語〟

映画が公開されたのは、1936年。だが、内容は、いまこの時代でも「モダン・タイムス(現代)」と呼んで遜色ないものになっている。

物語は、地下鉄の駅から何百人もの労働者が出てきて、鉄鋼会社の工場の作業場へと向かうところから始まる。皆、動作にも表情にも覇気がない。ただ機械的に動いているだけ。労働者たちは順にタイムカードを押して工場に入っていく。その姿にはなんとなく、多くの現代人が抱えている苦悩が重なる。どこか硬直的で、人と人との心のつながりもなく、隔絶された雰囲気がただよい、目的意識はどこへやら。労働者の生産性と効率を上げようと、最新のテクノロジーがどんどん導入されていく。オープン思考をしている時間などまったくない。想像力を膨らませることを後押しする空気もない。創造性も、批判の精神も発揮する場面がない。そこにあるのは「仕事をできるだけ早く終わらせろ」というプレッシャーだけ。決まりきったルーティンから少しでも外れることは許されない。このような環境でオープン思考を見い出すのは、いわば、歯医者で幸せを感じるのと同じくらい難しいだろう。

チャーリー・チャップリンも、この鉄鋼会社――エレクトロ・スチール・カンパニーの労働者として登場する。ベルトコンベヤ上で小さな装置を組み立てるのに大忙し。まさに目まぐるしいとしか言いようのないシーンである。

チャップリンは自分の仕事がなかなかうまくこなせず、彼のいるライン自体の生産性もはかばかしくない様子。もっと生産スピードを上げろと上からの指示が飛ぶ。チャップリンはどんどんパニックに陥り、精神が追い詰められていく。

チャップリンの担当ラインのリーダーも、チャップリンが気に入らないようで、ああしろ、こうしろとあれこれ指示を出す。作業のやり方を変えようとするチャップリンは明らかに「枠から外れて」おり、彼がラインを乱すので現場は混乱していく。カオスが巻き起こり、生産性を上げるはずのテクノロジーは労働者にストレスを与えるばかりで、作業の遅れも深刻だ。

労働者たちもだんだん落ち着きを失っていく。リーダーはいったんラインを止め、労働者たちを責める。張り詰めた空気が作業場のすみずみまで立ち込める。

当然ながら、目標を達成するために考え方を変えてみる、などという試みはここではあり得ない。いつもこのやり方をしているのに、なぜわざわざ変える必要がある？　ただ仕事のスピードを上げさせればいい。労働者の意見など聞く必要もない。「ただやる」、それだけだ――。

工場の雰囲気を代弁するなら、こんなところだろうか。

オープン思考はほとんど存在せず、誰もが変わらず底の浅いアプライド思考を露呈し続けるばかりである。

階上ではエレクトロ・スチール・カンパニーの社長がモニターで工場全体を監視しており、やはり不満を募らせている。楽観主義者なのか、社長はチャップリンのラインのスピードを上げさせろと言うだけだ。「もっと成果を出せ」「もっと早く仕事をしろ」というプレッシャーはどんどん増していく。ついにストレスが我慢できなくなったチャップリンは、トイレに避難してたばこを吸って一息つく。不安な気持ちを少しでも和らげようとしているようだ。

だがそのとたん、トイレに備え付けられた巨大なスクリーンに社長が現われ、早く持ち場に戻れと吠える。チャップリンはおろおろと作業場に戻るが、今度はおもむろに爪の手入れを始める。今日の組織における多くの人と同様に、チャップリンは投げやりになって、考え方も悲観的になってしまっていた。

「誰も自分の意見など聞こうとしない。いつもこうだ。何も変わらないんだ——」

この映画はフィクションではあるが、現実の世界でものごとのやり方を変えようとし、オープンに考えようとする人たちがぶつかるであろう状況を彷彿させるものがある。

意欲が高く、目的志向な組織でオープン思考をやりたいと思っている人にとっては、この映画の冒頭10分は見ていて胸が痛むだろう。だが、そこには今日の組織におけるアプライド思考の実態が見事に描き出されている。

ものごとをできるだけ早く完了させるのに集中することにしか時間を使っていない人が、現代にはなんと多いことか。単に仕事をすることが目的化してしまい、正しいやり方で仕事をする必要性がまったく顧みられていない。

だがいずれにせよ、私たちは行動せざるを得ない。タスクは完了しなくてはならない。「少ないコストでより多くの成果を出せ」と組織内のプレッシャーは増し、予算やリソースは削減され、リーダーは従業員に多くのことを求め、人は忙しくあることに必死に固執する――。

現代のこうした状況を踏まえると、「タスクを完了させる方法」こそ、私たちが改善すべきものである。これから2節にわたって、このことを考えていきたい。

『モダン・タイムス』に描かれている世界が、私たちにとっての「モダン・タイムス（現代）」にならないことを願うばかりだ。私たちが行動を実行する際の方法、つまり、「どうやるか」の部分を改善していかなくてはならないのである。

バックファイア効果

私たちがクリエイティブ思考やクリティカル思考よりも、ものごとを完了させることにより時間を使ってしまいがちなのは、「バックファイア効果」と呼ばれるもののせいだ。この言葉は、2010年に政治学者のブレンダン・ナイハンとジェイソン・ライフラーによって作り出された。そして、作家のデイヴィッド・マクレイニーが、著書『You Are Now Less Dumb（あなたはそれほどバカじゃない)』の中で、このバックファイア効果について深掘りしている。

バックファイア効果とは、人は自分が深く信じていることへの反証を突きつけられると、かえってその信念を強めてしまうという心理状態のことを表わしている。アプライド思考で言うなら、引くに引けなくなって、ものごとを完了させることに固執してしまうというわけだ。

マクレイニーは本の中で次のように書いている。

「あなたが情報を能動的に探す際に確証バイアスがかかるように、バックファイア効果は、ある情報があなたに不意打ちを食らわせた時にあなたを守る働きをする。混乱したあなたは、自分の信念を問いただす代わりに、かえってそれにすがってしまう。だが、誰かがあなたのまちがいや誤解を正そうとすればするほど、その試みは裏目に出て、誤解がかえって強まってしまうのだ。そうして時が経つにつれて、『自分の信念やあり方こそ真実で正しいものだ』と思い続ける気持ちが、バックファイア効果によって疑いのないものになっていくのである」

ぬるま湯のようなルーティンや目先のことにとらわれてしまうと、人の心は無感動になって、わざわざ誤りを問いただそうとは思わなくなってしまうのかもしれない。私たちは本来、自分の行ないが適切なものかどうかを常に自問自答するべきなのだが、そこでバックファイア効果が出てしまうと、自らの行動のどのようにの部分について、なぜそもそもその方法でなくてはならないのか？　と問い直すことができなくなってしまうのだ。

しかし、自分がどのように自らのアクションを実行しているか、そこから目を逸らしていると、恐ろしい結果が待ち受けることになる。

『モダン・タイムス』の中で、チャーリー・チャップリン演じる主人公は、画一的なルーティンとはちがったやり方でものごとをやろうとしたが、上司たちに抑え込まれてしまった。コミカルな展開の中でアプライド思考のあり方を変えようと奮闘するチャップリンだったが、上司たちがバックファイア効果を発揮してしまったことで、その試みはついに実現しなかったのだ。その結果、さまざまな悲劇が巻き起こり、エレクトロ・スチール・カンパニーの工場はめちゃくちゃになってしまった。

私は以前、「真の生産性を可能にする唯一の方法は、オープン思考を常にやり続けることだ」という趣旨のことを述べた。ただものごとをできるだけ早く完了させることだけが成功への道ではないと。

アプライド思考のフェーズで誰かが代替案を持ってきた場合、あなたは自分の立場にいっそう意固地になって、計画の変更を一蹴してしまうなんてことはないだろうか？　忙しくして、バックファイア効果にとらわれたままでいることだけが、ものごとが前に進んでいることの証明になってしまっていないだろうか？

もし、そうなら注意が必要だ。

第2節で、ブリティッシュ・コロンビア工科大学（ＢＣＩＴ）で行なったタワー制作のワークの話をしたが、私がBCITで所属していた部署は、いわゆる「コスト回収」型の運営をしていた。要は、公的資金が使えず、運営費は生徒たちが支払う授業料ですべてまかなっていた。講座運営のためには、私たちは創造性を発揮しつつも、きちんと意思決定し、その内容を行動に移していかなくてはならない。ところが、ある時私は、アプライド思考のフェーズでバイアスにとらわれてしまい、クリエイティブ思考とクリティカル思考の重要性を置き去りにしてしまったのである——。

1998年、私は4つのプログラムを開講した。

その中の1つに、12カ月間の全日制というかなり濃密なプログラムで、学士号を持っており、ハイテク分野のネットワーク構築・管理やコンサルティング領域でビジネスリーダーになりたい人向けのものがある。このプログラムは、「情報テクノロジープロフェッショナル(ITP)」という名前で、私が紙のタワー制作のワークをやったのがまさにこの講座だ。そして、このITPでの成功体験からバックファイア効果を発揮してしまい、次の新しい講座の立ち上げを急いだ結果、無残に失敗することになってしまったのである。

ITPのプログラムが開講されてから約3年が経った、2001年のことだ。

この講座では毎年新しい生徒が30人ほど集まり、授業が展開されていた。生徒たちは多額の授業料(約1万7000ドル)を払って、ハードなプログラムにどっぷり1年間浸る。講座の内容はリーダーシップ開発と、テクノロジーの集中教育で構成されていた。テクノロジー学習のほうは、ネットワーキングやウェブ上取引、ビジネス・インテリジェンスといったテクノロジー関連のトピックスを取りあげる。また、コーディングやプログラミングができるようになること自体を目的とするわけではないが、シンプルなウェブ開発についても教えていた。

ＩＴＰプログラムは3年間非常にうまくいっていたので、私は次第に次のステップに思いをめぐらせるようになった。クリエイティブ思考のステージに再び足を踏み入れ、「ＩＴＰプログラムのモデルの成功をベースに、新しいことをできないか」と思うようになったのだ。ここまではよかった。ただよくなかったのは、バックファイア効果がひそかに忍び寄ってきていて、アプライド思考のステージで息をひそめていたという点だった。

私はＢＣＩＴのチームの皆にこう言った。

「ＩＴＰのコンセプトをベースに、新しい講座を作るのはどうだろう。期間は12カ月。ビジネスモデルのシミュレーションをしながら、テクノロジーとリーダーシップ開発を組み合わせて、3カ月間の実習期間を設け、インタラクティブで集中的な教育プログラムにするという点は同じ。ただ、テクノロジーのカリキュラムを、もっと高度なウェブ開発に置き換えるんだ」

きっとうまくいくと私が主張するものだから、疑問視する声もあまり上がらなかった。

ＩＴＰのモデルで講座の設計図はすでにできていたから、私はテクノロジーの部分だけ置き換えれば簡単に成功するだろうと思っていた。情報テクノロジーとネットワーキングの代わりに、ウェブ開発を教える。それ以外のところは同じでいいのだから、何も問題ないだろう、と。

さらに、クラスを増やすにあたってのオンサイト設備もそろっていた。すべてが非常にスムーズで、何なら1年後に満面の笑みで卒業の日を迎える生徒たちの顔がもう目に浮かぶようだった。私は企画の精査や市場調査、プログラムの内容評価を行なわないままに、自分自身にも、それからBCITのメンバーにも、この新しいプログラムは大成功するだろうと思わせてしまった。クリエイティブ思考のところまではよかったものの、クリティカル思考を完全に置き去りにしてしまったのだ。私たちがアプライド思考を焦ったせいで、計画はたちまちバックファイア効果にとらわれてしまったのである。

新しいプログラムは「プロフェッショナルウェブ開発(PWD)」という名前だった。開講までの準備期間に、潜在的な生徒層にこの講座のメリットを理解してもらうのはなかなか骨が折れる仕事だった、と言えば、当時の状況は察してもらえるだろうか。2001年という年は、「ドットコム」バブルがはじけ、不況がいよいよ本格化していたころだった。なのに私は、そんな状況に対してまったく無関心だった。バックファイア効果がまさに発揮され、ニュースにもファクトにもデータにも見向きもせず、PWDはITPよりも成功するはずだという思いを強めていくばかりだった。そして、ついに開講を迎えた時、生徒はたったの18人しか集まらなかった。ITPの時には30人もいたのに、である。約1年間かけて宣伝広告を行なった結果がこれなのだ。なのに、私はこの数字の低さも軽くあしらって終わってしまった。学部長や副学部長にも、最初の生徒数など問題ではない、と安心させた。私はアプライド思考のレベルの低さを露呈し続け、チームの皆にも計画どおり進めるよう強制した。ゴールにとらわれるあまり、目の前の現実が見えなくなってしまっていたのである。

私がアプライド思考を焦ってしまったことを示す例はまだある。

1つの教科を別の教科とそっくり入れ替えるというのは、理論上は可能なように思っていたのだが、これがとんだまちがいだった。ネットワーク管理は、ウェブ開発とはまったくちがう。しかしそのことに気づかず、問題を混同していた私たちは、ITPの時と同じようなバックグラウンドの生徒たちをPWDに迎え入れた。学士を持っているなら、コーディングも覚えられるだろうと踏んでいたのだ。ひどい見当ちがいである。しかし、絶対うまくいくはずだと疑わなかった私は、生徒たちそれぞれのつまずきポイントがどこにあるのか、また、プログラミングの向き不向きがあるかもしれないということを、立ち止まって考えようともしなかったのだ。そして、計画をそのまま進めてしまい、BCITのチームにもPWDのカリキュラムを現状の方向性で作るように、と指示を出してしまった。

そして、PWDが開講。最初の週からいろいろな問題が噴出した。

うまくやれている生徒もいたが、コーディングの基本ロジックを理解するのに苦戦する生徒が少なくなかった。そのため、予定していたよりもテクノロジーの授業に時間を費やさなくてはならなくなり、当初の想定ではビジネスとウェブ開発の両方に長けたプロフェッショナルを養成するはずが、コーディングの基礎スキルを学ぶ講座と化してしまったのだ。

その結果、生徒によってコーディングスキルには大きく差が生まれ、また、経営スキルを実践するビジネスシミュレーションの時間が少なくなってしまったせいで、混乱が生じた。さらに、給料の支払いありでインターンシップに協力してくれる企業を探すのは、悪夢と言っていいほど大変だった。ウェブ開発ができる、という生徒を欲しがる企業はほとんどなく、ましてや給料を負担してまで研修をしてくれるなど夢のまた夢だった。まさにこの3カ月間の実習こそ、ＰＷＤプログラムの肝だったのに、である。結局、ＩＴＰの時は、生徒のほとんどが給料支払いありで研修させてもらえていたのに、ＰＷＤでそれができたのはほんの一握りの生徒だけであった。

生徒、教授たちのストレスが高まっていったのは想像にかたくないだろう。生徒の中には、授業料の一部返金を求める者も複数出てきた。

ＰＷＤプログラムは、まさに「バックファイア」（期待外れ）に終わったのである。

『One Second Ahead: Enhance Your Performance at Work with Mindfulness（仕事の成果を高める1秒マインドフルネス）』の著者、ラスムス・フーガード、ジャクリーン・カーター、そしてジリアン・クーツは、行動にとらわれてしまう人の性質について、本の中で詳しく解説している。

「私たちが行動にとらわれてしまうのは、それが重要な仕事だからではなく、自分が重要な人間だと感じたいからだ。タスクが目の前にあれば、自分が優秀でデキる人間だと示したくなってしまう。問題なのは、本来目指すべきゴールに沿ったタスクに自分が時間を使えているか、一歩引いて確かめることもせずに、目の前の——しかも、たいていは重要でない——タスクに、時間をムダに割いてしまうことである」

アプライド思考では、自分のエゴを乗り越えることが重要になる。バックファイア効果のリスクを正しく認識し、「ただそこにタスクがあるから」という理由だけでやみくもに進めるとどんな結果になるかを、きちんとわかっておかなくてはならないのだ。

今回こうして私の個人的な体験をご紹介するのは非常に胸が痛かったが、ただ単に何かをするというのを目的化してしまわないことの大切さをお伝えできたのではないだろうか。

実行機能の不具合

私は高校で教鞭をとった経験があり、就業前の学生にもチーフ・ラーニング・オフィサーとして教えていたこともあるので、教育にまつわる仕事に関する研究や問題には自然と興味を抱いてしまう。また、私の妻デニスも教職に就いており、ビクトリア市にある、幼稚園からグレード12までの一貫校で教頭を務めている。だから、食事時の夫婦の会話も、教育に関することが話題になることが多い。

ある日の夕食でのこと。私たちは本書の執筆作業の進捗について話していた。私は教育とビジネスの両方の分野で活動しているため、世の社会人一般の状況について話す時も、ビジネス用語ではなく、学術的な用語を使うことが多い。「人の思考機能はうまく働いていないんじゃないかと思うよ」と私はこぼした。この時、私たちは、赤ワインのボトルこそまだ空にはなっていなかったが、そろそろ次の1本を頼もうかという勢いで飲んでいた。「誰もが『やること』で頭がいっぱいになっているんだ。はたして彼らの前頭前皮質はちゃんと機能しているんだろうか。ほとんどの人間がストレスを抱えているか、注意散漫になっているか、もしくはその両方だよ」

私のぼやきに対して、デニスはきっぱりとこう言った。

「彼らは、あなたの理論で言うところの〝実行機能〟がうまく働いていないんじゃないの？」

デニスの言うとおりだった。アプライド思考を変えようと思うなら、脳の実行機能についてきちんと定義し、理解し、そしてその重要性をあらためて認識しなければならない。

脳の実行機能をコントロールしているのが、理性をつかさどる前頭前皮質である。そして皮肉なのが、「実行機能（Executive Function）」という言葉が、まさにビジネスの用語に由来している、ということだ。

CEO（Chief Executive Officer）という役職は、企業の中のあらゆる機能を統括し、企業活動をそのゴールに向かってきちんと前に進めていくのが仕事である。前頭前皮質の実行機能も、私たち大人の脳の中で同じ働きをしている。この実行機能のおかげで、私たちはアプライド思考を常に適切に管理することができるのだ。

ミネソタ大学のフィリップ・デイビッド・ゼラゾは、研究者としてのキャリアをすべてこの脳の実行機能の研究に捧げてきた。彼いわく、実行機能は「人が問題を意図的に解決しようとする際に、意思決定をし、それを実行する働きのこと」だという。

オレゴン健康科学大学のミュリエル・レザックは、実行機能は「ゴールを策定し、それを達成する計画を立て、その計画を効果的に実行するために必要な知能的能力のこと」だと言っている。

京都大学の理学博士である船橋新太郎は、「ある目的を遂行するためにさまざまな機能系を協調して働かせる仕組み」だと定義している。

こうやって並べていくと、ある一定のパターンが見えてくるだろう。つまり、実行機能は、意思決定から行動へと移る際に役立つものであり、だからこそ、アプライド思考にとってきわめて大事なものなのである。

実行機能は、私たちがアクションを起こす際においても、非常に重要である。「EF」(医療業界では実行機能のことをよくこう呼ぶ）は、情報を整理し、時間を管理し、感情を抑制し、記憶を想起し、そして実行するのを助けてくれる、統合的なシステムの集まりなのだ。これを成り立たせているのは、脳の3つのプロセス、「ワーキングメモリ」「抑制機能」「自己制御機能」である。アイデアを実現させ、タスクをうまく片づけるには、これら3つのプロセスが協調的に機能することが必要だ。私たちの脳がバランスを失い、忘れっぽくなり、各機能の働きが制限されてしまうと、ゴールが達成できなかったり、ほかにも悪影響が出てしまったりすることはまちがいない。言い換えると、実行機能の重要性をきちんと理解すれば、そのぶんアプライド思考がうまく働く可能性が広がることになる。

ビジネスシーンで考えてみよう。

あなたは、プロジェクトチームの一員である。リーダーではないが、貴重な戦力として任命されたメンバーだ。チームの人員は10人、社内のさまざまな部署の人間が集められている。このプロジェクトにはいくつかマイルストーン（プロジェクトを完遂するための大事な中間目標）が設けられており、最終期限は4週間後だ。いまのところ、チームは非常にうまくやっている。最終プレゼンテーションは、社内でも影響力の強い上席副社長らの前で行なう。あなたのキャリアにとっての大きなチャンスであり、少なくとも社内のネットワークを強化する機会にもなる。会議を何度か経てあらゆるアイデアが議論され、意思決定もスムーズ。プロジェクトのタスクをやっていくところに力点が移っていた。ついに行動の時だ。あなたはやる気満々。チームの団結力も目に見えて強くなっていた。

ところがだ。現実は厳しく、最初のマイルストーンを逃すことになった。さらに、最初のころの会議でメモを取れていなかったのか、情報共有・理解ができていない部分があったことも判明する。

また、忙しくなったことで、3つか4つのタスクを同時にやらざるを得なくなった。そうなると、なかなか1つひとつのタスクに集中できなくなる。プレッシャーも増し、余裕がなくなっていく。気が散るような周りの雑音を消すことにも失敗した。同僚たちがひっきりなしに職場のゴシップ話を持ってきたり、電話が60秒ごとに鳴ったり、その都度、手を取られ、集中力が途切れ、想定していたスケジュールに追いつけなくなってしまったのだった。

アテンション・スパン（集中力を保てる時間）が曖昧になってしまうと、結果を出す能力にも影響が出てしまう。だんだんとチームメンバーのあいだに、あなたの能力を疑う空気がただよいはじめた。マルチタスクを試みたことによる気持ちの混乱も続いたまま。脳の感覚系にも過度な負荷がかかり、ついにあなたは、自分のタスクを期限内に終えることができなかった。自分の脳の前頭前皮質のコントロールを、完全に失ってしまっていたのである。

その結果、あなたは降格となった。もしかしたら、もうすぐクビにもなるかもしれない——。

アプライド思考をおろそかにすると、こうしたことが起こりえる。

自らの実行機能を制御することは、アプライド思考のまさに中核をなす要素だ。アクションを完了するためには、まず自分自身をずっと監督しなければならない。アプライド思考のステージで、私たちが情報を記憶し、大事なことに集中し、余計なものをブロックすることができなければ、クリエイティブ思考もクリティカル思考も何の役にも立たない。クリエイティブ思考やクリティカル思考のステージでうまくいっていても、アプライド思考が同じようにうまくいくとは限らないのである。

明確なゴールを設定し、それに強くコミットしつつも、状況の変化にも対応する。そうすれば、自分の実行機能にも自信が持てるようになる。要は、アクションを完了する過程をコントロールしたければ、自分自身をしっかりコントロールしなくてはならないということだ。

忙しいままでいるか否か──それが問題だ

筋金入りのサッカーファンである私は、PK戦のシーンになるといつもわくわくする。個人的には、このペナルティ・キック（PK）というのは、あらゆるスポーツの中でもいちばん無慈悲なルールだと思う。イングランドのナショナル・サッカーチームの面々に聞いてみればいい。過酷な試合をひとしきり戦って同点のままであれば、勝負はゴールキーパーと数人のキッカーとの対戦に委ねられる。1つひとつのペナルティ・キックが小さなコンテストのようなものだ。個人対個人の戦いである。実は、ここにアプライド思考のもったいなさが隠れているので、取りあげることとする。

さて、PK戦になった時のゴールキーパーの気持ちになってみよう。キッカーがボールを蹴る前に、ちょっとでも出し抜いてやろうと思うのではないだろうか。手を叩いたり、その場でジャンプしてみたりするだろう。だが相手の気を逸らそうとした試みもむなしく、ボールがこちらへやってくる。チームの勝敗がかかったこの一瞬で、あなたは決断をしなくてはならない。ゴールの大きさは、横幅7・32メートルで高さが2・44メートル。面積にすると17・86平方メートルが自分の守備範囲だ。ボールは10・97メートル先から飛んでくる。キッカーはペナルティマークから、時速112キロの速さでボールを蹴り出してくる。つまりあなたは、ボールを止めるのに右か左どちらへ飛ぶか、0・7秒間で決めなくてはならない。さて、どうする――?

ここにアプライド思考に関わる1つの鍵がある。

そもそも、キーパーは動かないといけないのだろうか？　そこまでせわしなくバタバタする必要があるのだろうか？

イスラエルのネゲヴ・ベン＝グリオン大学マイケル・バー・イーライ教授らが、2007年に行なった研究によれば、ゴールキーパーが右にも左にも動かず、その場にとどまった場合、33・3パーセントの確率でPKを止められるのだという。興味深いのは、実際にゴールキーパーが右か左に動く確率は、なんと93・7パーセントにものぼることも、研究で明らかになったという点だ。イーライ教授らによると、「ペナルティ・キックの場面では、ゴールキーパーはほぼ右か左に飛び、ゴールの真ん中にはとどまらない。これはまさに、ゴールキーパーには過剰に動きたがる傾向があるという我々の主張を裏づけるものになっている。つまり、ゴールキーパーは自分の作為（＝横に飛ぶこと）よりも不作為（＝ゴールの真ん中に立っていること）のせいでゴールが決まってしまうのを嫌がることを示している」のだ。

彼らが右に左に飛ぶのは、動いているほうがましだからだ。何もせず、ただボールが自分の脇をすり抜けてゴールに吸い込まれるのを見るのは、耐えられないのである。数字で言えば、少なくとも3回に1回は真ん中に立っていたほうがセーブの確率は上がる、という証拠があるにもかかわらず、キーパーたちは「何も仕事をしなかった」と思われるのが嫌なのだ。イーライ教授らは、「この最適とは言えない行動からは、ゴールキーパーの意思決定の過程に、とあるバイアスが存在していることを示している。この行動の裏にあるものこそ、『アクション・バイアス』だというのが我々の仮説である」と記している。

アクション・バイアスとは、「忙しくしていたい」という個人の性質のことを表わしている。この「忙しさ」による弊害については、クリエイティブ思考でもクリティカル思考でも触れたところだが、アプライド思考においても重要になる。なぜだろうか？

私たちが重大なタスクを完了させようとする際のやり方を少し考えてみよう。

ちょっと直感に反するかもしれないが、アプライド思考とは、実は常に行動をすることのみをよしとするものではない。たとえば、フェイスブックやリンクトイン、インスタグラム、スナップチャット（Snapchat）やツイッターが通知を送ってきたからといって、あなたは必ず反応しなければいけないわけではないだろう。

通知をそのままにして、無視すればいい。いま自分がやっている大事なタスクに集中すればいいのだ。

ポケットの中やデスクの上の電話が鳴ったからといって、必ず応答しなければならないわけではない。留守番電話につないでおけばいい。ソーシャルな関係に依存するのは、ゴールキーパーがペナルティ・キックの場面ですぐに右や左に飛ぼうとするのと同じだ。誰かとつながっていなくても全然かまわないのである。

『ブレイン・ルール（Brain Rules）』の著者、ジョン・メディナは「邪魔が入って意識が逸らされた人はタスクを完遂するのに50パーセント余計な時間がかかり、50パーセントミスが増える」という趣旨のことを述べている。私たちは、自分が行動し、意思決定する際に、マインドフルな状態でなくてはならないのだ。

忙しくあろうとしてしまう選択は、あなたの成功をも左右することになる。第3節でカフナのCEO、サミーア・パテルを紹介した。サミーアは、行動を焦ってしまうのは、組織のほかの人からどう思われているかを気にしてしまう人間の性質によると考えているようで、「人は、自分はすべてを知っていなくてはならないという、不要なプレッシャーを自らに課して仕事をしています」と言う。「雇われた（選ばれた）のは自分がベストな答えを知っているからだと思い込み、以降はその期待に応えることだけを考えて時間を過ごしてしまう。自分はすべてを知っているのだと人に示すために、過度に忙しくあろうとしてしまうのです。（略）今日の社会では、変化はつきものです。現実の世界で大切なのは、自分がすべての答えを持っていると人に示すことではなく、変化への敏しょう性と適応力を持つことなのです」

アクション・バイアスによって自分の価値を証明しようとし続けているかぎり、せっかくクリエイティブ思考やクリティカル思考を経てここまで持ってきたアイデアや決断も実際に結実させることはできない。忙しくあろうとしてしまうことで、いつまで経ってもアクションが完了しないことの繰り返しになったり、アプライド思考がめっきり欠けてしまったりすることにつながるのである。

まちがったアクション・バイアスが染みついていて、そのせいで非効率な忙しさや、思うような成果が出ない状態につながっている場合は、その人の実際の行動もアプライド思考を阻害するものになってしまっている。

学校に通っている未成熟な子どもの姿を想像してみよう。

彼らは、身の回りのあらゆることに対してエネルギーをほとばしらせている。だが、自分たちがやらねばならない正しいタスクに、効果的にエネルギーを注いでいるかというと、必ずしもそうとはいえない。だからこそ、学校の先生の仕事は、生徒たちの抑えのきかない情熱やエネルギーの矛先を、特定のタスクに効率的に取り組むためのアプライド思考にうまく向けてやることなのだ。

次に、仕事の場面で自分がプロジェクトチームの一員になった場面を想像してみよう。もし一緒に取り組む仲間の1人が子どものような未熟さを露呈して、タスクをちゃんとやらず、非効率的で集中力を欠き、注意散漫だったら、はたしてプロジェクトは期限内に完了するだろうか？　アクションが慌ただしいものになってしまうと、アプライド思考もうまく機能しない。特定のタスクにきちんと集中が向けられていないと、遅れやミスが発生してしまう。

マルタ島出身の医者で心理学者でもあり、『6つの帽子思考法——視点を変えると会議も変わる（Six Thinking Hats）』の著者でもあるエドワード・デ・ボーノは「活動することが必ずしも有効であるとはかぎらない。技能の高いスポーツ選手は、未熟な選手よりも時間に余裕があり、ゆったりかまえているものだ」という趣旨のことを述べている。

「アイスホッケーの神様」と称えられるウェイン・グレツキーという選手がいる。グレツキーは、ナショナルホッケーリーグの主要な得点記録を次々と打ち破り、チームを4

度スタンレー・カップの決勝へと導いているが、それは氷上での彼の素晴らしい意思決定能力とパフォーマンスによるところが大きい。グレツキーのアプライド思考は、効率的かつ有効なものだった。氷の上での彼のふるまいにはムダがなく、過度に負荷がかかっているようにも見えないのに、そのプレーはまさに凄技という感じなのだ。

グレツキーは小さいころから、父親に「パックがあった場所じゃなくて、パックが向かう場所に滑っていくんだ」と教えられていた。神童と呼ばれる身から成長してスーパースターになっても、グレツキーは意識的に、自分の力を必要以上に振り絞ることがないようにしていた。

グレツキーはスケーティングがずば抜けて速かったわけでもなければ、ショットの力がいちばん強かったわけでもないし、敵への体当たりもめったにしなかった。アイスホッケーもほかのチームスポーツと同様、激しい競争の中でのアクションの連続である。グレツキーの父の言葉はビジネス界でも頻繁に引用されるが、グレツキーが優れていたのはその身体能力だけでなく、むしろ氷上で効率的かつ有効なアクションをとれるところにこそ秘訣があった。グレツキーの父の言葉の意味と、グレツキーの強さを正しく評価する鍵は、ここにある。

グレツキーには、エネルギーをムダづかいするということがなかった。彼は、正しい時に正しい場所にいる能力を培っていたのだ。彼のプレーは決して運まかせなどではない。氷上でせわしなく動くことを極力避け、非効率で無能なプレーヤーにならないようにした結果、グレツキーは史上もっとも優れたアイスホッケー選手になったのだ。

デイビッド・エヴァンス・マクドネルが1798年1月1日の『マンスリー・レビュー』誌で「二兎を追う者は一兎をも得ず」ということわざに触れたというが、まさしくそのとおりだ。アクションを完了させることは、アプライド思考においてもちろん求められることではある。だが、行動を焦るあまり、非効率で効果も上がらないのであれば、そのような忙しさはまさにオープン思考の阻害要因になってしまうのである。

「ノー」と言う能力

コーネル大学教授のブライアン・ワンシンクは、2005年に発表した論文「底なしボウルの実験：1人前の量に見せかけると人はなんとか食べようとしてしまう理由」において、人は「ノー」と言いづらいものだと明らかにした。

彼は、次のような実験を行なった。

数名にスープを飲んでもらう。そのうち何人かには、本人には秘密で自動でスープが注ぎ足されていく仕組みのボウルを渡している。

被験者は、自分が普通のボウルを使っている人たちよりも、たくさんスープを飲んでいることに気づかない。目の前にあるスープを淡々と飲み続けるのだ。

「普通のボウルを使った人たちよりも73パーセントも多くスープを飲んでいるにもかかわらず、

被験者たちは自分たちがスープを多めに消費したと信じられず、また普通のボウルを使った被験者に比べて、より満足感を抱いているというわけでもなかった」と、論文には書かれている。

実際、自動で注ぎ足されるボウルを使った被験者たちは、自分が食べ過ぎだとも思っていなかった。その結果、被験者たちは平均して、実際より140キロカロリーも自分の摂取量を低く見積もっていたという。

アプライド思考を大幅に補ってくれるのが、実は「ノー」を言う能力だ。いろいろなことに「イエス」を言いすぎると、私たちはすぐ容量オーバーになってしまう（スープの実験では栄養過多になっていたが）。つまり、「ノー」を言うべき対象を適切に見きわめられるかどうかに、自分が掲げるゴールや目標の達成がかかっているということだ。

もちろん、逆もまた真なりで、あらゆることに「イエス」を言ってしまえば、アプライド思考に悪影響が出る。いろいろな人や新しいプロジェクト（またはスープ）に「イエス」を言ってしまえば、ものごとを達成するのを大幅に邪魔してしまうことになり、ひいてはクリティカル思考も阻害してしまう。脳の実行機能の観点でも、自分がアクションを起こす際のやり方を冷静に検討して、本来の目標には無関係で障害にしかならないような衝動をブロックすることができないと、私たちはおそらく失敗してしまうだろう。

私が2008年から勤務していたカナダの電気通信企業、テラスのCEOダレン・エントウィッスルは、私をはじめ組織内のリーダーたちに、「ノー」を言うことの大切さを教えてくれた。テラスには、「底なしボウル」など存在しなかったのだ。

2009年から2010年にかけて、私は「テラス・リーダーシップ哲学（TLP）」というフレームワークを作るチームに参画していた。これは、組織全体にまたがる考え方で、「顧客第一」という会社の理念の最優先事項を実践するために、テラスの社員たちがより協調的で、オープンになれるようにするためのものである。

この哲学を支える1つの要素として、10個の「リーダーシップの技術」という行動規範を組み入れた。これは、テラスにおけるリーダーシップを物語るものとして、ハウツーや具体的な想定事例を組み合わせて作ったものだ。ダレンからは、最初の「リーダーシップの技術」のところで、戦略に関して次のような一文を入れてほしいと言われていた。それは、「自分が目的を持ったうえでやらないと決めたことに対して迷いがあるならば、リーダーとして十分に集中できているとは言えない。自分のチームが、重要な優先事項に関して期待に応える成果を出せるかどうかの決め手がここにある」という内容だった。

言い換えると、人が集中できるかどうかは、「ノー」を言える能力にかかっている。この能力があれば、ものごとをきちんと完遂することに優先順位を置くことができる。反対に「ノー」を言うことができなければ、タイムマネジメントやリソースの管理に頭を悩ませ続けることになる。自分の集中のレベルが低下して心もとないものになってしまうと、やるべきことを完遂しなくてはというプレッシャーは必要以上に大きくなってしまう。

グレッグ・マキューンは、著書『エッセンシャル思考　最少の時間で成果を最大にする』の中で、この点を次のように非常にうまく表現している。

「本当に重要なことにイエスと言うために、その他すべてにノーと言うのだ」

とはいえ、「ノー」を言うのは本当に難しい。ドナルド・サルとレベッカ・ホンクス、チャールズ・サルの3名の研究者たちは2015年に、企業の経営幹部でさえ「ノー」と言うのに悩んでいるという実態を明らかにしている。たとえば、事業や戦略が見るからに失敗だったり、うまくいっていなかったりする場合、それをストップする代わりに、経営幹部の80パーセントが、真逆の証拠があるにもかかわらず現状維持を選ぶ、と答えたという。これでは、実行する能力が抑制されて、アプライド思考にとっての障害が生まれるだけにとどまらず、既存のリソースにも深刻な損害がおよんでしまいかねない。

「経営層は、上向く見込みのない事業に不相応な量の時間と気力を注ぎ込み、優秀なマネージャーを投入する。すると、マネージャーたちは、本来ならもっと早く撤退したり売却したりするのが適切だったはずの事業を守ろうとして燃え尽きてしまう」

たとえ自分が一度「イエス」と言ってアプライド思考のステージに移したものごとであって

も、それをどうやっていくかについては継続的に評価していったほうがいい。過去には「イエス」だったことが「ノー」に変わる可能性だってあるからだ。

アップルの共同創業者だったスティーブ・ジョブズは、「ノー」を言うことで有名だった。一度はアップルを追われたジョブズだが、1997年に戻った際、数カ月かけて当時350種はあった商品の数を10種にまで絞ったという。さらに、「ノー」を言うことと集中することとの関係性について、公の場でこう発言している。同年にサンフランシスコで行なわれた、マック・ワールド・デベロッパーズ・カンファレンスでのことである。

「集中するといえば、皆さんはきっと『集中とは目の前のことにイエスと言うことだろう』と思うでしょう。ちがいます！　集中するということは、ノーを言うことなんです」

アメリカと中国に本社を置くPR企業、ルーダー・フィンのCEO、キャシー・ブルームガーデンも、「ノー」を言えることはよいリーダーの証だと考えているという。

「ノーを言うことは、チームの集中力をあらためて結集したり、達成すべき成果や次のステップの優先順位を見つめ直す機会になったりもするのです」と彼女は言っている。

ものごとがどうなるかわからないうちから「イエス」と言うのではなく、はじめから「ノー」を言うことの必要性、効能を示す例が、実はテラスの中にもある。

２０００年代の半ばから後半にかけて、電気通信業界に関わるアナリストや評論家たちは、テラスの戦略について、しばしばダレンや他の経営陣に質問を投げかけていた。当時、テラスの競合にあたるＢＣＥやロジャース、ショーといった通信企業らが、メディアコンテンツを手がける企業の買収をこぞって始めて（あるいは継続して）いたのだが、テラスは買収戦線には加わろうとしなかった。メディア事業への参入に「イエス」と言う代わりに、テラスは一貫して「ノー」を言い続けたのだ。そして10年後、カナダの主要な電気通信企業の中でメディアコンテンツ事業をやっていないのはテラスだけという状態になった。それでも方針は変わらなかった。

ダレンは、常に「メディアコンテンツ事業を持つことはテラスの『コア・コンピテンシー』ではないからだ」と言っていた。メディアコンテンツ事業に参入すると、無線・有線・テレビ・電子ヘルスケア事業で「顧客第一」を実践するという、企業としてのテラスの本来のミッションから逸れてしまう、と。

ダレンの言うとおり、企業としてのコア・コンピテンシー領域だけに集中したことで、テラスが得たものは大きかった。

無線通信の従量課金プランのチャーンレート（同業他社のサービスへと乗り換える解約率）は１パーセントを下回り（これはカナダのほかのどの通信企業の水準よりもずいぶん低い）、１顧客あたりの生涯売上は７０００ドル近くにものぼり（これはカナダ国内の競合他社の水準よりも40パーセントも高い）、２０００年のはじめごろから２０１８年の前半にかけて、テラスの株主配当総額は元値の４００パーセントになった。これは世界のどの電気通信企業よりも高い数字である。たしかにこれらは、単にビジネス上の数字の話でしかない。ただ、メディア事業への参入に「ノー」を言ったことで、テラスは「自分たちが生きる場所で精いっぱいのものを与える」という至高の理念をも実践することができた。テラスは慈善団体や非営利団体に4億８２００万ドルを寄付し、世界中のコミュニティで１００万日以上分のボランティア活動を行なっている。「ノー」と言うことが企業の利益よりも大事になることもあるのだ。

発射の場面で起きてしまった硬直性

クリティカル思考において柔軟性を発揮することの大切さを説明するにあたり、ヘルスケア領域の例としてジェームズ・ペリーの話を紹介した。クリティカル思考の時もそうだったように、アプライド思考のフェーズでも、単にものごとを完遂したいからという理由だけで行動に飛びつき、硬直的になってしまうと、失敗が起きる可能性が高くなる。それだけでなく、一緒に働く人々の意欲まで低下させてしまいかねない。硬直性は一般的に言って、オープン思考の大きな阻害要因になりうるものだ。

アプライド思考のフェーズで硬直的になるといったいどんなことが起きてしまうか、ＮＡＳ

Aの例で説明しよう。

スペースシャトル「チャレンジャー号」の事故は、アプライド思考において硬直的になってしまうことの結末を物語る、悲惨な事例である。

事故が起きたのは1986年1月。世界中で多くの人々がテレビの前に釘付けになった。チャレンジャー号にははじめて一般市民が乗組員として同乗し、宇宙へ旅立つことになっていた。この歴史的なミッションを果たすため6人のNASAの宇宙飛行士に加わるべく、1万1000人を超える応募者の中から選ばれたのは、ニューハンプシャー州コンコードのアメリカ人教師、クリスタ・マコーリフだった。チャレンジャー号は、火曜日の朝、フロリダ州にあるケネディ宇宙センターから打ち上げられる予定だったが、外気温が低かったことから懸念する声も持ち上がっていた。フロリダ東岸の平年同時期の気温と比べると当日は異常なほどの寒さだったのだ（摂氏0度をかろうじて上回る程度だった）。職員の中には打ち上げに待ったをかけようとする者も出はじめていた。

気温の低さに関する懸念は、チャレンジャー号の固体燃料補助ロケットのジョイント部に取り付けられている密閉用Oリングという部品に向けられていた。Oリングが破損すると、ジョイント部から高温ガスが漏れて燃焼し、そこから炎の熱によって外部燃料タンクが損傷し、液体水素と液体酸素に引火して爆発を起こしてしまうからだ。

スペースシャトルの宇宙への打ち上げには、何から何までアプライド思考が関わっている。打ち上げにはいろいろな手続きやルールやカウントダウンがあり、何百人もの人がさまざまな役割を果たしている。発射前、発射の最中、そして発射後に至るまで、一連のアクションが行なわれていく過程では、当然、数々の意思決定が行なわれる。だからこそ、アプライド思考をうまく働かせようと思うと、本来であれば、クリティカル思考へと行きつ戻りつしなければならない。だが、チャレンジャー号の事故では、ＮＡＳＡの上級職員たちは眼前に突き付けられた証拠や厳しいファクトに向き合わず、柔軟性よりも硬直性を発揮してしまった。彼らは打ち上げへのカウントダウンを進めてしまったのである——。

数カ月前、ユタ州にある密閉用Oリングの製造業者、モートン・サイオコール社は、懸案事項について報告を上げていた。１９８５年10月1日の活動週報において、同社のロバート・エベリングは、密閉用Oリングの問題について、上司らに進言している。報告書のエグゼクティブ・サマリーは「ＨＥＬＰ！」の文字で始まり、「これは警告《レッドフラグ》です」という言葉で締めくくられていた。ＮＡＳＡ側も宇宙への打ち上げの前に、この重大な懸案事項については状況を確認していたようだ。密閉用Oリングは、摂氏4度以上の環境ではテストが実施されていたが、その運命の朝、フロリダの気温は摂氏マイナス7度しかなかったのである。

打ち上げの数時間前、ＮＡＳＡ側からもっと情報を上げるようにと要請を受け、ユタ州にいたエベリングらOリング開発チームは集まって状況を議論した。数年後、エベリングはこう振り返っている。

「私たちは、摂氏4度というテスト時の基準を下回る環境でどんなことが起きうるかを話し合いました。そして、文字どおり満場一致で、破滅的な事態になる、という結論に達したのです」

しかし、NASAは同社に、Oリングについて問題なしと言うようにとの圧力をかけた。

モートン・サイオコール社の技術者たちは、シャトルの打ち上げに懸念を呈した。少なくとも、外気温が氷点下に近い状況ではやめたほうがいい。せめて気温が摂氏12度近くまで上がる午後まで待ってほしいと――。彼らは、NASAにそう要請したのだが、NASAからのプレッシャーもあって、モートン・サイオコール社の上層部はこらえ切れず、当初の判断をくつがえし、打ち上げにゴーサインを出してしまったのだ。

エベリングら技術者チームは、打ち上げの様子を見守りながら、「神よ、どうか私たちがまちがっていたのだとお示しください。どうぞこのまま打ち上げを無事に成功させてください」とつぶやいた。

そして、当時14歳だった私は、クラスメートたちと一緒に、学校の教室で、テレビに映るチャレンジャー号が粉々になるのを目撃したのだった。

事故が起きてすぐ、レーガン大統領は大統領諮問委員会を開き、チャレンジャー号の悲劇について調査した。その結論の要旨には、あらためて考えさせられるような内容が含まれている。

調査結果によると、NASAが打ち上げスケジュールを曲げようとしなかったために、モートン・サイオコール社の責任者たちは状況の深刻さから目をそむけてしまった。NASAのリーダーたちがOリングにひそむ問題を考慮しようとせず、チャレンジャー号の打ち上げ予定に固執してしまったことが事故の原因である、と。NASAが打ち上げを強行していなければ、7人の乗組員たちはきっと天寿を全うできたことだろう。

アプライド思考のフェーズにおいては、決して硬直的になってはならない。「ただそう決まっているから」というだけで予定に固執すれば、クローズド思考に陥ってしまい、取り返しのつかない結末につながってしまうのだ。

成長の中の危険

ティム・ホッケーは、アメリカのオンライン証券取引大手TDアメリトレードのCEOである。彼は硬直性についての別の事例を語ってくれたのだが、それは、私たちがものごとを完了させることに盲目的になってしまうと、日ごろ一緒に働いている人たちにマイナスの影響をおよぼしてしまう、ということを示す内容だった。

その事例が発生した当時、ティムはTDバンクの上席副社長で、彼の上司はCEOであるエド・クラークだった。彼は、ある企業の買収案件を進めようとしていた。

「当時のチーフ・リスク・オフィサー（CRO）は、この買収に難色を示していました」とティムは振り返る。ティムとそのCROは、件《くだん》の金融サービス会社の買収メリットをめぐり、TDバンク全体のポートフォリオの価値や収益性の向上につながるかどうかという点で意見が食いちがっていた。

「自社のCROが反対しているのを押し切ってまで事を進めるなんて普通はないことですし、私もそれ以前は……それ以降も、そんなことはしていません。でも、当時の私は、この買収は必ずうまくいくと確信していました。エドのリーダーとしての才覚は素晴らしく、とくにプロセスの進め方が非常にうまくて、どの取引でも必ず経営幹部全員を集めた場で、買収にかかるデュー・ディリジェンスをさせていました」

ところが、デュー・ディリジェンス・レビューが設定されたその日、CROは体調不良で会議に出られなかった。「私たちは、CRO抜きでレビューを進めました」とティム。「私はエドに『CROは本日いませんが、彼は買収に反対の立場です』と言いました」。するとエドは、会議の結論として、「CROが参加できるようになり次第、レビューのやり直しを行なう」と皆に言ったのだそうだ。

CROは翌週には仕事に復帰し、レビューの日があらためて設定された。CROを含む経営幹部が一堂に会し、CROもプレゼンテーションを行なった。ところがティムは、「自分の意見は決まっていたので、会議の場でCROが話していた内容もまったく聞いていなかったのです」と言う。彼は、CROの反対を歯牙にも掛けず、ディールに賛成の立場を表明し、ほかの役員たちもティムの期待どおり、買収を進めることに同意した。だが、CEOのクラークはティムを脇に呼び、「ちょっと歩こう」と言った。

「ティム、あれが最善のやり方だったのかね？」とクラークは言ったそうだ。エド・クラークは2002年にTDバンクのCEOになり、2014年まで同職を務めた人物だ。その間、ティムはクラークの部下として仕事をしていた。オープンで思慮深いリーダーとしてのクラークの評判は、もはや伝説的だった。2010年にはカナダの「年間優秀CEO」に選出され、同年カナダ勲章も叙勲している。『ハーバード・ビジネス・レビュー』誌もクラークを「世界のCEOベスト100」に挙げている。そんなクラークがティムを引っ張り出して、会議の進め方について諭したのは、ティムの硬直的なふるまいについて指摘するためだったのである。「君はたしかにCROの話を静かに聞いてはいた。だが、彼の主張自体はまるきり無視していたな」

黙っているティムに対し、クラークはこう告げた。

「彼の意見に感謝して、ちょっと検討させてほしいと言って、結論を急がず、いったん会議をお開きにして、ひと晩寝かせて、翌日にまたあらためることはできなかったのか？　少しはCROの顔を立ててもよかったのではないかね？」

つまり、TDバンクのCEOであるクラークは、ティムをいったん立ち止まらせ、アプライド思考のさなかにおける立派なリーダーシップのあり方とはどういうものかを教えようとしたのだ。

2011年に公の場で行なったスピーチで、クラークはこう言っている。
「私たちは皆、成長を目指しています。しかし、成長の中には危険なものもあるということもまた知っています。TDのように、リスクをとることが事業のコアにある組織にとってはとくにそうです。チャンスを逃さないようにすることはもちろん必要です。でも行きすぎて早まった行動をとってしまうのはちがいます。このちがいをきちんとわきまえられるかどうかが、組織にとっては死活問題なのです」

ティムは一連の出来事を素直に振り返った。
「エドがくれたフィードバックは、まったくもって正しいものでした。人生の中でもあれほど頭をガツンとやられたことはありません。自分があの時どれほど目先のことしか考えず、閉鎖的な思考のままにふるまってしまったか、忘れたことはありません。買収の結論は変わらないにもかかわらず、エドがああやって私を諭してくれたのは、本当にありがたいことでした。そして幸いなことに、ディール自体もうまくいったんです。でないといまこうしてお話しできていませんからね! エドのおかげで、あのような状況でのよりよいふるまいがわかるようになったんです」

だが、CROは、それから少しして亡くなってしまったのだという。「彼に謝罪を伝えることもできないままでした。本当に、謝っておけばよかった」とティムは最後につぶやいた。

この話を私にしてくれたティムは、非常に寛大だと思う。胸が痛むエピソードだが、この話をもってアプライド思考を阻害するものについての考察を締めくくりたい。

組織でリーダーなどを務めていると、組織の目的達成に向けた意思決定をする会議にもおそらく出席することになるはずだ。そのような場でのあなたのふるまいは、往々にして意思決定のゆくえを左右することになる。

もしあなたのふるまいが硬直的に過ぎるものであれば、ひどい決定をしてしまうか、意思決定の過程でほかの人の心情を踏みにじることになってしまう。どちらにせよ、その後の展開に悪影響が出てしまう可能性が高い。

私たちはものごとを完了させなくてはならない。その際、アプライド思考はもちろん肝心だ。だが、完了させるまでのプロセスにおいて自分がどのようにふるまうかは、何を達成しようとしているかということと同じくらい重要なのである。

帽子屋に敬意をこめて

「ここ2年ほど、4日以上連続で休んだことがないの」

ある時、憤りもあらわに【リリプット・ハット】のカーリン・ルイズは言った。

「いつでも『オン』な状態でなくてもいいように、私ももっとうまくやらなくちゃね」

人はいとも簡単に行動にとらわれてしまうものなのだと、はっとさせられる言葉だ。カーリンは続ける。

「帳簿の管理も、経営も、宣伝も、何もかも自分でやっているから。いつもスイッチがオンになっている気がするわ」

カーリンが何事にもフル稼働できる能力のある人物であることなのはたしかだ。クライアントや供給業者やスタッフたちにもしっかり向き合っている。だが、日々の仕事では、さまざまなタイプのアプライド思考をすることが求められる場面ばかりだ。

「私の毎日は、『優先順位づけ』という巨大で終わりのない仕事でできていると思っているの。さて、あの電話をとるべきかしら。あのスタッフをいま助けてやらなきゃダメかしら。ブログも書かなくちゃ。フェルト業者は折り返し電話をくれたかしら——ってね。すべてはバランスなのよ」

「優先順位づけ」はすべての工程において欠かせない。

次の節では、この「行動に優先順位をつける」ということが、帽子屋の中だけでなく、オープン思考にとっても大きな問題であるという点について、詳しく見ていきたいと思う。

アプライド思考について考える、個人のための質問

- 自分がどのようにアクションを完了しているか、考えてみたことはあるだろうか？　自分のゴールは、単にものごとをできるだけ早く完了させることになっていないだろうか？
- ゴールを達成することに固執するあまり、いまある方向性を変えてしまいかねないような、追加のフィードバックや手掛かりや情報を無視してしまっていないだろうか？
- 情報を記憶し、大事なことに集中し、気を逸らせるようなものをブロックするという脳の実行機能を常に管理し、アプライド思考をストレスなく行なえているだろうか？　あるいは、いつも忙しくして無気力になってしまい、日々募るプレッシャーを感じてはいないか？

アプライド思考について考える、組織のための質問

- あなたの組織は、状況が許すかぎり、ものごとを推進するのによりいっそうの時間をかけたり、追加の情報を勘案したりするための手を打つことをいとわないだろうか？　それとも、やり方を変えようとはせず、そのまま現状維持を続けるだろうか？
- 「ノー」と言うことで、タイムマネジメントやリソース配分や財政面の問題について見直し

を図るのを難しく感じてはいないだろうか？
・従業員が不健全なほどの忙しさに駆られて、気力をなくしたり、健康を害したりしてしまうようなアクション・バイアスが、組織の中にはびこっていないだろうか？

第7節

あなたの考えはまちがっている

——人の性格は、その人が置かれた状況の型に合うように
かたちづくられていく。

メアリ・ウルストンクラフト（作家）

イレギュラーにどう対処するかがアプライド思考の成否を決める

「私が指揮者としてできるのは、アートがその源と和音の中から自然に立ち現われてくるのにただまかせることだけです」

こう語ってくれたのは、オーケストラ指揮者のタニア・ミラーである。タニアは20年以上ものあいだ、世界中のオーケストラを率いて精力的に活動してきた。その活躍の場はカナダやアメリカ、ヨーロッパ各国にまたがり、トロント交響楽団、シアトル交響楽団など名だたる交響

楽団で指揮を行い、また最近まで、ビクトリア交響楽団で音楽監督を14年間務めていた。

音楽とは、人間性と個人の創造活動とが広がっていった先にあるものだとタニアは言う。

正解か、それとも不正解かという判断は、そこには存在しない。タニアの言葉を借りると、音楽とはむしろ、私たち一人ひとりが「美のスコアカード」なるものを使って解釈していくものであり、指揮者の責任は、観客が音楽を思い思いに味わえるところまで連れていくこと。オーケストラを指揮しながら、タニアはそんなふうに思っているのだそうだ。観客一人ひとりの期待を、オーケストラの奏者が全員でつかみにいく。その実践の場がコンサートなのだ。

タニアのような指揮者は、コンサートの前にも、最中にも、またそのあとにも、クリエイティブ思考とクリティカル思考を常に行なっている。だが、期待に胸を高鳴らせる観客でいっぱいの会場で生の演奏を指揮する際にいちばんものを言うのは、アプライド思考にほかならない。

タニアのアプライド思考の使い方からは、ある重要な基準が見えてくる。それは、「アクションをしている過程には、エンジンを踏み込むべき時と、リラックスすべき時とが存在する」ということである。

彼女は次のように話している。

「たとえば演奏中、指揮をしながら、さっきまで速かったテンポをふっとゆるめてみる。でもそれは、少しあとでまたちょっとテンポを上げるための仕込み。その時々のオーケストラにできるラインを戦略的に見きわめるのが私の仕事です。ここぞというところでぐっと押せば、ものすごい結果が返ってくる。オーケストラの奏者たちも、自分たちにそんなことができるなんて思っていなかったようなレベルで、とてつもない爆発が起きるようなものです。そして、刺激的で生き生きとした演奏が、会場全体を興奮の渦に巻き込んでいく。ここでもし、曲を『そのまま』演奏するだけで終わってしまったら、そんな瞬間はどこにも現われないのです」

タニアの言葉を聞いていると、アプライド思考にはある種の「しなやかさ」が必要なのだと気づかされる。ものごとを進め、アクションを完了させていく過程には、潮の満ち引きのようなものがある。ある時はペースを上げねばならず、またある時はブレーキを踏まなくてはならない。

「リハーサルをする時、ベストなのは、『予想外の指揮をされることがある』と奏者たちに心の準備をしてもらうことです」とタニアは言う。私たちが何かタスクをやる時も同じで、思わぬ障害や変化球が来ることもある。そのようなイレギュラーな場面に出くわした時にどう対処するかが、アプライド思考の成否を決めるのだ。

タニアは次のようにも語ってくれた。

「指揮者も、観客も、オーケストラも、皆が心満たされる音楽体験はどんなものかというと、音楽が常に変わっていくのにまかせることなんです。アートが、私たちを変化させていく。私たちは、その時、その瞬間に従うだけ。音楽のフローに身を委ねるのです。観客の空気も、興奮に満ちていたり、退屈そうだったり、うっとりした雰囲気だったりと、刻一刻と変わっていきます。私たち演奏する側も、気がはりつめている時もあれば、落ち着く場面もあったり、それからまた緊張したりもします。ともかく、その時々の状況が求めるものに合わせていかなくてはならない。これが鍵なんです」

タニアが「フロー」という言葉を使ったのを聞いて、私は心理学者ミハイ・チクセントミハイの「フロー理論」の研究のことを思い出した。

チクセントミハイの理論によると、無感動なふるまい（感覚、感情、興味や、生きる意味までが欠落している状態のこと）をしている人は、挑戦意欲もスキルのレベルも低いという。この場合、アプライド思考がはたして有効に機能するかどうかは疑わしい。だが逆に、「フロー状態」、つまり、何かの活動に集中して時間が経つのを忘れるほどのめり込んでいる精神状態にある人は、チャレンジングでやりがいのあるタスクに意欲的に取り組む傾向があるという。自らのスキルを伸ばすことにも非常に前向きなのだそうだ。

また、「フロー状態」にある人は、状況の自然のなりゆきに合わせて柔軟に対応していく。何気なくやっているように見えても、その人の内部では、注ぎ込む労力とアウトプットとのバランス衡量《こうりょう》が常に行なわれている。アプライド思考を生産的に行なうために何が必要なのか、絶えず検討がされているのだ。

タニアの話から学べるのは、アプライド思考とは、アクションの過程で中立的にバランスをとりつつ、阻害要因になるものを避けていく試みでもある、ということだろう。

たとえば、準備をあまりに入念にしすぎると、演奏が単調になってしまう。かといって、あまりにペースを上げて勢いまかせにしてしまうのも危険だ。力みすぎてしまえば、自分のパフォーマンスが下がるだけでなく、ほかのメンバーにも影響を与えてしまう。逆に、自分のアプライド思考のレベルに慢心してしまえばエゴが悪目立ちしてしまうだろう。

「その時々の状況に対する反応のよさはそのままに、一方で状況にのまれてコントロールを失うことがないようにしなければならないのです」とタニアは言う。

さらに、オーケストラの奏者1人ひとり、指揮者も、この勢いとコントロールのバランスに常に気をつけなければならない。このバランスこそが、よいアプライド思考のベースになるからだ。

タニアいわく、演奏している人からすると、演奏のテクニック的な面に集中しているのが本当はいちばん楽なのだそうだ。たとえば、リズムに注意したり、ほかの奏者や指揮者の身振りをよく見たり、といったことである。だが、どんなテクニックも結局は、芸術性のほとばしる表現にはかなわない。おおげさにするか、控えめにするか、演奏の抑揚のバランスをとることこそが、オーケストラが「音楽性の解放」というアートの高みに到達できるかどうかの決め手なのだ。タニアは言う。

「準備段階では、脳の左脳領域を思い切り使って、これでもかというほどコントロールを利かせます。でも、いざ音楽性を解放する場面になれば、自然とそれも息をひそめます。私たちは演奏しながら、準備と解放のバランスを追いかけているんです」

言い換えると、アプライド思考がバランスよく「フロー状態」にある時にこそ、素晴らしいパフォーマンスが生まれるということだ。

本節では、あなたなりのアプライド思考の「フロー」が見つかるように、参考になりそうなシナリオや提案をいくつかお見せしていきたいと思う。

「人は皆、自分の能力を過小評価している。でも実際にそれが試され、実践しなければならない場面に置かれると、ちゃんと力を発揮できるものなのです」とタニアは言うが、まさにそのとおりだろう。

アプライド思考を発展させる「遂行機能」

第6節で、心理学の概念としての「実行機能」について紹介した。

脳におけるこの特殊な統合的プロセスの中で、ワーキングメモリ、抑制機能、自己制御機能といった各要素が働いていく。ブリティッシュ・コロンビア大学で発達認知神経科学のカナダ研究委員長を務めているアデル・ダイアモンドは、その輝かしいキャリアのほとんどを実行機能の研究に捧げてきた。アデルは2014年に世界でもっとも影響力のある神経科学者15人の中に選ばれるなど、多くの賞を受賞している。

私はそんな彼女に、アプライド思考をよりよいものにしていくための方法についてアドバイスを求めてみた。すると、次のような答えが返ってきた。

「一般的に、実行機能が試されて、常にその難易度が上がっていくような環境を整えるのがよいと思います」

アプライド思考の力を向上させるには、「ものごとをどのようにやっていくか」にまつわるさまざまなふるまいを改善する必要がある。そして、ものごとのやり方をよりよくしていくには、常に自分自身に挑戦を課していかなくてはならない。

2014年に発表した研究論文で、アデルは以下のように述べている。

「実行機能に向上が見られるかどうかは、関連するスキルを実践したり、その改善に果敢に取り組んだりするのにかけた時間によって決まる、というのがもっとも基本の原則である。被験者が簡単にできることだけを単に継続するのみで、改善のための挑戦をしない場合には、結果に改善はそれほど見られない」

アプライド思考の質を追求するにあたり、私はここで、実行機能と関連を持たせつつも、オープン思考ならではの新しい概念を提唱したい。実行機能に関するこれまでの研究結果をあらってみたうえで、いまの時代の仕事の環境に合わせてカスタマイズをしようと思うのだ。つまり、注意力散漫、ストレス、心身の消耗、意欲の低下、そして「より少ないコストでより多くの成果を」という風潮――、こうしたものにまみれた現代でアプライド思考を発展させていくには、次にご紹介する、私が「遂行機能」と名付けた4つの要素について、自らに課題を出し、スキルを磨き、改善していくのがよいだろう。いずれも、私たちの行動やアクションをよりよいものにするのに役に立つはずだ。

・マインドフルであること
タスクを完了させるのに関係があるもの、重要なものは何かをきちんと頭に置いておく。
・意識を集中させること
柔軟性は持ったままで、特定のアクションに対して集中する。
・流されずにブロックすること
衝動的だったり、有害だったり、本来の目的とは無関係だったりするものをブロックする。
・人間味を大切にし、共感すること
一緒に働く人や自分が尽くす相手の気持ちに共感する。

オーケストラ指揮者としてのタニアは、リハーサルでも本番でも、マインドフルで、大切なことに集中していて、関係のないものに流されず、人への共感を発揮している。曲全体から見た自分たちの現在地をいつも把握しているし、オーケストラの反応を引き出す自分の右手の指揮棒にしっかり意識を向けている。また、気が削がれるようなもの——子どもの泣き声や、ふいに目に飛び込んでくる舞台照明、バイオリンの弦がバチンと切れる音など——を意識の外に閉め出し、音楽が進むにつれて観客やオーケストラへの共感を強めていく。タニアは、ウインクだったり、微笑みだったり、いろいろなかたちで自らの気持ちを表現する。そうすることで、自分が尽くす相手に常に心を寄せているのだ。

この4つの行動様式こそ、オープン思考の最後の要素であるアプライド思考を、よりよいものにしていくための鍵なのである。

マインドフルであること

世の中には、あちこちから常に情報の集中砲火を浴び、ものごとを進めていくのに困難を抱えている人が少なくない。とはいえ、よりよいアプライド思考をするには、とにかく脳のワーキングメモリで情報を鋭敏に把握し、処理していかなくてはならない。

ワーキングメモリの処理能力以上のデータを流入させてしまい、記憶容量があふれてしまうと、脳がパンクしてしまう。その結果、ものを記憶するのが難しくなり、行動にも支障が出てしまうのだ。ノーベル医学生理学賞を受賞した神経科学者のエリック・カンデルは、著書『In Search of Memory（記憶をめぐる探訪）』の中で、脳が新しい情報をうまく処理するためには、「すでに記憶に定着している情報と、有機的かつシステマチックに」結びつけることが必要だと説いている。だが、脳が情報でいっぱいになって過度な負荷がかかってしまうと、このプロセスはなかなかうまくいかない。

アプライド思考をうまく使うには、これまでに起きたことを思い出すだけでなく、これから起きるかもしれないことにも対処可能な状況を整えておかなくてはならない。

あるタスクを完了するために、私たちの脳は過去に蓄積した情報と、新たに解釈する情報の両方をうまく参照しなければならないというわけだ。これができているのが「マインドフルである」という状態である。

エレベータに乗る場面を想像してほしい。

ほかの階に移動するには、行きたい階のボタンを押さなくてはならない――。

この記憶の抽出はごく簡単にできるだろう。だが、もしエレベータが階と階のあいだでふいに止まってしまったらどうだろうか。行きたい階にたどり着くというゴールを達成するためには、いつもの方法のままというわけにはいかない。あなたの脳内に流れ込んでくる新しい情報を使って、やり方を調整し、アクションを変えていく必要がある。なるべく早く新しい状況に向き合い、ゴールの達成に向けて、これまでとはちがう道を行かなくてはならない。これが、アプライド思考となる。

アプライド思考を効果的に行なうには、アクションをうまく完了するためのワーキングメモリがいかに重要かを、心に留めておかなくてはならない。以前に起きたことを思い出し、「いま」起きている事象と結びつけて考え、アクションできるかどうかが肝心だ。過去の情報も、いま目の前の情報も、どちらも欠かせない。だから、何を記憶するかの優先順位づけが非常に大切になってくる。

とはいえ、当たり前だが、1人であらゆる情報を記憶しておくことはできない。

また、組織の全従業員が、過去に起きたことをすべて覚えておくのは不可能である。貴重な情報がきちんと記録されていなければ、あとからいろいろなことを思い出すのは非常に難しい。過去の経験をたよりに学びを活かそうと思っても、その手がかりがなくては、状況に合わせてアプライド思考のやり方を調整するのも、やはり困難になる。

アップル社では、自社の歴史を記録する専門の人を雇うことで、過去の成功や失敗のさまざまな事例から学べるようにしている。組織の歴史をきちんと記録するようにしておくことは、過去を保存する簡単な方法の1つなのだ。

アメリカ軍の場合は、「アフター・アクション・レビュー（AAR）」を行なう、という手法を取っていた。過去の目標をどうやって達成できたのか、あるいはできなかったのかを検証し、その内容を保存しておくことで、その学びを別の時にほかのプロジェクトで活かすことができるというものだ。

アップル社やアメリカ軍の手法は、組織のワーキングメモリの機能を改善する、あるいは少なくとも記憶を保持しておくのに直接的に役立つものだと言える。

ちなみにテラスでは、毎年その1年の優先事項や戦略的な必達目標が、組織全体に発表されるようになっている。単に発表するということと、それを5万人以上の社員に実際に周知できているかどうかは別だが、優先事項や必達目標は、テラスの社員であれば誰でも見ることができる社内向けウェブサイトに掲載されている。グラフィックやポスター、文書の形式でダウンロードすることもできる。社内で何らかのメッセージの発信がある時にも、優先事項や必達目標がキーワードとして使われることで、その年の組織としての目標が頻繁にリマインドされる。

また、四半期に一度、証券アナリストによって会社の業績が評価されるのも、優先事項や必達目標について議論する機会として生かされている。

テラスから学ぶべきは、単に目標を作って終わりにせず、折に触れて社内に浸透させる機会を作っているところだ。その年度に会社が達成しようとしていることを、わざわざ記憶の奥底から掘り起こして思い出す労力を減らし、組織としてのワーキングメモリの機能を高めているのである。従業員の意識を高める機会がこまやかに用意されていることで、組織目標を皆で楽に覚えておけるようになっているのだ。

個人の場合は、考えたことを書きとめておくようにすればするほど、アプライド思考もやりやすくなる。日記をつける、というのも1つの手だろう。ものごとに対して自分が抱いた印象や所見、アクションを分析してみた結果や、いま取り組んでいるプロジェクトについて定期的に書く時間を取るようにすると、将来それらを思い出そうとする時のリマインダーとして使える。ちなみに、書くことがクリエイティブ思考の助けになるという点については、すでにゴード・ダウニーの例で学んだとおりだ。

自分が書いたことを思い出しやすくするには、ノートを時々見返して、過去の出来事を振返る機会を作るといい。

第二次世界大戦時、ドイツをナチスの支配から解放するのに大きな役割を果たしたアメリカ陸軍のジョージ・パットン将軍は、黒革のノートを使っていたことで有名である。彼はそのノートに自分の考えや、日々の出来事を記録し、その日に書いた内容を夜に見返す時間を取るようにしていたという。

記憶の機能を高めるのに便利なテクノロジーもたくさんある。私が好んで使っているエバーノート（Evernote）は、クラウドベースのアプリケーションで、どのデバイスからでもアクセスして自分の考えやメモを書いておくことができる。

作家のリチャード・マーティンは、読んだ本をすべてエバーノートに記録しているそうだ。

本の中の文章を書き写し、自分の感想を書きとめ、関連するウェブサイトのリンクを貼り、エバーノート内のほかのファイルへのハイパーリンクをつける。こうして書きためた内容は、リチャードの研究結果の蓄積であるとともに、彼が本を書く際のインスピレーションの源にもなっているのだそうだ。

また、マイクロソフトのオフィス(Microsoft Office)やグーグルドキュメント(Google ドキュメント)、アップルのアイワーク(iWork)といった生産性向上アプリケーションにはコメント機能がついており、自分やチームメンバーがコメントをアプリケーション上で直接書き込めるようになっている。この機能を使えば、自分があと何をしなくてはいけないかを頭のすみに置いておいたり、チームからもらったフィードバックを思い出したりするのが楽になる。

テクノロジー系調査会社アルティメーター・グループの創業者兼CEOであり、『フェイスブック時代のオープン企業戦略』の著者でもあるシャーリーン・リーは、コンサルタントとして、リーダーシップや戦略、ソーシャル・テクノロジー、インタラクティブメディア、マーケティングといった分野で引っ張りだこだ。アルティメーター・グループを立ち上げる前は、調査会社フォレスター・リサーチで副社長およびプリンシパル・アナリストを務めていた。そんな彼女の仕事の領域は、いまもこれまでも一貫して「人」である。

私の1冊目の本『Flat Army(フラットな組織)』でも、優れたリーダーの1人としてシャーリーンのことを取りあげた。人や、人の思考の習慣について、20年以上も独自に分析してきたシャーリーンは、アプライド思考をマインドフルに行なうためには期限を設けることが大切だと言う。彼女は、次のように語ってくれた。

「期限を設定すると、ものごとが進みやすくなります。自分の考えを外部へ発信する際には、どこかの時点で『船出する』必要があるので、それまでに自分の考えたことが人から見てもわかりやすく、ポイントも明確になるように、実践のステージで磨いていかなくてはなりません。その過程で、しっかり人に伝わる言葉やイメージ、そこに込める気持ちといった要素を練り上げていきます。伝えたい相手を常に意識の中心に据えながら取り組めば、内容も揺るぎないものになっていくのです」

期限を設定し、書きとめておけば、それが自分たちに期待されていることを思い出すためのリマインダーになる。期限を書いておくというシンプルな方法によって、脳にかかる負荷を減らせるのだ。

オークランドを拠点に活動するコンサルタントのローハン・ライトも、「自分の認知機能がうまく働かなくなってしまう場合に備えて、自分の考えの中心にあるものをいつでも要約できるようにしておきましょう」と言っている。

自分が決めたゴールに期日を設けずにいれば、その時々でやるべきタスクを想定するのは難しいに決まっている。だから、どんなプロジェクトをするうえでも、期限を設定して、やるべきことのリストを作るべきなのだ。

また、大事なことをきちんと覚えておきたければ、マルチタスクを避けるようにしよう。マルチタスクで準備を進めてしまうと、ものごとを記憶する能力に悪影響がおよび、アプライド思考もうまくいかなくなるためだ。

脳科学的にも、複数のものごとを同時に行なうと、ストレスホルモンであるコルチゾールの分泌が盛んになることがわかっている。さらに、アドレナリンもたくさん放出され、闘争・迷走反応という緊張状態が引き起こされる。脳の働きが鈍くなってしまうのだ。こうなると、情報を思い出すのもいっそう困難になり、記憶能力も低下する。

そして、マルチタスクによって脳の「認知負荷」が増えてしまうと、アプライド思考もうまくいかなくなる。「認知負荷」とは、脳が情報を処理しようとする時にかかる、知能面での労力のことだ。認知負荷が高い状態だと、情報を処理する能力にマイナスの影響がおよぶ。情報が処理できなくなったところに、ストレスによって脳全体までもやにおおわれたように働きが鈍ってしまうと、うまく記憶を扱えない。こうして、もはやマインドフルとは言えない状態になってしまうのだ。

マルチタスクを避け、記憶する能力を高めるには、アクションをどのように行なうかをいま一度考えてみなくてはならない。とくに、集中のパターンについてはよく検討してみるべきだろう。第4節で紹介したカル・ニューポートの本『大事なことに集中する』では、心理学者のアダム・グラントの集中度の高さから言えることとして「あなたが最高の生産性を発揮するには、長時間、気を散らすことなく、1つの仕事に全面的に集中する必要がある」と書かれていた。このように、人がアクションを行なう際に長時間集中している状態のことを、ニューポートは「ディープ・ワーク」と呼んでいる。そしてこの「ディープ・ワーク」は、記憶を阻害する別の要因である「注意残余」に対抗する役割も果たしている。

「注意残余」とは、学術誌『Organizational Behavior and Human Decision Processes』に2009年に掲載された、ソフィー・ルロワの研究論文の中で述べられている概念である。第4節でも触れたとおり、あるタスクから別のタスクへと移る際に、注意力にマイナスの影響が残るということを示したものだ。要は、マルチタスクのおよぼす悪影響のことである。ルロワは「タスクの変更後、注意残余を体験した人々は、次のタスクで成績不振が見られる傾向がある」と述べている。どんなに自分をなだめすかしたところで、一度に複数のことをやろうとすれば、パフォーマンスは下がるのだ。こうして結局、アプライド思考の質は損なわれてしまうというわけである。

では、どうすればよいのか？

答えは、1つひとつのアクションに必要な時間をきちんと充てて、それを確実に行なっていくことだ。一度に1つのタスクだけをやり、そこにできるかぎり自分の全力を投じるのである。そのためには、密度の濃い努力ができる状況をつくる方法を見つけなくてはならない。予定表をブロックするもよし。気を散らせる誘惑に負けないように自分のマインドを鍛え直すもよし。とにかく心に留めておくべきは、「ディープ・ワーク」をすることだ。ほかでもない自分自身の記憶能力のために、マルチタスクをしないように自ら心がけるべきなのである。

組織の場合は、記憶能力が仕事におよぼす重大な作用と、マルチタスクの悪影響について、従業員が学べるような研修プログラムを取り入れるのもいいだろう。ほかには、会議や電話やメールやメッセージの数を、組織全体で削減する取り組みも考えられる。こうしたコミュニケーションによって仕事を中断される機会が多ければ多いほど、従業員はマルチタスクをせざるを得なくなるからだ。1つの仕事に労力を集中するために予定表をブロックすることを奨励するのもいいだろう。

詰まるところ、従業員が自分の意識を1つのアクションだけに向けることができれば、記憶の能力は向上し、そのアクション自体を期限までに完了できる可能性も高くなるのである。

意識を集中させる

アクションを行なう際には、大切なことに意識を向け、柔軟性を保ちつつ、集中することが重要である。これができればタスクを完遂することが可能になるが、その過程においては状況に応じてアクションのやり方を変えたり、調整したりしていかなくてはならない。求められるものや優先順位、自分をとりまく環境も変わっていく。本来、そうあるのが自然なのだ。だから、望むゴールを達成したいなら、アプライド思考のあり方もすばやく変えていく必要がある。「こうあるべき」という規範にとらわれるのは、食事用のフォークで雪かきをしようとするようなもので、まったく意味がない。変わることの必要性を無視してしまったり、期限に間に合わせることだけにしがみついたりしても、何の役にも立たない。新しい情報が出てきたら、それに対応することだ。状況が変わっていくのに合わせて、アプライド思考の中身も変えていかなくてはならないのだ。その際、しかるべきかたちにできるだけ早く落ち着けるために、集中力を高めることが重要なポイントになるのである。

クリス・マイヤースは、小規模事業者向けの財政管理ソリューションを提供するアメリカのテクノロジー企業、ボードツリー（Bode Tree）の創業者兼CEOを務めた人物だ。柔軟性を保ちながら集中するための方法としてクリスが勧めているのが、「思慮深い迅速対応」というアプローチである。「思慮深い迅速対応」とは、「その瞬間、最優先のものごとを、最短時間で迅速に見きわめる」こと。クリス自身は、過去の自らの経験をヒントにしながら、いまとるべきアクションを選んでいるのだという。もちろんそれだけでなく、状況にしたがってアプライド思考を調整していく柔軟性も忘れていない。

作家のジェシー・ソストリンも、2017年の『ハーバード・ビジネス・レビュー』誌でこの「思慮深い迅速対応」に触れ、「その瞬間の優先順位を意識的かつ迅速に検討する能力であり、これによって、一連のアクションをすばやく行ないながら、思考を最高のかたちで適合させていくことができる」と述べている。つまり、行動することと、柔軟であることとのバランスがとれれば、オープン思考に素晴らしい恩恵がもたらされる、ということだ。

こんな場面を思い浮かべてほしい。

あなたは1人、カナダ最高峰のマウントローガンを山頂目指して登っている。ところが、地震が起きて雪崩が発生。このまま進むのは危険だと、標高約3700メートルのところで足止めされることに。そんなあなたが持っているのは、食料と衛星電話の入ったかばんと、残っている気力・知力のみ。標高約6000メートルの山頂まで進むことも、そして、下山することもできない。状況はかなり深刻だ。あなたにできることは、ただ助けを待つだけである――。

これは、アルゼンチン人の登山家、ナタリア・マルティネスの身に起きたことそのものである。2017年5月、当時37歳のナタリアは、1人でマウントローガン登山に挑戦していた。そして、ちょうど中間地点を過ぎたくらいの時に、地震が起きたのだ。登山経験が豊富なナタリアは、山頂へたどり着くのは不可能だと悟った。そこで彼女は、目標を「登頂すること」から「生き延びること」へと切り替えた。ナタリアの生き残りをかけた挑戦が始まった。

柔軟性と集中力を発揮し、本当に大切なことに意識を向けることができなければ、自らの命を危険にさらすことになる。刻一刻と変わる状況に合わせて新しいアイデアを考えてアクションに移し、問題を解決していかなくてはならない。

雪と強風で視界が悪く、救助隊のヘリコプターが飛ぶのは難しいだろうと思われた。助けが来るまで、数日とまでは言わないかもしれないが、少なくとも十数時間はかかりそうである。

「とにかく水分をとって、食事をして、テントを替えて、風をしのぐ壁を作って……と、行動し続ける必要がありました」とナタリアは振り返る。気温は0度をゆうに下回り、木々を倒すほどの強風が吹きつける状況。救助隊が来てくれるまで生き延びる、という新しいゴールに集中し続けられなければ、死んでしまうかもしれない。これまでの人生のどの瞬間よりも、彼女の知的な柔軟性が試された。

ナタリアは経験上、こういう場面では忍耐力も重要だと知っていた。アプライド思考を行なう中で、柔軟でありながら集中もしようと思うと、粘り強さが求められる。だからこそ、ナタリアのように途中で目標を変更しようが、もとの計画どおりに進めようが、「絶対に成功にたどり着くんだ」という強い決意が必要なのだ。


作家のアンジェラ・ダックワースは、これを「やり抜く力」と呼んでいる。同名の著書の中で、彼女は次のように書いている。

「『やり抜く力』が強いということは、一歩ずつでも前に進むこと。

『やり抜く力』が強いということは、興味のある重要な目標に、粘り強く取り組むこと。

『やり抜く力』が強いということは、厳しい練習を毎日、何年間も続けること。

『やり抜く力』が強いということは、7回転んだら8回起き上がること――」

ナタリアが山中で身動きが取れなくなってから3日が経った。

忍耐力とやり抜く力が、彼女の命を支えていた。

「救助が来る前日は、精神的にくじけそうになっていました」とナタリアは語った。「でも、私にはできると、自分に証明したかった。もはや自分との戦いでした。体中の感覚がすべての音に敏感になり、あらゆる危険をひしひしと感じている中で、とにかく集中力を切らさないようにしなくてはなりませんでした」

4日目、救助隊がついにナタリアのところに到着した。こうしてハッピーエンドが迎えられたのは、ナタリアの思考の柔軟性によるところも大きいだろう。状況に適応し、決意がぶれなかったことで、ナタリアはマウントローガンを無事に下山できたのだ。救助されたあと、記者団から「生き延びられたご自身のスキルについてどう思うか」と聞かれたナタリアは、「私にはできるんだとわかりました」と答えた。

ここに、オープン思考でアプライド思考のフェーズにさしかかった時に、私たち全員が活かせる学びがある。それはすなわち、柔軟性を保ち、やり抜く力を持って、集中し続けること。これ以上ないくらいに、大切なことに意識を集中させなくてはならないのだ。

柔軟でありながらも集中力を保つということについては、イベントプロデューサーのドミニク・リードも、「期限までに予算内でプロジェクトをやり切る、そして、そのプロジェクトに心を込めるという2点は、必ず両立していなければならない」と言っている。

「私が手がけるイベントが、素晴らしいエンターテインメントをお届けできないようでは、何の意味もありません。もちろん、『期限と予算の範囲内ですべてを達成するんだ』という信念は、自分も一緒に仕事をするメンバーも、皆で持たなくてはなりません。でも、『自分たちは何を達成しようとしているのか?』という問いも、やはり自問自答する必要があるのです」

ドミニクは、アクションすることと、心を込めることとのバランスをとるために、どんな小さな事象も見逃さない。そのおかげで、ドミニクのチームではタスクはきちんと完了させつつ、チームの情熱と全員の協力を注ぎ込みながらものごとが進んでいく。だから、柔軟性と持続的な集中力が両立できる。アクションの途中で柔軟な方向転換ができるのは、それを支えるチームのカルチャーがあってこそ。これが、ドミニクの考え方である。

「柔軟性と集中力。この2つの相互作用が大切です」とドミニクは続ける。「当初の計画がどうであれ、ものごとを進めていくにつれて状況が変わるのは当然です。その時に、チームに熱意があって、協力関係があり、皆が楽しんでいれば——つまり、何かにしがみつく必要はなく、その時々で柔軟にやっていけばいいのだと皆がわかっていれば、素晴らしい結果がもたらされるのです」

ドミニクは、イベントを監督していく際の自分の役割は、オーケストラの指揮者のようなものだという。本節の冒頭で紹介したタニア・ミラーのように、ドミニクも、イベントのさなかには「突発的な」ことがたくさん起きるものだと心得ているのだ。チームの中に信頼関係ができていれば、きちんと結果はついてくると、ドミニクは言う。

「問題が起きても、きっと皆なら解決できる、とメンバーのことを信頼しなくてはなりません。そういう信頼関係の力は、ものすごく強い。なんとかしなければとあれこれ手を出したり、集中しすぎて視野が狭くなったり、柔軟性をなくしてしまったりする人が多いように思いますが、ただ流れにまかせてみれば、結構うまくいくものなんですよ」

アプライド思考において、「柔軟性を保ちながら集中する」という「遂行機能」を発揮するにあたり、もう1つ大きなポイントがある。それは、自分の誤りを認めるだけでなく、その誤りを正すために必要なステップを、できるかぎりコツコツやっていく、ということだ。これができれば、硬直思考や認知バイアスにひっかかってしまうリスクも減らせる。

ものごとを完了させていく過程では、必ずしもすべてが計画どおりに行くとはかぎらない。その中でどう対処していくかこそが重要なのだ。問題が起きた時、くどくどと悔いているだけでは、確実に期限は過ぎてしまう。かといって、起きたミスをまるきり無視してしまうのもちがう。他者を責めればチーム内に亀裂が生まれ、「皆でやるぞ！」という雰囲気がなくなり、遅れが発生していくだろう。失敗もミスも必ず起こるものであり、避けることはできないのだという事実を、私たち一人ひとりが受け入れなくてはならない。そういう時に冷静さを保ちながら柔軟性を発揮できれば、アプライド思考はきっとうまくいく。

作家のオリバー・ゴールドスミスも、「私たちにとって最大の栄誉は、決して失敗しないことではなく、失敗するたびに起き上がることである」という言葉を残している。

経済学者でありジャーナリストでもあるティム・ハートフォードは、著書『アダプト思考　予測不能社会で成功に導くアプローチ』の中で、失敗の大切さと、そこからミスを克服していけば私たちはもっと自由になれるという趣旨の主張を述べている。

「『適応する』という考え方を日々の生活に取り入れるのは、自分が常に失敗を繰り返す存在だと受け入れる、ということなのだろう。だからこそ、試行錯誤の重要性をいま一度心に留めておきたい。たとえ試行錯誤の多くが実際には失敗に終わってしまうとしても、である。失敗してしまった瞬間にはとてもそうは思えなくても、失敗のひどさよりも、失敗を正していくプロセスで得られる自由のほうが、ずっと大きい意味を持つのだ」

ハートフォードは、私たちは何かを実践していくなかで、たとえミスや失敗をしたとしても、それをより素晴らしい成果へとつなげていくことができるのだと教えてくれている。これができれば、アプライド思考そのものをいっそうレベルアップさせていくのも十分可能だろう。

流されずにブロックする

ジョン・ダッラ・コスタは、組織の道徳性を向上させるコンサルティング企業、センター・オブ・エシカル・オリエンテーション（Centre for Ethical Orientation）の創業者だ。世界中の民間企業、公共団体、非営利団体を相手に、ガバナンス変革やカルチャー刷新、信頼の構築といったプロジェクトを行なっている。また、信頼をともなう経営、個人としての誠実さといったテーマに関する著書も5冊あるほか、大学のビジネススクールや、非営利シンクタンクであるカンファレンス・ボード・オブ・カナダ（Conference Board of Canada）で定期的に登壇もしている。私はとある協議会の場で、ジョンが道徳的なリーダーシップの効能とビジネスへの寄与について話すのを聞かせてもらった。そして、私の研究にもよい刺激をもらえそうだと思い、彼に連絡をとってオープン思考について一緒に議論させてもらったのだが、まさに思ったとおりだった。

私がそうしようと思った理由は簡単だ。ジョンがスピーチの中で、私たちは日々の生活をどうコントロールすべきか、という話題に触れた時、個人の誠実さについての彼の考え方に共感したからである。ジョンは、社会がどんどん変わりつつある状況を念頭に、大切なことに集中する私たちの能力（あるいはその欠落）について研究しており、とても興味深い示唆を導き出している。彼はこう言った。

「経営者や責任者、現場スタッフに、ただ考えるためだけの時間がはたしてどれくらい与えられているのでしょう。気が散るもとになるほかのいっさいのことをやめないかぎり、真剣に思考をするのは不可能だと思います。忙しさがまるで誇るべきことのように扱われ、洞察力や時に生産性以上にステイタスとしてもてはやされている。人と交流をする際も、自己紹介で重視されるのはだいたい自分が何をやっているかということでしょう。自分という存在はいっそう職業や専門性によって定義されるようになり、だからますます忙しさに個人としての価値を置くようになります。結局は、その人がタスクに依存しているという実態を表わしているだけなのに」

自分の価値が忙しさによって定義されてしまうという状況下にあって、本当に大切なこととは無関係なものや、邪魔になるようなものを、どうしてブロックなどできるだろう。アクションが何でもかんでも自分の予定表を侵食してくるのをよしとしてしまえば、大切なものを優先させるのも不可能になる。

別の言い方をするなら、重要でも緊急でもないことがらで消耗してしまっているのに、どうして本来やるべきものごとを完了できるだろうか。さらに、重要ではないことに釣られそうになる衝動を抑制する自己コントロール力がなくては、アクションを完了させることに集中し続けるなんて無理である。

先ほど、遂行機能について、「柔軟性を保ちながら大切なことに集中する」というお話をしたが、それも自己コントロールが欠けている状態では机上の空論になってしまう。自分の人生にとって本質的には関係のないものたちを、しっかりブロックしていくことも欠かせないのだ。

忙しさが増してくるなかで、集中すべきもの以外をシャットアウトする能力が弱くなってしまうのは、指先1つでアクセスできてしまうテクノロジーによるところも大きい、というのがジョンの考えだ。「私たちは毎日24時間、いつでも仕事ができる状態になっています。情報は絶え間なく流れてくるし、その量も指数関数的に増えている」と彼は言う。ジョンに言わせれば、決まった日数に決まった時間だけ働くのが効率的だという考え方自体が、もう時代に合っていないというのだ。

「1990年代のはじめごろから、テクノロジーによって仕事へのアクセスが飛躍的に向上したことを受けて、企業のほうもプロセスを見直し、新しいビジネスのあり方を採用していきました。それによって経営者と従業員とを分けていた階層構造も変わり、仕事のカテゴリーも変わりました。仕事とプライベートのバランスや、マインドフルネスに関する方策も、変化の激しいビジネス環境への調整策として、多く取り入れられていきました。ただ、この忙しさのなかで心をすり減らしてしまう人も非常に多い。だから、負荷ばかりかかるようなものごとをやめていけば、アイデンティティや信頼性、仕事の意義や目的意識といった、長いあいだ置き去りにされてきた問いが噴出することになるでしょう」

人は忙しさに駆りたてられると、やがて人生の意義に関わる問いを考えなくなってしまう。「何をするか?」ということで頭がいっぱいになるあまり、「なぜ?」「その価値はあるのか?」といったもっと重要な問いを忘れてしまっている、とジョンは指摘しているのである。

本筋とは関係のないことや忙しさをブロックできないと、アプライド思考が阻害されるのはもちろんだが、私の著書で言うところの「個人的な目的」にも悪影響がおよんでしまう。自分のスキルや情熱、興味をしっかり育む時間が取れないと、私たちはマンネリに陥ってしまう。また、注意散漫になり、本当に重要なものが何かを理解できなくては、短期的あるいは長期的な目標を定義することも難しい。

ジョンが言うように、何をするのかにとらわれてしまえば、なぜするのかというところがすっぽり抜け落ちてしまう。中身がなく、時間のムダにしかならないような情報におぼれてしまうと、自分がどんなふうにふるまいたいか、それによって人にどんな印象を与えたいかも、決めることができなくなってしまうのである。

アプライド思考にまつわるアクションを進めていくためには、自分の個人的な目的をはっきりさせておく必要がある。もし自分の個人的な目的がわからなければ、せっかくの時間も意味のないことでせっせと埋めようとしてしまうにちがいない。意義のあることをすべきなのに、エネルギーのムダづかいをしてしまうことになるのだ。

個人の目的意識とのつながりを別にすれば、忙しさ、注意散漫な状態、本来の仕事を邪魔されることといった問題は、特別新しいわけでもない。

実際、経営学の父、ピーター・ドラッカーも、1967年の著作である『経営者の条件』のなかで「成果をあげるには大きな固まりの時間が必要である。いかに総量が大きくとも細分化していたのでは役に立たない」と書いている。長くつ下のピッピも、きっと同じ思いだろう。ピッピは時間を搾取されるのではなく、時間を自分の思いどおりに探索していたからだ。

アメリカのクラウド会計ソフトウェア企業であるイントゥイット（Intuit）の元CEO、ブラッド・スミスは、「時間はもっとも貴重で、有限のリソースだ。だから、自分の時間を管理することは、私の中でいちばん優先順位が高い事項である」と言っている。

科学技術者であり作家でもあるアレクサンドラ・サミュエルは、「目指すべきことは受け取る情報を整理して制限することと、自分にとって大事なものだけを読み、返答し、シェアするという一連の作業を合理化することなのだ」と述べている。サミュエルが言っているのは、「フィルタリングする」という行為だ。前述のスミスが言うように時間は貴重なリソースである。だから、自分のもとへ引きも切らず流れ込んでくる情報やデータ、コンテンツをしっかり選別せよ、というのである。

なんらかのルールを設けたり、通知をオフにしたり、自動振り分け機能を使ったりといった策を取り入れて、ノイズになる情報をフィルタリングしていこう。そうすれば、自分の時間がとめどなく侵食されてしまうのを防ぐことができる。

重要なアクションを完了すべく集中力を保つことができなければ、何が優先事項なのかも見失ってしまう。忙しくあろうとしてしまうと、大事なことをする時間を使い果たしてしまう。

つまり、本来望ましいアクションに割くべき時間をつい減らそうとしてしまう誘惑に駆られ、アプライド思考を行なう能力が阻害されるのだ。こうなると、当然失敗に至ってしまう。

役に立たないことがらで自分を忙しくしてしまうアプライド思考の危うさのせいで、私たちは、自らの能力に秘められた大きな可能性をムダにしてしまう。流されないとは、本来大切にすべきことに関係のあるものとないものとをきっぱりと線引きする能力のことなのである。

成功している人々を見ていると、もっとも簡単で、よく実践されているのが、ノーを言うのに慣れることだ。

はじめにノーを言うべき相手は、自分自身である。自分で自分にノーを言うのに慣れていくほど、アプライド思考もやりやすくなっていくだろう。

次のような質問を自分にしてみるといい。

- あの電話に出なくてはならないだろうか？
- この会議をキャンセルするか、欠席することはできるだろうか？
- この期限を延ばすことはできるだろうか？
- ソーシャルメディアをいまチェックしなくてはいけないだろうか？

気を散らせるようなものをブロックする防御の第一線は、ほかならぬ自分自身なのだということが自覚できれば、アプライド思考のための時間をもっと持てるようになる。

次は、ほかの人にノーを言うこと。

とくに、あなたの時間を要求された時がポイントだ。やるべきアクションを棚に上げて、ほかの人からの要求にイエスを言ってしまえば、忙しさゆえにアプライド思考がうまくできなくなってしまう。

ノーを言う回数よりもイエスを言う回数のほうが増えてしまうから、人は忙しくなる。そして、ノーが言えないのは、ほかの人に落胆されたくない、「角（波風）を立てたくない」と思うからである。

だがそのせいで、アプライド思考に悪影響が出てしまっているのだから本末転倒である。

人間味を大切にし、共感する

「他者に共感し、人間味をいっそう大切にすること」

これが、アプライド思考を成り立たせる4つの遂行機能の、最後の1ピースだ。

何かアクションを実際にやっている時に、自分以外のものの見方や、ほかの人の気持ちを意識することで、成功の可能性も大きくなる。自分以外の人の気持ちというのも、望ましい結果が出せるかどうかを左右しうる大事な要素であり、この要素が織りなすパターンをよく観察するのが、他者に共感するということだ。

他者へのより深い理解や感謝の気持ち、思いやりといった他者への共感があれば、心の狭い考え方をするのを防ぐことができる。

反対に思いやりの気持ちが欠けてしまうと、アプライド思考にも悪影響が出る。「人間」(human)である私たちは、「人間味がある」(humane)という言葉が表わす意味とのつながりを、しっかりと腑に落とさなくてはならないのだ。

『ハーバード・ビジネス・レビュー』誌に2001年に掲載された記事「戦闘地帯におけるリーダーシップ」で、ウィリアム・パゴニス中将は次のように述べている。

「ファクトを把握することとは、リーダーシップの前提条件だ。だが、世の中にはファクトはたくさん集めているのに、リーダーシップの能力をほとんど持っていない管理職がごまんといる。多くの場合、彼らに欠けているのは共感の気持ちだ。他者の立場になってみることができない人間は、リーダーにはなれない」

パゴニス中将は1991年の湾岸戦争で輸送部隊を率いた人物で、彼が担っていたアプライド思考の責任の大きさは計り知れない。だからこそ、彼の言葉の重みが非常によくわかる。

私は、共感とは単に「他者の立場になる」という以上のものである、と思っている。アプライド思考に影響を与える共感には、３つの種類がある。

２０１２年に『ネイチャー・ニューロサイエンス』誌に掲載された論文で、当時コロンビア大学に所属していた心理学者のジャミル・ザキとケビン・オシュナーは、共感を３つに分けて定義した。１つ目は「メンタライジング」で、他者の「心理状態やその根源にあるもの」を見いだしたり推論したりすること、２つ目は「経験の共有」で、これは「相手の内的な状態」を自分のものとしてとらえて共有すること、そして３つ目の「向社会的配慮」は、「相手の経験によい影響をおよぼそうとするモチベーション」がある状態のことをいう。

アプライド思考を行なうにあたっては、この３つの共感が、目指すゴールを達成するために役に立つと理解するのが重要だ。とはいえ、ザキとオシュナーによる定義はアカデミックな響きが強いので、思い切って一般の人にもわかりやすい言葉に置き換えて説明したいと思う。

それぞれ、「理性面での共感」「感情面での共感」「思いやり面での共感」とする。

1　理性面での共感

ほかの人の世界観や、ものごとに対する理解のしかたを感じとるプロセスをいう。要は、ほかの人の頭の中に入り込むということだ。他者の気持ちを理解しようとするのとはまた別で、その人がどんなことを考え、ある状況をどのように解釈するかを読みとる試みである。自分があるチームに属していて、メンバー皆でアプライド思考のフェーズに入り、いろいろなタスクをやろうとしているところを想像してみてほしい。チームの誰かが新しい情報に接した時に、その人が知っていること（あるいは知らないこと）にもとづいてどう反応しそうかを推測できれば、自分がどのように対処すべきかを考えられる。とくに取り組みの方向転換が必要な状況だと、ほかの人が変化に対してどう対応するかがわかるかどうかが、ことの成否を大きく左右する。

2 感情面での共感

ほかの人の心の痛みを感じとることをいう。おそらく、共感という言葉はこの意味で使われる場面がいちばん多いだろう。ほかの人が抱える心配に対する、自分の感受性を指している。私たちは、他者の立場になってみることで、その喜びや痛みを自分のものとして感じられる。相手がどう考えるかではなく、どんな気持ちになるかを感じるところが、先の理性面での共感とのちがいだ。感情面での共感ができれば、他者と親密な関係（ラポール）を築くこともできる。アプライド思考にともなうアクションには、たいていの場合ほかの人からの協力が必要だ。だから、同じチームの人や、自分たちがサービスをしようとしている相手とのあいだに親密な関係が築けていないと、アクションをスムーズに進めていくのは難しくなる。

3　思いやり面での共感

ほかの人をよく観察した結果、自ら具体的な行動を起こそうとすることをいう。私はこれこそ、共感という言葉そのものと、アプライド思考との関係性とをつなぐ重要な概念だと考えている。チームの誰かがどこか切羽詰まった様子で、仕事もうまくいっていなそうだとする。あなたは、その人の言動（どんな気持ちでいそうか）と、ものごとへの対処のしかた（どう考えていそうか）をずっと見てきた。そこで思いやり面での共感があれば、あなたは相手を苦境から救うために、何かアクションを起こそうとするだろう。これが「（理性的、あるいは感情的に）気づいている」ことと、「行動する」こととのちがいである。

この共感の3タイプはどれもアプライド思考において重要なものである。いずれも、アクションを実行していく際に、あなたの人間味あふれる温かさという魅力を高めてくれる。ほかの人の考え方を理解したり、心を寄せたり、行動を起こそうとしたりといったことができると、仕事のパフォーマンスも上がるうえに、アプライド思考の働きもよくなっていく。

共感の重要性についてきちんと理解しておくことが、いま目の前のアクションにおいても、あるいは少し先の場面であっても、あなたがほかの人からの助けを必要とする時に、きっと大きな意味を持つはずだ。

2016年にマイクロソフトが、ツイッターアカウント上でAIチャットボット「テイ」(Tay.ai)を公開した時に起きたことを見てみよう。テイは、マイクロソフトが過去に開発し、中国と日本で4000万人以上のユーザーがいるチャットボット、「シャオアイス」(Xiao Ice)の流れを引き継いだものだった。

この時、ハッカーたちが結託して悪意ある言葉を学習させたために、テイは公開から数時間のうちに、ひどく攻撃的な発言を繰り返すようになってしまった。テイが吐き散らすツイートには、下品な言葉や人種差別的な内容のほか、ホロコーストが起きた史実を否定するようなことまで含まれていた。世間には激震が走り、辛辣な批判が巻き起こった。マイクロソフトは謝罪文を公開せざるを得なくなり、関係部門も悪夢のような顧客対応に追われた。そして、公開からたった16時間で、テイはオフラインに追い込まれたのである。

テイの失敗から数日後、マイクロソフトのCEO、サティア・ナデラが大きな役割を果たす。ナデラはテイの開発チームを責めることはせず、共感を示す道を選んだ。厳しい状況へ対処する過程で、3種類の共感をまさに実践してみせたのである。ナデラは開発者たちの立場になり、彼らが何を考え、どう感じているかを理解し、思いやりある行動をとった。

彼は、渦中の開発チームに宛てて、直接メールをしたため、「私はあなたたちとともにある。ぜひこれからも頑張ってほしい」と書き、さらに「大切なのは、学び、改善し続けること」だと、開発チームのメンバーに訴えかけたのである。

事故から数日後、『USAトゥデイ』紙のインタビューで、ナデラは次のように語っている。「リーダーにとって非常に重要なのは、メンバーをどやしつけることではなく、彼らが本当の問題を解決できるように守ってやることなのです。人を恐怖心で動かそうとすれば、イノベーションを実際に進めていくのは困難をきわめるか、不可能なことになってしまいます」

ナデラは問題の核心を突いている。つまり、アプライド思考の過程で3つの共感を実践できなければ、よいものが生み出せなくなってしまうということを、彼は理解していたのだ。マイクロソフトは、この問題が起きて以降も、テイのようなチャットボットをとおして技術の進歩を積み重ねている。2016年、テイの事故からすぐあとに同社が公開した「マイクロソフト・ボット・フレームワーク」は、いまも13万人以上のデベロッパーに使われている。

ミシガン大学のコンパッション・ラボで教授を務めるジェーン・ダットンも、マイクロソフトでナデラがとった行動を支持している。ダットンの研究によると、ものごとがうまく進まない場面でリーダーが従業員に対して共感を示すと、従業員たちは困難に直面した時に粘り強さをいっそう発揮するようになるのだそうだ。逆境にも負けず、最後には目標も達成される。これもまた、共感がアプライド思考によい影響を与えるという1例である。

2012年に『リーダーシップ・クオータリー』誌に掲載されたある研究の報告記事による

と、人が互いへの共感を欠いた状況においては、脳ではネガティブな感情が生まれ、行動においても事なかれ主義や無気力感が見られるという。この研究を行なったチームのリーダーである心理学者は、同じく2012年に『アイビービジネスジャーナル』誌に投稿した記事で、次のように書いている。

「リーダーシップをより効果的に発揮できる関係性を構築するとともに、変化し、学習し、発展していくことに対して、他者のモチベーションを上げ、意欲を刺激したければ、リーダーは共感する力を持たなくてはならない。『自分は共感してもらえている』と他者が実際に感じるためには、『自分は理解されている』というだけでは足りず、リーダーが『気にかけてくれている』という感覚が必要である。このプロセスを成り立たせる基本要素の1つが、自分自身の問題や話は置いておき、目の前の相手が抱える問題や思い、相手の話や気持ちを理解するリーダーの能力、ということになるだろう。これができてこそ、真の共感と言えるのだ」

国際的なリーダー養成機関であるセンター・フォー・クリエイティブ・リーダーシップ（CCL）は、38カ国6000人以上の組織マネージャーのデータを分析し、2007年に次のような結果を公開した。

「共感は、仕事のパフォーマンスにポジティブに影響する。直属の部下に対して共感を示すことが多いマネージャーほど、上司からも仕事で高い評価を得ていることがわかった」

また別のリーダーシップ開発機関であるデベロップメント・ダイメンションズ・インターナショナル（ＤＤＩ）も、18カ国で３００におよぶ企業の従業員１万５０００人以上の行動を分析している。対象となったデータは10年間にわたり蓄積されたものだ。この分析結果は２０１６年に公表され、こちらもやはり、アプライド思考のフェーズにおいて３種類の共感を示すことの必要性を裏づけるものになっている。ＤＤＩによると、共感は、仕事のパフォーマンス全体を向上させる要件の中でももっとも重要性が高いという。実際、ＤＤＩの分析では、共感を継続的に示している人は、そうでない人に比べて、パフォーマンスのレベルが40パーセント高いという結果が出ている。

ＤＤＩのシニア・リサーチ・アソシエイトで、当該レポートの執筆者の１人であるリッチ・ウェリンズは「研究では、共感ほどリーダーシップのスキルで重要なものはないと示されているのに、今日のカルチャーにおいては、共感はもはや消えかかっている。これは現代において、世界的にもっとも危険な傾向の１つだと言えるのではないか」と述べている。

私も、ウェリンズの意見に賛成だ。人々の中で、共感力がどんどん減ってきている。まさに警鐘を鳴らすべき状況だと思う。共感のレベルが低下していけば、それにともなってアプライド思考も悪影響を受けるとしても何ら不思議はない。

ミシガン大学の研究者であるサラ・コンラス、エドワード・オブライエンとコートニー・シングは、2011年に「アメリカの大学生の共感性向における経時的変化」と題した論文を発表した。それによると、30年前に比べて、大学生たちが他者に共感を示す程度は40パーセントも低下しているというのだ。

DDIの調査でも、実務に従事する従業員のうち、共感力が強かった者の割合は、全体の40パーセントしかいなかったという。私個人の経験から言っても、プロジェクトが失敗する主要な原因の1つが、この共感の欠如、つまり、人間味のある温かいコミュニケーションの欠如である。リーダーとチームメンバーの両方が、互いの立場になることを忘れてしまい、他者の考え方や感情を受け入れて思いやりを発揮することができずにいると、いろいろな障害が発生する。そうして問題が積み上がっていくと、それがアプライド思考の阻害要因になるのだ。

ナショナルホッケーリーグのチーム、サンノゼ・シャークスを運営するシャークス・スポーツ・アンド・エンターテインメントの共同代表を務めるジョナサン・ベッカーは、「企業も人も、『アクション・バイアス』の風潮を強めているように思います」と言う。

アクション・バイアスについては第6節でも紹介したが、実はこれが人の共感力にも悪影響をおよぼすことがあり、ひいてはアプライド思考をもダメにしてしまうのだ。ジョナサンは続けて次のように語ってくれた。

「合言葉は『ビジネスではスピードが命。意思決定やアクションはあとでひっくり返せるし、おおげさな調査など必要ない』といったところでしょうか。しかし、アクションに対する無分別なバイアスは、見当ちがいな行動を引き起こしかねません。作家のリズ・ワイズマンは、こうした不幸な損失を『性急応答』と呼んでいます。問題を急いで解決しようとするあまり、往々にして本質的でない問題を追いかけてしまうことになり、組織の成長が阻害されてしまうのです」

理性面、感情面、そして思いやりの面で共感ができなければ、自分自身はおろか、自分が引っ張るべきメンバーに対しても、必要以上にアプライド思考を焦らせてしまうことになる。するとやがて、共感力の欠如が全体の目標を台無しにしてしまうというわけだ。

ダニエル・ルベツキは、アメリカのスナックメーカー、KIND(カインド)のCEOである。メキシコ移民の彼は、ホロコーストを生き延びた一家の息子でもある。ドナルド・トランプが大統領選で勝利した日の夜、アメリカという自分が育った国の現状を憂えたダニエルは、KINDの全従業員に1通のメールを送り、その中で共感の難しさについて次のように触れた。

「私は過去に、共感と優しさは、しばしば弱さと混同されることがあると述べた。しかし実際は、優しくあるためには強くなくてはならない。とくに自分の気持ちが心底弱っている時ほどそうである。「相手側」に共感を示すためには、自分に揺るぎない自信が必要だ。自分とはまったくちがう考えを持つ相手の立場になってみようというのだから、なおさらだろう」

人に共感するということは、本当に大変である。行動を焦りたくなる気持ちをいったん抑えて、ほかの人のレンズをとおしてものごとを見なくてはならないのは、非常に骨が折れる。しかも、そこに自分の判断を入れないようにするのは、いっそう難しい。アプライド思考のさなかでは、私たちは複雑な状況を前に、常に自分が一緒に働く人、自分が尽くそうとしている相手の目からものを見ようとし続けなくてはならない。アプライド思考のスキルが優れている人ほど、同僚や上司、協業パートナー、顧客など、あらゆる人の立場になって考え続けることになる。

「あの人ならどう思うだろう?」「どう感じるだろう?」「だとすると、ここは思い切って方向性を変えたほうがいいだろうか?」といった具合に。

本節ではここまで、共感を通じてより人間味あるコミュニケーションを大切にすることについて見てきたわけだが、最後は、作家のダニエル・ピンクが、オプラ・ウィンフリーが司会を務める番組のインタビューで語った金言で締めくくりたいと思う。

「共感とは、誰かの立場になって、相手の心で感じ、相手の目でものごとを見ることです。それは、自分以外のものに委ねることはできないし、自動化できるものでもない。でも、世界をよりよい場所にしてくれるものなのです」

帽子屋に敬意をこめて

「私はいつもすぐに決断を下すの」

【リリプット・ハット】のカーリン・ルイズにインタビューした時の彼女の言葉である。

「ものごとを即座に判断する資質は大切だから。でも一方で、自分のノートや、1つひとつの進め方を、2度、3度と確認し直すようにもしているの。この両方ができてはじめて、ものごとがきちんと完了するというわけなのよ」

【リリプット・ハット】でカーリンやチームのメンバーが帽子を実際に作っていく様子を見ていると、制作プロセスについてカーリンが言ったことはまさにそのとおりだと思わされる。

アプライド思考のフェーズにあって、制作メンバーは帽子作りに関係のあることをきちんと記憶しているだけでなく、自分が書いたノートや、ほかのメンバーが書いたメモの内容もよく見返していた。しかも、生地にスチームをあてたり、縫ったり、湿らせたり、測ったり、スケッチしたり、成形したり……といった工程で、メンバーは途方もない集中力を発揮しているのだ。

また、自らが選んだ「もの作り」という仕事に向き合う制作メンバーの姿勢には、目的意識がにじみ出ているようにも感じられた。それは、彼らの顔に浮かぶ微笑みにだけでなく、目の前の仕事に没頭している様子にも表われている。店内が共感の空気に満ちているのもはっきりと感じられたし、メンバー同士のコミュニケーションにも、人間味のある温かさがこもっていた。帽子にはそれぞれ納期があるため、アクションとは無関係のことに流されないようにするドライさもある程度は必要ながら、メンバーが互いに心を許し合っている雰囲気もまた、ありありと伝わってくるのである。

具体的には、リボンや羽根について提案する様子であったり、あるいは「誰かスチーマーを使いたい人はいる？」と尋ねる声だったり、1つひとつのやりとりに、常にチームのほかのメンバーを気にかける様子が見てとれるのだ。ノートを使って、自分やほかのメンバーに宛ててリマインドすべきことを記録し、柔軟性を保ちながら集中力を発揮して、関係のないことはブロックしながらも共感を示し合う。

そのすべてが重なり合うことで、【リリプット・ハット】の制作チームは、それぞれの帽子に課せられた3〜4日という納期を立派に守っているのである。そこには、私のような素人の目から見てもわかるほど、アプライド思考のすべての要素が見事に表われているのだった。

アプライド思考を実践する、個人のためのヒント

・オーケストラの指揮者のように、ものごとを進めよう。アプライド思考の過程では、思わぬ障害や変化球も当然やってくる。しなやかさ、柔軟さを大切にすればするほど、舵取りもうまくいくだろう。「フロー状態」になることを目指すのだ。

・他者に共感しよう。人間味を大切にしよう。理性面、感情面、そして思いやりの面で共感力

を発揮すれば、ほかの人からの信頼や賛同が得られる。これが、ストレスを避けつつ目標を期限どおりに達成する鍵になるのだ。また、他者に共感すれば個人のパフォーマンスも高まるということは研究でも示されているとおりである。

・仕事ができる環境をきちんと整えよう。働くすべての人にとって、時間こそもっとも貴重なリソースである。タイムマネジメント用のシステムを使って生産性ある仕事をするための時間を確保するとともに、自分が考えたことや仕事の進捗状況を記録しておく手段も取り入れよう。

アプライド思考を実践する、組織のためのヒント

・長期的な視点を揺らがせないようにしよう。組織は、ただ機械的にアクションをし、仕事を完了させていくだけのものであってはならない。長期的な観点を常に頭に置き、「今日のアクションは、組織全体の目標や将来にどんな影響をおよぼすだろうか」と自問自答するのだ。

・近視眼的にならないように気をつけよう。組織というものは往々にして、目の前のアクションに拘泥してしまいやすいものだ。だから、よりよいガイドラインを組織レベルで策定しなくてはならない。たとえば、会議やスケジュール調整の際のエチケットだったり、優先順位づけの考え方だったり、タイムマネジメントの実例や具体的なやり方の紹介などがあるといいだろう。

・ミスは割り切って考えよう。うまくいかない時も当然ある。失敗は起きるし、まちがえることもある。新しい情報だって、どんどん出てくるだろう。これらに対してどう反応するかが、その組織のアプライド思考のマインドセットを決めるのだ。頑《かたく》なで、不寛容で、硬直的なマインドセットでものごとを進めようとするのではなく、柔軟で、寛容で、常に学習しようとするカルチャーを創っていこう。

第5章

オープン思考

OPEN TO THINK

第8節

もう一度考えてみる

――思考は行動の種子である。思考がまず先にあり、その後に行動が芽吹くのだ。

ラルフ・ワルド・エマーソン（哲学者）

――私たちのカルチャーで問題なのは、想像力に重きを置いておらず、またそれを鍛えようともしていないところです。想像力には、実践と練習が必要なのです。

アーシュラ・K・ル＝グウィン（小説家）

アイデアをカタチにする

ピーター・ギルモアは、世界でも名の通ったオーストラリア人のシェフである。オーストラリア国内で最高峰のレストラン、「キーレストラン」と「ベネロング」の料理長を務め、精力的に仕事をしている。どちらも、国内外で数々の賞を受賞しているレストランだ。ピーターは若いころから料理に興味があり、最初に見習いを始めたのは、なんと弱冠16歳の時だったという。

人とのコラボレーションも自然にできるタイプで、小規模農家や地元の漁師と契約し、良質な食材をよくメニューに取り入れている。また、自分でも菜園作りを熱心に行なっており、採れたての野菜などを使って、色、味、食感をさまざまに彩る1品をつくることに余念がない。

そんなピーターは、自分の料理のことを「自然にインスパイアされた食べ物」と評している。

私は、どちらのレストランにも何度か行ったことがあるのだが、彼がどんなふうにクリエイティブ思考（創造的思考）、クリティカル思考（批判的思考）、アプライド思考（実践的思考）を行なっているのか、常々知りたいと思っていた。

「シェフとしての私の役割には複数の側面があります。現実的な問題もたくさん考えなくてはなりませんし、創造性ももっと伸ばさなくてはならないと思っています」

シェフの評価はなんといっても「料理そのもの」（アイデアを描くこと）と、「お客様への挨拶の仕方」（意思決定し、行動すること）がすべてだ。だからこそ、オープン思考において3つのカテゴリーを継続的に磨いていくことの必要性が、ピーターの言葉からも伝わってくる。そもそもシェフとしてのキャリアがまだ浅いうちから、成功するためにはオープン思考の3つのカテゴリーすべてに時間を使う必要があると気づいていたらしいから、驚きだ。

彼のエピソードはまさしく、本書の最後の節の出だしを飾ってもらうにふさわしいだろう。

「新しい料理を作る時には、まずは、料理そのものの姿を思い描くところから始めます」

ピーターは創作の過程で、自分の思考が実現可能性にとらわれないようにすることも大切にしているそうだ。要は、発想をしばられたくないらしい。一方でクリエイティブ思考をしながらも、最終的には料理をかたちにしなくてはならないこともよく理解している。

「思考をするうえでは、現実的な指針もある程度は必要ですよね」

ピーターのこの言葉から見えてくるのは、クリエイティブ思考はもちろん大事だが、それをきちんと実現できるものにしていかなくてはならない、ということだ。

本書でも、オープン思考の阻害要因として優柔不断思考について触れたが、理想を描くことに時間を使いすぎて、実現に向けた行動をおろそかにしてしまっては、いつまで経っても何も達成できないままで終わってしまう。

まさに、熟考と行動とのバランスをうまくとっているからこそ、素晴らしい料理の数々が生み出されているのだった。

ピーターはいったい、どんなふうに新しい料理を思いつくのだろう？　私は彼に尋ねた。

「インスピレーションは、あらゆるところからやってきます。新しい食材を見つけて、『これはどう使えるかな？』と考えている時にアイデアが浮かんでくることもあります。あるいは、私の想像の中から、ぱっとひらめきが生まれることもあります。ひと皿の中での味の組み合わせや、見た目の構成、食感の重なりなどがアイデアの端緒になることが多いです」

当然というべきか、ピーターのインスピレーションは、世界に対する彼独自の見方から生まれてくるという。カーリン・ルイズやジョエル・プラスケット、ゴード・ダウニーやタニア・ミラーのように、ピーターもまた1人のアーティストなのだ。彼らは、世界をクリエイティブな目で見るコツのようなものを等しく持っているらしい。

「時々、なにかふとしたきっかけのようなものがあるんです。芸術作品や彫刻を見た時だったり、あるいは単純に木の皮がくるんと丸まっているのを見ている時だったり……」

彼のアイデアは、視覚的なところから湧いてくることが多いようだ。最初に「こんな料理を作りたい」と視覚的にひらめきが浮かび、それを実現するためにいろいろな材料の組み合わせを思いつく。すると、これまでとはちがう調理方法が生まれ、最終的に狙いどおりの料理が実現できるというのだ。メニューを改良したり、アレンジしたりする際には、味の記憶を再現するのに、私が前節で述べた「遂行機能」も役に立てているという。

新しい料理を頭で思い描いたり、紙に書いたりしながら、ピーターは別の思考のステージに入っていく。彼がすごいのは、オープン思考の3つのカテゴリー（クリエイティブ思考、クリティカル思考、アプライド思考）を常に行ったり来たりするのをまったくいとわない、という点だ。

「実際にやってみると新しいアイデアが浮かび、思いもよらない方法に行き当たって、もともと想像していたのとはちがうものができることもよくあります。こういう時の創造のプロセスは、その時々の展開に応じた、直感的なものになります。最初のひらめきと、オープンマインドが大切なのでしょうね」

そう自ら言葉にできているように、オープン思考のプロセス全体の中で、彼はいつでも創造性を発揮することができるのだ。とくに、キッチンに立って実際にお客様のために料理をしはじめる時はなおさらだという。彼の創造性は、尽きることを知らない。

メルボルン大学で心理学を研究するアンナ・アンティノリ、オリビア・カーターとルーク・スマイリーによると、「『オープン（思考）』な人は、一般的な人とはちがう見方で世界を見ている」という。彼らは２０１７年に学術誌『Journal of Research in Personality』に発表した「両方の目で見る――経験へのオープンさと両眼視野闘争抑制について」という論文において、オープンであることは、創造性を追い求める活動を日々行なう際にも、社会で成果を出すうえでも、どちらにもよい影響をおよぼすと述べた。

「研究では、オープンな人は、視覚による基本的な知覚の際にも創造的な見方をする傾向が見られた。オープンな人は、一般的な人とは根本的に異なる視覚的経験をしていると言える」

これが彼らの主張である。

ピーターが新しい料理を作る際、でき栄えのほとんどは彼自身の創造性によるところが大きいものの、完成形に向けての微調整の際にはチームのメンバーに頼ることも多いという。

ピーターのオープン思考に「協調」の要素が登場するというわけだ。

「自分が考えた料理を、商品として実際にお出しするものに仕上げるにあたっては、チームのメンバーからのインプットは貴重だし、非常に助かっています」とピーターは言う。

ピーター以外のシェフやほかのメンバーが、新しい料理の作り方のどこかしらに、もっと効率的なやり方やテクニックをいつも提案してくれるのだそうだ。

「料理においては、複数の要素を同時に仕上げていかなくてはなりません。ですから、そのひと皿の全体性を損なうことにならないかぎりは、よりスムーズなやり方を提案してもらえたら、どんどん取り入れていきます」

新しい料理のアイデアがキッチンに持ち込まれ、次のステージへと進む。そのことによって、ピーター自身もオープン思考の次の段階へ、今度は頼れるチームの皆と一緒に足を踏み入れる。つまり、メンバー全員でクリエイティブ思考、クリティカル思考そしてアプライド思考を行なっていくのである。

「新しい料理のアイデアをメニューに落とし込む際は、現実的な問題がいろいろ出てきます。材料が安定的に調達できるか、栄養面は問題ないか。スタッフに新しいスキルも教えなくてはならないし、新しいメニューが増えても厨房の作業の流れには問題ないかというのも重要です」

と、ピーターが言うとおり、新しい料理をキッチンで実際にかたちにしていくところでは、またちがった視点での課題が出てくる。だからこそ、チームのメンバーの多種多様なスキルに頼ることでうまくいくのだ。だが、この話にはまだ続きがある。

どんな料理も作って終わりではない。お客様に出すところでまた、オープン思考を発揮することが必要だ。料理長としてのピーターの役割の中に、オープン思考の3ステップ目が出てくるというわけだ。

「新しいレシピをきちんと記録して、値段もつけなくてはなりません。それに、料理の中身や味のテイスト、そのひと皿にこめられた思いや意図を、接客スタッフにきちんと伝えることも必要です。レストラン経営の実際のところは、情熱とスキルのある多くの人の仕事ぶりに支えられて、やっとできるものなのです。『お客様に素晴らしい体験をお届けする』という、最終的なゴールに向けたプロセスの中で、皆が特別な役割を果たしていると実感できるかがポイントです。情熱があること、そしてスタッフに知識を伝えていくことがもっとも重要ですね」とピーターは語る。

ピーターのレストランには、毎年何千もの人々が訪れ、料理を楽しんでいく。

胸がときめき、食欲もそそられる、さまざまなメニュー。これらに出会えることを、誰もが期待してやってくるのだ。ピーターがこの数年間で獲得した賞の数々をここで挙げていくのはきりがないので控えるが、それらはまさに、彼とチームメンバーのアクションの中に息づくオープン思考に支えられた成功の証なのである。

常にアクティブに学習する

オープン思考の過程で継続的にクリエイティブ思考、クリティカル思考、アプライド思考を行なっている人には、もう1つの特徴がある。

それは、彼らが「常に学んでいる」ということだ。

彼らの好奇心はまるであふれんばかりである。こういう人はたいてい、質問をたくさんする。もちろん1人で内省的に学ぶこともするが、とにかく知的なストックを増やすことへの意欲がすごい。オープン思考をする人は、現状維持を嫌う。新しい知識、新しいアイデア、新しい関係性、新しい情報をどんどん取り入れては、それをオープン思考の燃料にしているのだ。

シャーリーン・リーは「常にリサーチすること」という彼女自身の思考のスローガンを教えてくれた。

「新しい人に会うたびに、それがどんな状況でも、『この人からどんなことが学べるだろう』とわくわくするんです。ウーバーの運転手にもどんどん話しかけますし、打ち合わせまでの待ち時間は受付の方とおしゃべりします。どこかの会社のＣＥＯにお会いしたら、その人がフェイスブックに投稿していたことについて聞いてみます。どこにどんなひらめきが待っているかはわかりませんが、これまでの経験上、自分が新しいものの見方に対してオープンになっている時に、素晴らしい出会いがあるのです」

以前、カイナ・レスキーが「ふとしたひらめき」について語っていたことと非常によく似ているが、シャーリーンの場合は、彼女の内なる学習意欲がひらめきを呼び寄せているのだろう。

また彼女は、学習は一度きりのイベントではない、ということも教えてくれた。そもそも思考自体が一度で終わるものではないのだから当然である。

世界経済フォーラムが公表した「仕事の未来」という研究レポートでは、2020年以降の社会に備えるためには、さまざまなスキルの向上が求められると述べられている。私は第2節で、同レポートではクリエイティブ思考がトップで取りあげられていると書いたが、必要なスキルのリストにはほかにも、クリティカル思考や認識の柔軟性、意思決定の力、問題解決力、そして能動的学習といったものが並んでいる。オープン思考と能動的学習を組み合わせてやっていくという手法は、世界経済フォーラムでも推奨されているようだ。

ところが一方で、同レポートでは、ちょっとヒヤリとするような警告も述べられている。紹介しておこう。

「変革のマネジメントを早急に行ない、時代遅れにならないスキルを持った労働人口を増やすために、緊急かつ集中的なアクションをいま起こさなければ、政府は失業者の増加や経済格差の拡大に直面し、企業は顧客基盤の縮小に苦しむことになる」

セブンサミッツの最高戦略責任者であるダイオン・ヒンチクリフは、オープン思考と学習とのつながりを概観する見取り図のようなものを描き、目の前の差し迫ったニーズと将来像とのあいだのギャップを埋めようとしているという。つまり、ダイオンは自分のスキルが時代遅れにならないように、すでに手を打っているのだ。学習と思考の両方に対して柔軟でいるための彼なりの秘訣として、ダイオンは次のようなプロセスのモデルを教えてくれた。

1 アイデアが生まれる。
↓
2 それを試してみて、できるだけ早く失敗してみる。
↓
3 何らかの意思決定をしたら、その内容を精緻化し、将来の問題解決に向けて強化していく。
↓
4 そのアイデアでは問題解決に至らないようであれば、別のプロジェクトに持ち越し、ほかのことに取りかかる。
↓

5　常に柔軟に学習と思考のサイクルを回す。いつでも前のフェーズに戻れるようにしておき、プロセスの中で学習していくようにする。

彼の柔軟性や学びのレーダーが「思考の過程でたくさんの発見」を可能にしているのだという。「私は、このような思考のやり方を、学習のための手段として使っています。つまり、プロジェクトやアイデアをかたちにしていくための手段ですね。ぐるぐるとサイクルを回して、柔軟であろう、常に学ぼう、と心がけていれば、ものごとはうまくいくのです」

前節でも紹介したジョナサン・ベッカーは、思考することと学習すること、そして質問することとのあいだには関係性があると主張する。

「人が何かを自分1人で、あるいは普段からアドバイスをもらっている人とだけ一緒に考えようとすると、集団思考に陥ることがあります。そのトピックについてきちんと批判的に考えようと思うなら、ちがうものの見方にたくさん触れられる環境が必要なのです」

さらに、自分とは異なる考え方の人から貴重な学びや示唆を得るためには、よい質問のしかたを知り、確証バイアスを避けなくてはならないとも言っている。

「私は質問をする前に、自分がいまどんなバイアスを持っているかをまず考えます。それから、『この考え方を変えるには、どんな新しいファクトがあればいいだろう』と自問自答します。そこで、私の質問も、そのようなファクトをほかの人が持っているかどうかを確かめるためのものに自然となっていくことが多いのです」

このような質問をすることでジョナサンは継続的に学習することとなり、それが彼のオープン思考の実践につながっているのだ。


トーマス・エジソンは、オープン思考のロールモデルでもあり、継続的に学ぶ人の見本でもある。1870年代から80年代にかけて、カルフォルニア州のメンロパークに建てた研究所で行なわれていた研究活動は、さまざまな考え方をする個人が集まり、新しく独創的な技術について一緒に考えていく、というエジソンの理想がまさに反映されていたものと言える。エジソンを中心とする発明家チームは、過去の学びや経験を活かしてイノベーションを生む研究所の空気をうまく醸成していた。そして、彼らは失敗から学んでいたのはもちろんのこと、一緒に研究する仲間からも学びを得ていたのである。

『ハーパーズ・マガジン』誌に、エジソンの次のような言葉が載ったことがある。「何年間も実験や研究を行なうなかで、私は新しい発見というものは一度もしていません。どの取り組みも演繹《えんえき》的なもので、得られた成果も純粋でシンプルな発明ばかりです。私は理論を1つ考えたら、まずはそのとおりにやってみます。そして、これでは無理だとわかるところまでやったら、さっとその理論は捨てて、別の理論をまた考えます。私はこの方法でしか問題に取り組めないのですよ」

学習して、失敗して、質問して、実験して、そして考える――。

これらのつながりがあったからこそ、エジソンと仲間たちは素晴らしい発明をたくさん生み出すことができたのだろう。


オープン思考における学習の大切さについてこれほどはっきり述べている人々がいる一方で、教育界の取り組みは立ち遅れており、子どもの成長の早い段階からこの概念を教えていくための施策が不十分だと指摘する声もある。

カンザス大学の教育学名誉教授であるヨン・ジャオは、現代の教育システムに関する指折りの専門家である。いまの教育の弊害や、それを乗り越えていくための策について提唱している彼に、学習とオープン思考との関わりについてどう思うか聞いてみた。彼の答えは次のとおりであった。

「クリエイティブ思考とクリティカル思考は教育において非常に重要なものではありますが、残念ながらいまは欠けてしまっている要素でもあります。生徒の学習カリキュラムにそれらが織り込まれていないというだけでなく、教育全体のプロセスや環境からごっそり抜け落ちてしまっているのです」

語気も荒く語るヨンの言葉を聞いているうちに、私はサニーブルック・ヘルス・サイエンス・センターのジェームズ・ペリーの考え方を思い出した。同センターは医療サービスを提供するとともに、若く前途有望な神経腫瘍学者たちを育てる環境としての役割を果たしている。「現場でのケアに活かすための研究」というのがサニーブルック全体に息づく思想であり、これが学習とオープン思考の重要性についてさらなる気づきを与えてくれている。

「私たちは、いつも患者を中心に考えています。そして、患者から学ぶことの大切さについても常に意識しています。どこが悪くて、何が起きていて、どうすればよくなるかは、患者が教えてくれる。これが、私たちの哲学の中核にあるものです」

ジェームズいわく、サニーブルックにやってきた患者は皆、彼らの研究の一端を担っており、もっと言えば、学びと思考の重要な支えになっている。臨床試験に協力してくれる患者しかり。脳の症例を提供することで、データベース化された内容をレントゲン技師が参照でき、ほかの患者の治療の際の一助になってくれる患者しかり。どの患者も、センターにおける学習と思考のプロセスにおいて、何らかの役割を果たしてくれているのだ。

「サニーブルックでの私たちの取り組みにおける大事なポイントの1つが、当初自分たちで考えられていた範囲を超えて、もっと多くの質問をすることです」

とくに、「『なぜ悪い結果も起きてしまったのか？』という問いに答えるということが、とても大切」だとジェームズは言う。

科学者や医者は「ポジティブな結果を出さなくてはならない」というプレッシャーに何かととらわれてしまいがちだが、分野を問わず医療にたずさわる人間は、「何がうまくいったのか」

という質問と同じくらい、「なぜうまくいかなかったのか」にも答えられなくてはならない。

「大学は、研究の質を論文の引用数で評価するばかりで、『ポジティブな結果とネガティブな結果との差から何を学んだか』というところは見ません。これではダメです。考え方を変えなくてはなりません」

学習とオープン思考とのあいだにポジティブな結びつきがあれば、私たちの思考はもっとよくなっていく。

ジェームズとヨンのそれぞれの主張は、まさにこのことを教えてくれていたのだった。

逆のもの同士は惹きつけ合う

ビジネスコンサルタントのデイヴ・グレイは、著書『Liminal Thinking（限界思考）』の中で、「限界思考」という概念のことを「自分が信じている考え方をあらためて理解し、それを意識的にかたちづくり、再構成することで変化を起こす技術」と定義している。彼は「自分がどんな考え方をしているのか――これこそ、私たちがもっとも理解すべきものなのです」というのだ。

考え方が私たちをつくるが、私たちのほうも、その過程に責任を持たなくてはならない、というわけだ。

私がデイヴに、オープン思考についての考え方を聞いてみたところ、まず返ってきた答えは非常にわかりやすいものだった。

「残念ですが、ほとんどの組織で思考がないがしろにされていると思います。思考には、そのためのスペースと自由な時間が必要ですが、この2つを兼ね備えている職場というのはあまりありませんから」

クリエイティブであることや、思考を重視することについて、いまのリーダーたちは口では響きのよいことを言っているが、その行動はどうかというと、とても実態がともなっているとは言えない、とデイヴは考えているようだ。

オープン思考の哲学の中では、創造性の要素をもっと強調すべきだという。デイヴの提案は、明確である。

「上司や家族のせいで自分の時間がほとんどない、というのは言い訳です。どこにいようが何をしようが、自分のいちばん貴重なリソースである、自分の意識をどこに向けるかを選んでいるのは、ほかでもない自分なのです。何に注力するかは、あなたが自分で選んでいる。新しいアイデアや考え方によりオープンになるためには、ふだんの自分なら無視してしまうようなもののごとに、注意を向けなくてはなりません。自分とはちがう見方を探す。自分の意見とは逆の論調の新聞を読む。あるいは、地球の裏側にいる人のブログを読んでみる。自分が大企業的なマインドセットにはまり込んでいると感じたら、スタートアップがやっているカンファレンスやハッカソン（ソフトウェアのエンジニアリングを指すハック（hack）とマラソン（marathon）

を組み合わせた米IT業界発祥の造語。マラソンのように、数時間から数日間の与えられた時間を徹してプログラミングに没頭し、アイデアや成果を競う開発イベント）に行ってみる――。複数の視点からバランスのとれた思考ができるように、新しい見方を探すのです」

要は、いまの自分の思考のしかたとは正反対のものを試してみよということだ。

第2節で紹介したダニエル・レヴィティンも、オープン思考のフレームワークにいつもとはちがう発想を取り入れてみることの大切さについて、彼自身のユニークな体験談とともに聞かせてくれた。

「以前、モントリオールの自宅の屋根を修理しなければならないはめになりました。モントリオールといえば、冬の厳しい寒さで有名です。うちの屋根はフラット仕様なので、雪が積もると水はけが悪い。しかし近所にはいい素材を扱った屋根修理業者がなく困っていました。ある日、町の外へ出てみると、白く滑らかで、ゴムのようなコーティングがされた屋根を見かけたんです。私は周辺の人に、その屋根のコーティングについて聞いて回り、それがエラストマーというものであること、これまでの素材よりも優れた点があり、費用もその分高くはなるが、断熱性もあり、長い目で見ればコストも安いことがわかりました。私は調査を続け、ついにエラストマーでコーティングをしてくれる業者を見つけたのです。最終的に大満足の結果となりました。創造的な策というものは、一見、いちばん楽な道ではないため、気づきにくいこともあれば、少し余計に労力がかかることも少なくないでしょう。ただ、私が屋根の修理方法を自ら編み出したわけではないように、創造的なやり方は、必ずしも完璧に独自のものである必要はないのです」

オープン思考ができる人は、自分の考え方を変えることをいとわない。むしろそれが健全だと考えているため、非常に思い切りよく、自分とはちがう意見や見方を探していく。既存のバイアスに甘んじたり、それを強めてしまったりするのは、もっとも硬直思考に陥りやすいパターンの1つだと知っているのだ。

自分の考え方に自信を持つのと、わけもわからず過信するのとは全然ちがうのである。

デイヴのコメントやダニエルのエピソードで思い出すのが、第1節で紹介したマーク・キルバーガーの話だ。マークが兄のクレイグと興した社会的企業、WEは、実はカナダ生まれで、最初の数年は、活動拠点もカナダ国内に限定していた。いまや一大イベントである「ウィー・デイ」も、最初はカナダの都市だけで行なわれていた。しかし、マークとクレイグは、「ウィー・デイのコンセプトはアメリカでもうまくいくのではないか」と思いはじめたという。そこで、自分たちは、どう進むべきかを考えた。

「こういう時は、いろいろなことを実際にやってみつつ、考え方を変えていく必要があります」とマーク。「僕たちは、ミネアポリスやシカゴ、ニューヨーク、ロサンゼルス、それにシアトルといった街でウィー・デイをやったことはありませんでした。だから、まずはともかくやってみようと決めたんです。ただ、イベントの大枠は同じでも、ちがう国ならではの障害を乗り越えるためには、ちがった考え方をしなくてはいけなかった。スポンサーや地元の政治家、国連など、いろいろちがいがありますからね。カナダでイベントをやる時とは、打ち出し方も計画も変えなくてはなりませんでした。でも、僕たちはどんどん進めていきました」

さらに、ウィー・デイをイギリスに持っていく時も、やはりちがう考え方を取り入れることが必要だったという。

「アメリカとイギリスでは、我々のメッセージも、ポジショニングも、全体の思考プロセスも変わります。カルチャーによって基準がちがいますから、それぞれの国でやり方をちょっとずつ変えなくてはならないのです。信頼性の打ち出し方なんかは大きくちがいますね。たとえばアメリカでは、テレビ番組を引き合いに出して『オプラの番組や60ミニッツでも取りあげられました』と言うと効果があるが、カナダではそうではない。僕たちの事業の内容や慈善活動、恩返しの精神について語るようにしています」

ウィー・デイがいまの若い世代に与える影響は、ものすごいものがある。２００７年に最初の祭典がトロントで行なわれて以来、２００万人以上の若者が世界各地のイベントに参加している。２０１７年７月２日には、カナダ建国１５０周年を祝って、オタワのパーラメント・ヒルでイベントが行なわれた。チケットは発売されない。ウィー・デイへの招待切符をつかむには、自分が何かを与え、市民として立派なふるまいをしたということを証明できる行動をしてみせなくてはならないのである。その結果、ウィー・デイの参加者の80パーセント以上が、年間150時間以上もボランティアをしているという数字をマークが教えてくれた。

「ちがった考え方をするというのは悪いことじゃない。必要なことなんです」とマークは言う。

「僕たちは、ただ成功を勝ち取ればいいとは思っていません。皆で力を合わせ、学び、考え方を変えていくチャンスを常に探しているのです」


デイヴの話に戻ろう。

私は彼に、「オープン思考をする中で逆の発想が実際に役に立った経験はあるか？」と聞いてみた。するとデイヴはこう語ってくれた。

「新しいクライアントに売り込みをかけていた時のことです。相手は、ソフトウェア業界でももっとも大きな企業の1つでした。私たちには、その会社が抱えている問題がわかっていました。だから、チーム皆で額を寄せ合って、その問題を徹底的に考えたんです。そして、セントルイスにあるうちのオフィスに先方が来てくださった時、私たちは考えていた内容をホワイトボードに書き出し、どんな方策が取れそうか、いろいろなアイデアや選択肢を長時間かけて議論しました」

さて、この話のいったい何が逆の発想なのか？　と思った人もいるだろう。

答えは過去に自分たちがやってきたことの焼き直しではなく、クライアントの問題を一から見ていったことであった。

デイヴが勤めるコンサルティング会社、エックスプレーン（XPlane）は、こうして見事に大型案件の受注にこぎつけたのだった。

デイヴが「なぜ他社ではなくうちを選んでくれたのか？」と先方に聞くと、次のような返事だったという。

「どのコンサル会社も、他社のために過去にやった問題解決の事例説明ばかりに時間を使った。そこからわかるのは、多分、我々にも同じことをやってくれるんだろうなということだけだ。だがあなた方は、はじめから我々と一緒に問題を考え、その解決を図るためのバリューを出してみせてくれた。それが決め手ですよ」

デイヴとダニエルとマークが教えてくれたように、オープン思考ができる人は、与えられた状況の中で、どうすればちがったやり方ができるかを常に模索している。

学ぶこと、そして過去の意思決定や考え方を見直すことに対してオープンであるというだけでなく、もっとよくしていくために、いまとは正反対の考え方であっても積極的に採用する。過去にうまくいったやり方に固執しようとする現状維持の思考を打破することに、何の迷いもないのである。

率先垂範し、人を巻き込み、オープンである

前にも触れたO2EブランズのCEO、ブライアン・スクダモアは、組織やそこで働く人々の多くが、アプライド思考の罠にはまってしまっていると警鐘を鳴らす。

組織が「ただやるのみ」という強迫観念に駆られてしまうことが、従業員の士気の低下や目的意識の欠落につながる重大な要因なのではないか――これがブライアンの考えだ。彼はまた一方で、もし経営層がオープン思考の習慣をいくつか進んでやってみせれば、組織全体がそのあとに続いていくはずだ、とも言っている。

実際、ブライアン自身もすでに、彼や会社の従業員たちがクリエイティブ思考、クリティカル思考、アプライド思考のフローを継続的に行なえるように、オープン思考の具体的な方策をいくつか実践しているそうだ。

「僕は、月曜日にはオフィスには行きません。いろいろな問題を思い浮かべ、1人でブレインストーミングをし、自分用にノートに書きものをして、アイデアを描き、そしてたいてい何か新しいことを考えるんです」

環境を変えて自分の創造性と意思決定力に刺激を与えるべく、カフェを何軒もはしごするなどして過ごすという。そして、火曜日から木曜日まではオフィスに出社する。だが金曜日には、

「フリー・デイ」と称して仕事からいっさい離れるのだそうだ。この日には、ビジネスのあれこれを考えることからも解放される。

「メールはチェックしません。身体を動かして、ただ生活を味わって、仕事以外のことを楽しみます。こうすると、エネルギーが若返ったような感じがして、また来週から精いっぱい頑張ろうと思えるんです」

指揮者であり音楽監督でもあるタニア・ミラーは、オープン思考は結局のところ、「インクルージョン」、つまり、周りを巻き込むことに行きつくと言っている。

「私のところでは、コンサートのプログラム内容を決める会議を開くようにしています。オーケストラの皆が、『曲目を決める意思決定プロセスに自分も参加している』と思えるのが大事だと考えているからです」とタニアは語る。

「オーケストラには強固なヒエラルキーがあり、もちろんそれがあるからこそ全体がうまくいきます。でも私は、皆の意見や新しい曲目のアイデアを聞きたい。そうすればきっと、一人ひとりが創造性や意思決定のプロセスのリーダーなんだと思えるはずだから。コンサートでのパフォーマンスを上げるという意味もありますが、なんといってもそうすることで信頼関係ができるんです」

オーケストラの階層構造というのは何世紀も変わらないが、そこから発生しうる硬直性をいっさい排除し、オーケストラの皆をできるだけ巻き込む、というのがタニアのやり方なのである。そうすることで、アプライド思考のフェーズで楽器を演奏している時だけでなく、クリエイティブ思考やクリティカル思考のフェーズでも皆が何かしらの役割を果たす機会をつくっているのだ。

オープン思考の鍵は「何をやるか」にこだわる時間を減らし、「いまやっていることをなぜやるのか」を理解することに時間をかけられるかどうかにある、と語るのは、作家であり大学教員でもあるジョン・ダッラ・コスタだ。オープン思考とは繰り返されるもので、終わりがない。答えを導き出す過程であるとともに、問いを見つけていくということでもあるのだと、ジョンは固く信じている。彼の主張は、「オープン思考とは常にアクティブなものである」という定義に、まさにぴったり沿っている。

オープン思考を改善するための最大の策としてジョンが提案するのは、何をやるのかだけに集中することをやめて、なぜやるのかをもっと理解するようにすることだ。

これは、私たちがものを考え、ほかの人と一緒にアクションをする時、目的意識が重要になる、という考え方から来ているものだ。

さらにジョンは、オープン思考には他者を巻き込むことが必要だというタニアの主張と同じく、他者との相互の関わりを重視している。

「オープン思考は、人の内側から始まります。ある人の人間性や立場や望みに対して、心を開く。こうした内側からのオープンさが、他者への気配りや責任感を育むとともに、ミスを許し、そこから将来の成長に向けた知恵や解決策を引き出す力をも生み出します」とも言う。

「オープン思考とは、知性あるいは知能に由来するスキルであるだけでなく、関係性を築くスキルでもあり、オープンに考えるとは、ほかの人と一緒に考え、他者のアイデアによって発想を豊かにし、皆で考えたアイデアをもって他者に貢献することで社会的な満足を得るものです」と語るジョンは、オープン思考のサイクルにおいて他者と協力し合う時に、以下の3つの要素を心がけることを勧めている。

・勇気

自分が知っていることだけで何とかしようとする臆病さを捨て、他者の新しい考え方を、自分の見識や感じていることと、思い切って結びつける。

・責任感

他者と一緒に取り組む際に、新しいデータ（事実）に対して誠実さと注意をもって向き合う。

・公平さ

評価と批判のバランスをとり、失敗もその先の変革と実験のためのコストとして受け入れ、許す。

環境保護団体「ウォーターキーパー」を率いるマーク・マットソンも、オープン思考とは周りを巻き込む取り組みであり、コミュニティに支えられたマインドセットだという。

「私はここ数年で、自分の学びや思考に力を与えてくれるのは、地域のコミュニティの人々なのだと思うようになりました。彼らの話を聞き、問題に耳を傾け、水質やビーチの状態などを改善するためにデータをどんなふうに活用しているかを理解する。これが、ものすごく役に立っているんです。私にとってウォーターキーパーの活動は、それぞれのコミュニティがきちんと機能するかたちを維持することにフォーカスを当てたものになっています。それは言うなれば、コミュニティとコミュニティをつなぐ地図みたいなものかもしれません。1つのコミュニティのエピソードやアイデアが、また次の、そのまた次のコミュニティへと伝えられていく。私たちの思考のあり方も、そうやって皆でつくっていくものになっているのです」

これもまた、オープン思考においては継続的な思考のサイクルを回すことが重要であり、とくに他者の考えやアイデアを取り入れて、未来の状況をもっとよくしていくことが必要だ、というメッセージの1例である。

オープン思考の継続に必要な忍耐力

オープン思考を行なう時、あなたはどれくらい忍耐強くいられるだろうか？　また、どの程度の時間、途切れずに継続できるだろうか？

思考を途切れさせないことと、マルチタスクをすることとは別である。マルチタスクに関しては、忍耐力とはまたちがったオープン思考のアプローチが必要だ。

本節の冒頭で紹介したピーター・ギルモアも、新しい料理を考える時と、それをレストランのお客様にどうやって出すかを考える時では、またちがうスタイルのオープン思考を使っていると言っていた。だが、全体として見れば、オープン思考は彼が料理をする時に発揮する才能の一部として、どこかだけが浮くこともなくしっくりなじんでいる。

ミュージシャンのキャサリン・カルダーを紹介しよう。彼女は、忍耐力と継続的なオープン思考との関係性について、さらなる示唆を与えてくれる。

キャサリンはカナダ人のシンガーソングライターで、ソロアーティストとしての活動でも知られている。オルタナティブ・バンドのイマキュレート・マシンの創設メンバーでもあり、その後、人気インディーズバンド、ザ・ニュー・ポルノグラファーズのメンバーに加わっている。

「私の創造性にまつわるインスピレーションは、何かを聴いた時にやってくることが多いです」とキャサリンは語る。

「音楽を聴けば聴くほど、クリエイティブな気持ちになるんです。それから、頭の中で聞こえて私を導いてくれる『かすかな声』にアクセスするようにもしています。創造性を発揮するには、自然のなりゆきにまかせたほうがいいと、潜在意識で知っているのかもしれません。私は頭の中の声が言うとおりに、脳が勝手に意思決定していくのをただ見守ります。もし、曲を書いたりレコーディングしたりしている時に、何度も立ち止まって無理にいろいろ考えてしまったら、きっとアウトプットにも悪い影響が出ることでしょう」

そんなキャサリンだが、コメディ俳優のジョン・クリーズのアドバイスはぜひ心に留めておくべきだと言う。ジョン・クリーズといえば、コメディ・グループのモンキー・パイソンの一員で、イギリスのテレビシリーズ『フォルティ・タワーズ』(日本での放送タイトルは『Mr．チョンボ危機乱発』)で有名である。

クリーズいわく、創造的になりたければ、忍耐力を身につけることが非常に重要だとのこと。彼がほかのコメディ俳優に比べてより創造性を発揮して成功できたのは、ほかの人よりも長い時間をかけて1つの問題に取り組むからなのだそうだ。動かないままでいることの居心地の悪さを少しだけ我慢して、思考のプロセスがただようにまかせ、「普通はこんなもんかな」と思うよりもずっと長く問題と向き合うことで、満を持して出てきた案がいっそうクリエイティブなものになるらしい。

クリーズがその主張の根拠として引き合いに出すのが、1970年代にカリフォルニア大学バークレー校の心理学者、ドナルド・マッキノンによってなされた研究である。それによると、「自分はまだ問題を解けていない」という不快感や不安を落ち着いて我慢すれば、そのぶんクリエイティブ思考は実り豊かなものになるという。

キャサリン自身も、創造性のプロセスは忍耐力に支えられていると語ってくれた。

「創造性を解放するのが難しいと感じる人がいるのも、きっとそのせいなのでしょうね。だって、いろいろ考えて出てくるうちの半分くらいは、気に入らないアイデアばかり。でも、『これだ』と思うものが生まれてくるまでは、そのまま考え続けなくてはならない。じっと考えているのってすごく居心地が悪いけれど、ただ完成さえさせればいいというものではないから。無理やり押し進めてしまうより、少なくとも私にとってはずっと意味があるんです」

ミュージシャンである彼女は、クリエイティブ思考とクリティカル思考とアプライド思考の継続的なサイクルがうまく回せなければやっていけない。

常に新しい曲を考え、さまざまなメロディーや曲のアレンジを固めるために意思決定をし、スタジオに行ってレコーディングをし、観客の前でライブを行なうなど、かなり多忙である。音楽活動を成功させつつ心身の健全さを保つためには、タイムマネジメントのスキルも必要だ。

クリエイティブ思考が働かなければ曲は生まれないし、意思決定ができなければ、せっかくの歌詞もメロディーも日の目を見ずに終わってしまう。そして、アプライド思考ができなければ、曲は決してレコーディングされることはないのである。

「書くのは無意識にできるんです」とキャサリンは続ける。

「新しい曲を書く時は、自分の中でくすぶっているものを取り出そうとしたり、それが何かを言い当てようとしたりすることが多いです。そこで忍耐力を使えるようにしておくと、腰を据えて取り組める。だから、うまくいくのだと思います。私は、その時の状況の、リアルな感情を自分で感じられた時にしかうまく書けないから。私が創造性を発揮する時には、自分の感情とつながることが必要で、それができれば、あとは感情が創作行為をずっと導いていってくれる。だからこそ、自分に対して忍耐強くいなければダメなんです」

キャサリンは、「ニュー・ミレニアム」という曲のエピソードを挙げて、彼女のオープン思考のサイクルについて説明してくれた。

「私はこの曲を書いていて、『よし、これで完成』と一度思いました。でも、何回かライブで歌ってみると、やっぱり完全に満足できる仕上がりではないと認めざるを得なかった」

そこで彼女はスタジオに戻り、ちがうアレンジや歌詞を考え、新しいシングルに入れるための曲として、レコーディングし直したのだそうだ。つまり、ライブでの演奏というアプライド思考のフェーズでの気づきが、キャサリンをもう一度、クリエイティブ思考とクリティカル思考のフェーズへと引き戻したのである。

「演奏を生でやってみて、曲を『コンサート用に』したことで、私の考え方も変わったのだと思います」とキャサリンは振り返る。

「もちろん、自分の頭の中の声を聞きながら曲を書いていた時と大きな流れは変わらないのですが、ライブで歌う時には、自分以外の人を巻き込むことになります。必要な忍耐力の種類も少し変わってくるんです。ライブでは、自分以外のミュージシャンたちが演奏に参加してくれます。もちろん、一人ひとり個性もちがうけれど、ライブの時には、できるだけ皆のアイデアや意見をオープンに取り入れたいと思っています。そのほうがもっと楽しいから」

キャサリンは、すでにオープン思考ができているという人にもきっと役に立つであろう点について、貴重なアドバイスをしてくれた。

「周りに誰もいない時でも、自分がジャッジされているんじゃないかと感じる時には、オープンにいろいろ試してみようとは思えないものです。ばかばかしいことでも思い切りやれる自由を感じながら、リラックスする。そうすることでオープンになれる。だから、スタジオは私にとって、いつでもどこでも、自分の思うままにふるまえる空間。プライベートな場所なんです。スタジオでなら、『ちょっと変かも』と思うようなアイデアも、何のプレッシャーも感じることなく存分に試してみることができます」

キャサリンが教えてくれたのは、オープン思考には忍耐と、自分自身に対する高いレベルでの信頼が必要であること、しかもアプライド思考の段階にある時でさえ、アイデアの見直しを受け入れなくてはならないこと、さらに、誰かから常に白い目で見られている。ジャッジされていると感じてしまうと、自分の創造力や意思決定力に悪影響がおよぶこと、の3つであろう。簡潔な言葉で言うなら、「忍耐強くある」「オープン思考のサイクルを何度でも回す意志を持つ」「ストレスのかからない環境を整える」――。この3点が、オープン思考の行動様式の中でもとくに重要ということだ。

オープン思考ができている人は、そうでない人に比べて、よりマインドフルなのだ。

キャサリンの『テイク・ア・リトル・タイム（Take a Little Time）』という曲がまさにぴったりなので、紹介しておこう。

少しだけ時間をかけて、少しだけ時間をかけて見つけてよ
あれこれやってみて、音を感じよう
ほかに何が見つかるか探してみるのよ
小さな変化を観察してみて、すぐにはわからなくてもいい
息苦しく感じても、それでもやっぱり
輪郭は少しずつ見えてくるはず

ニスガの思考「1つのボウル」

ニスガ族は、カナダのファースト・ネーションの民族の1つで、ブリティッシュ・コロンビア州の北西、ナス川流域に「有史以前から」暮らしている。この約2000平方キロメートルの地域におよそ2500人、カナダのほかの地域におよそ3500人が住んでいる。ナス川流域一帯は、2000年4月13日という歴史的な日に、ニスガ民族とブリティッシュ・コロンビア州政府とカナダ政府の三者のあいだで、土地請求問題を解決する最終条約（ニスガ条約）が交わされて以降、ニスガの土地になっている。この条約では、ニスガの自治も認められており、先住民族と政府が交わすこの種の取り決めとしては、カナダでもきわめて画期的なものであった。以来、ニスガのリシムス政府がニスガ民族を統治し、歴史と伝統ある彼らのルーツを守りながら、将来に向けての発展の道も模索している。

エバ・クレイトンは、ニスガ・リシムス政府の長であり、このポストに就いたはじめての女性だ。伝統や慣習を何世紀にも受け継いできた文化を持つニスガ族の人々が、クリエイティブ思考やクリティカル思考、アプライド思考をどんなふうに使っているのか興味を覚えた私は、早速エバに聞いてみた。

「意思決定はホリスティックな観点からなされ、私たちが暮らす世界全体のことをあらゆる側面から考慮に入れています」

そう言ってエバは、ニスガ族の法典〈アユーク（Ayuuk）〉のことを教えてくれた。〈アユーク〉は、古代から伝わるニスガ族の法と慣習を定めたもので、思考と行動の拠り所となっており、それゆえに彼らはここまで繁栄してこられたのだという。そして、ニスガ族の文化を後世に伝え、人々を導くとともに、ニスガ族の文化を学ぶ人の心をも刺激してきたのだ。〈アユーク〉によると、すべての意思決定は〈セイ・キリム・ゴー〉（Sayt-K'ilim-Goot）、つまり、「皆同じ1つのボウル」を共有している、というニスガ族の哲学のもと進められるのだという。

「私たちがなすことはすべて、どこかで1つにつながっていると信じています。だから、『心を1つに、道を1つに、民族を1つに（one heart, one path, one nation）』というメッセージで、私たちのアイデンティティを公式ブランド化しているんです」

私がニスガ族について知ったのは1990年代のことで、当時彼らは土地の権利をめぐって国や州政府と交渉中だった。私の1冊目の本『Flat Army（フラットな組織）』でも、ニスガ族の「皆同じ1つのボウル」の哲学について触れている。彼らの「心を1つに、道を1つに、民族を1つに」のスローガンにならえば、どんな組織も必ずやよい方向へ進んでいくのではないかと思ったからだ。

また、エバは〈セイ・キリム・ゴー〉について触れただけでなく、ニスガ族のあり方は、忍耐強く、長い目でものごとを見る思考力にも支えられているのだと言った。

「すべてはつながっているわけですから、意思決定したことを実行していく過程では、あらゆる方面に影響がおよびます。一方で、私たちは〈アユーク〉に根差しているので、統治やリーダーシップのあり方も、その哲学や価値観に従います。〈アユーク〉の哲学や価値観と、実際のアクションをしていくための意思決定とをうまくバランスさせる能力が必要です。意思決定も、意見の対立を乗り越えて合意を達成していく過程も、すべてが〈アユーク〉の教えにもとづいて進められていきます」

私は、エバが「ホリスティック」(holistic)という言葉を使うのを聞いて、非常に感銘を受けた。

語幹にある「ホーリズム」(holism)とは、定義として「システム全体」のことを指しており、全体を個別に分けて考えたり、細分化していったりするのとは逆の概念である。ニスガ族が民族として生き残ってこられたのは、彼らが自らをほかとは別個の部分としてとらえるのではなく、世界の全体性の中に位置づけて、まさにホリスティックにものごとを考えてきたからなのだろう。

私にとってとりわけ学びが大きかったのは、ニスガ族の思考とアクションが、いかに「すべて」を考慮しているかを教えてくれた、エバの次の言葉である。

「ニスガ族は、自分たちが行なう意思決定が、ニスガの民族の生活を左右するのはもちろんのこと、自分たちが生きる環境にも影響を与えるという事実をきちんとわかっているのです。私たちはニスガ条約のもとで、これからも民族として進化し成長し続けることを宣言しましたが、私たちの意思決定が世界全体におよぼす影響についてもよく自覚しています。私たちニスガ族の文化的価値観と、民族としての今後の進化とのバランスをとるための基盤になるのが、まさにこのホリスティックなアプローチなのです。自分の責任とは何かを一生をとおしてよく考え、民族全体に貢献していくことは、個々人に課せられた義務だと思います。一人ひとりがユニークな個性を発揮し、皆が力を合わせるからこそ、我々ニスガ族はこれからも繁栄していけるのです」

ある文化全体が生き残れるかどうかは、「思考と行動の両方を、ホリスティックなアプローチで行なう力」があるかによって決まる。

これぞまさしく、オープン思考の定義と言っていいだろう。

また、数世紀にわたり耐え忍んできたニスガ族という人々の文化の特徴も、この言葉によく表われていると思う。もし、ニスガ族のあり方がホリスティックでなければ、民族の繁栄は望むべくもなかったであろうし、もし、彼らがオープン思考の3つのフェーズで時間をかけすぎていたら（あるいはかけなさすぎていれば）、ニスガの人々はいまごろ道を見失っていたかもしれない。

繰り返しになるが、熟考と行動とのバランスは、やはり非常に重要なのである。

第1節で、私はオープン思考を構成する3つの要素――クリエイティブ思考、クリティカル思考、アプライド思考について1つずつ定義した。そこから、私たちはそれぞれの要素を一緒にたどり、ついにこの場所に至ったというわけだ。

実は、いまこの時まで、私はオープン思考という言葉自体を定義することをわざとひかえていた。なぜか？　それは、ニスガ族の物語を紹介することが、オープン思考を文脈としてとらえるのにもっとも役に立つだろうと思ったからである。

いまここで、初めて定義したい。

オープン思考　Open To Think
熟考と意思決定と行動とをホリスティックに行なうことで、道義にかなった結果を導く試みのこと。

私は第1節で、本書を読みながら以下の3つの問いについて考えてみてほしいとお伝えしていたと思う。

・じっくり思いを描くことに十分な時間を使っているだろうか？
・ファクト（事実）や証拠にもとづいて万全の判断をしているだろうか？

・行動を急いで完了しようとしていないだろうか?

この質問を自分に投げかけることによって、オープン思考の定義がよりいっそうなじんでくることだろう。

ニスガ族の土地請求問題が最終的な解決に至るまでには、113年の年月がかかった。植民側の政府が変わっていっても、ニスガ族は自分たち民族の利益にかなう解決を図るべく、粘り強く交渉を続けていった。

彼らの主張は、ニスガ族こそがナス川流域にもともと(しかも有史以前から)住んでいたというファクトにもとづくものだった。〈セイ・キリム・ゴー〉と〈アユーク〉の原則は、ニスガ族の核であり続け、民族の中で世代交代が進んだいまでも、それは変わらない。「心を1つに、道を1つに、民族を1つに」のスローガンを掲げるとともに、ホリスティックな思考を習慣的に行ないながら、公正、安定かつ良心的な問題解決を追い求めてきたニスガ族の姿は、彼らの文化の象徴でもありつつ、オープン思考を体現したものでもあった。ニスガ族は決してあきらめないが、それでも常に状況には適応していこうとする。彼らは、まさに全体性の中に生きてきたのだ。結局、ニスガ族がオープン思考を忠実に実践し続けたことが、最終的に彼らの目標の達成にもつながっていったのだと言ってよさそうである。

彼らはゴールを達成するためであれば、クリエイティブ思考、クリティカル思考、アプライド思考を何度も繰り返すのを決していとわなかったのだ。

「現代の政府機関としては、私たちはまだまだひよこみたいなものです。でも、私たち自身の文化のように、これから私たちは進化を続けて、ニスガ族の人々のニーズに応えられるようになっていきたいと思います」とエバは語った。

〈セイ・キリム・ゴー〉の哲学と〈アユーク〉の精神が示すのは、社会に受け入れられ、その存在意義を果たそうとするニスガ族1人ひとりのあり方である。

ニスガ族の人々も、自分たちは皆支え合って生きており、民族としてこれからも繁栄していくためには、互いの協力が必要なのだという思いがある。ニスガ族は、まさにホリスティックであり、オープン思考ができる人たちが集まっている民族なのである。

つまり、ニスガ族はオープン思考のロールモデルであり、私たちはぜひ、彼らから多くのことを学ばせてもらうべきなのだ。

オープン思考の核心《タネ》

本書もそろそろ終わりに近づいてきた。

さて、最後に1つあなたに質問がある。この本の最初のページになぜポップコーンが描かれているのか、あなたは疑問に思わなかっただろうか？

本書は料理本ではないし、ましてやスナックについての本でもないことは、あなたもすでにおわかりだろう。では、なぜポップコーンなのか。

時代遅れだと思われるかもしれないが、私は家で家族と過ごす時、とくに皆で映画を見るような夜は、大きな鍋に油をたっぷりひいて、ストーブの上でポップコーンを作るのが好きだ。最高にヘルシーとは言いがたいが、我がポンテフラクト家のポップコーンの作り方をご紹介しよう。

1　引き出しから大きな「ポップコーン用」鍋を出してくる。
2　鍋の底に油をまんべんなくひく。
3　ストーブのスイッチを入れ、油の温まり具合を見るために、ポップコーンのタネを数粒、鍋の中に入れ、フタをする。
4　タネがジュージューいいはじめたら、フタを開け、好きなだけ、できるだけたくさんのタネを入れる。
5　ボウルをいくつか用意する。
6　ポンポンとタネが激しく弾け出したら、機敏さと忍耐が鍵を握るタイミングだ。注意しながらフタをさっと開けて、弾けたポップコーンをボウルに取り出し、まだ弾けていないタネは鍋の中に残して、またフタをする。

7　鍋をストーブにかけ、2、3回これを繰り返す。ここで自分をコントロールできないと、かなりストレスになるから気をつけること。

さて、この私の個人的なポップコーン作りの様子と、オープン思考にはいったい何の関係があるのだろう？　これが本書であなたに考えてみてほしい、最後の質問になる。

もしあなたがポップコーンのタネを、いくらお腹がすいているからと言って、袋やビンからとり出して、そのまま口に入れたらどうだろう。判断を焦っているとか、行動を急いでいるとか、何も考えていないなどといったイメージが湧くだろう。これは、オープン思考のアンチテーゼだ。まさしく硬直思考の見本である。タネにすぐ手を出してしまうほど忍耐力に欠けているようでは、自分の思考にも悪影響がおよんで当然だ。もちろん、消化器官にも負荷がかかってよろしくない。

逆に、ストーブの上でポップコーンを長時間炒りすぎてしまっても悲劇が起きる。油まみれの黒こげポップコーンのできあがりだ。選択肢をあれこれ議論するだけだったり、いつまで経っても意思決定をしなかったりしていては（いつフタを開けて取り出すか、タイミングがつかめないようでは）、結果はタネを袋からそのまま食べるのとそう変わらない。これも、オープン思考のアンチテーゼである。つまり、優柔不断思考の表われだ（シンプルに、味もまずい）。

では、鍋に油をひいてタネを入れるところまではよかったのに、そこでふっと興味をなくしてしまって、ストーブに放置してどこかへ行ってしまったらどうだろう？　最終的に何が起きるだろうか？　……そう、火事である。おそらくキッチン、いや、もっと悪くすると、家自体が燃えてしまうだろう。

何かに不満を抱いて、熟考と行動とのバランスをとる必要性をすっかり無視してしまったら、私たちは無関心思考に陥ってしまう。オープン思考とはほど遠い。後始末も大変だし、これはもはや破滅的な結果と言っていいだろう。

たかがポップコーン、されどポップコーンというわけだ。

本書をとおして、オープン思考にはクリエイティブ思考、クリティカル思考、アプライド思考の継続的なフローが必要だということがわかってもらえたのではないかと思う。

ポップコーンは、本書を締めくくる最後のメタファーだ。タネのまま直接食べてはいけないし、焦がしてもいけないし、どうか火事も起こさないでほしい。ふわっと軽くておいしい、最高のポップコーンが食べたければ、熟考と行動とのバランスをしっかりとらなくてはならない。

人生はどんな時も、思いを描いて、意思決定をして、行動する――その繰り返しなのだ。

帽子屋に敬意をこめて

本書の最後にもう一度だけ、カーリン・ルイズと【リリプット・ハット】の面々を訪ねてみよう。

私がはじめてカーリンの店に行った時、自分の帽子を買おうというつもりはなかった。だが、カーリンのことを知り、この店でいかにオープン思考が行なわれているかということを目のあたりにしていくうちに、自分でもそのプロセスを体験したいという気持ちが強くなっていった。何度か店を訪れたある日、ついに私は「自分にも帽子をつくってもらえないか。もちろん、客としてお金は払うから」と頼んでみた。

するとカーリンは、「帽子づくりにショートカットはなしよ」と言った。つまり、妥協はしないから覚悟しなさい、ということである。

腕のいい職人の茶目っ気は大歓迎だ。

もちろん、私はＯＫした。

カーリンは、どんな帽子が欲しいのかと私に聞くところから始めた。

「基調講演とか、人前で話す時用の、ちょっとあらたまった場でかぶることができるものがいいな」と私は言った。さらに、「フォーマルな場でも、プライベートなイベントにも合うものがうれしい」とも付け加えた。

そこから話は帽子の形やサイズのことなど、どんどん具体的になっていき、カーリンが帽子のスタイル別に、つばの形や、トップ部の横幅、飾りテープ部の形状、そしてトップのへこみの具合など、ちがいを説明してくれた。最後に、私が個人的に「こういうのはどうか」と考えていたインスピレーションについて話し合い、色やリボン羽根やフェルトなど装飾についてあれこれ意見を交わしたのだった。

カーリンは、帽子が動きの中でどう見えるか、ビデオを見せてくれた。あるビデオにはコマーシャルが入っており、そこにはカーリンの帽子がたくさん映っていた。また、いろいろな人が彼女の帽子をかぶっている写真も何枚か見せてもらった。するとその中に、ザ・トラジカリー・ヒップのリードボーカル、ゴード・ダウニーの写真も1枚あった。

「こいつはかなり洒落ているね」

私は興奮を抑えて言った。すると、カーリンは店のどこかから、ゴードの帽子をつくった時の型を持ってきてくれた。それを見た時、私がどれほど心揺さぶられたことか——。

こうした会話をしている時のカーリンは、明らかにクリエイティブ思考のフェーズにあった。私にはどんな帽子が似合うか、どんな帽子なら私の思い描く理想のイメージに近づけるか、「可能なことを実行する技術」(art of the possible) についてアイデアをあれこれ膨らませているようだった。時間にすれば30分かそこらだったと思うが、クリエイティブ思考のあらゆる要素がなされていたと思う。

そこから私たちは、いくつかの意思決定とクリティカル思考のフェーズへと移っていった。

まず帽子の色とつばの大きさが決まった。

次はいよいよ制作に取りかかっていくところ――そう、アプライド思考が始まる。カーリンは私の頭のサイズをあちこち測った。それから、いろいろな帽子を10種類くらい試着させ、型合わせも行なった。そのあいだ、カーリンの頭の中ではまたしてもクリエイティブ思考が行なわれていたらしい。なぜそうわかったかというと、カーリンが私にいくつか追加で質問をし、ノートに走り書きをしていたからだ。


制作チームのほかのメンバーは、店のちがう場所で引き続きスチームをあてたり、縫ったり、刺繍をしたり、帽子を販売したりしていた。すると、カーリンが店のいちばん奥へと入っていき、やがてまた帽子の試作品を1つ持って戻ってきた。私の心をとらえたのは、そのデザインだった。トップの幅といい形といい、つばの形状とも相まって、まさに私が求めていたスタイルそのものだったのである。私はその帽子を試着して、全身鏡に映してみると、思わず笑みをこぼした。カーリンも同じだった。

帽子のタイプと具体的な形状、そして色が決まったので、次のステージへと進む。ここでもやはり、クリエイティブ思考が登場した。

「ファースト・ネーションへのオマージュが欲しいって言ったわよね？」とカーリンは、羽根やリボン、装飾用の石の組み合わせをいろいろ試しはじめた。そして、笑顔でこう言った。

「私とチームにまかせてちょうだい。数日でできあがるわ」

その週の後半、私は完成した新しい帽子を受け取りに店を訪れた。とてもわくわくしていた。それまで帽子をカスタマイズで作ったことなどなかった。帽子づくりのためにあれこれカーリンと話したのが月曜日で、完成した帽子をはじめてかぶるその日は木曜日だった。そのあいだも、カーリンと制作チームは、クリエイティブ思考とクリティカル思考とアプライド思考をずっと繰り返していたのである。おそらく私が帰ったあとも、もう少しアイデアを膨らませたり、追加でいくつかのことがらを決めたりしていたはずだ。そうして、30を超える帽子のコレクションを持つ私の新たなお気に入りを、ついに完成させてくれたのだった。

ちなみに、私がゴード・ダウニーに強い思いを抱いていることを知っていたカーリンは、帽子にとっておきの仕掛けをしてくれていた。なんと、帽子の内側に、ゴードが書いた曲の歌詞がプリントされた生地で、裏打ちがされていたのである。

終わったんだ
長い夜を越えて
もし願いごとをするなら
もっと、と願ってみようか

私は感激してしまった。

その帽子はまさに、アートそのものだった。なにせ、音楽が縫い込められているのだ。

1軒の帽子屋からこれほど多くのことを学ばせてもらうことになるなんて、いったい誰が想像しただろう。

カーリンと【リリプット・ハット】のメンバーは、あなたと同じように、彼女たちなりの思考の営みを今後も続けていくはずだ。あなたにもきっと、自分のオープン思考をもっと活かしてみる余地があるだろうと思う。

もし私が願いごとをするなら、この帽子からもらったような気持ちを、これからもたくさん味わえたらいいなと思っている。

オープン思考のための十戒 ※

1 時間は、思考においてきわめて重大な要素である。なぜなら、時間の使い方をまちがえると、すべてが狂ってしまいかねないからだ。

2 集中力が枯渇してしまうほどにまで、あれこれ考え込んでしまってはいけない。なぜなら、スタートラインに立てるのは、夢をひたむきに描くことができる人だけだからだ。

3 適切なタイミングを見きわめたうえでアクションを起こすこと。なぜなら、目標を達成することばかりに盲目的に焦ってしまうと、痛い目を見るからだ。

4 自分の判断に対して柔軟に、必要ならいつでも意思決定を見直すように心がけること。なぜなら、「こうあるべき」にとらわれてしまうと、誰の幸せにもならないからだ。

5 考えたことを頭の中だけで覚えておこうとしないこと。なぜなら、十中八九どこかへ行ってしまうことになるからだ。

6

環境を整えて、大切なことに集中するための準備をすること。なぜなら、注意散漫になると混乱をきたしかねないからだ。

7

ずっと忙しくしている状態に満足を覚えるのではなく、定期的に一呼吸おくよう心がけること。なぜなら、前者よりも後者のほうがかえってものごとがうまく進み、良い結果につながるからだ。

8

情報やファクトが欠けていることを言い訳にしてはならない。なぜなら、人がものごとに無関心になってしまう真因は、真実の探索を自ら怠っているということにほかならないからだ。

9

その時いちばん大切なものに意識的に集中すること。なぜなら、気を散らせるような誘惑に負けるのは、時間の浪費になるからだ。

10

思いを描き、意思決定し、行動するのを常に繰り返すこと。なぜなら、閉鎖的な思考をしていると結局後悔するはめになるからだ。

※　バートランド・ラッセル「自由人の十戒」へのオマージュ

おわりに

人生は短いし一度きり。
「自分が誰か別の人だったらいいのに」なんて思いながら過ごしていたら時間がもったいない。

クレア・ポンテフラクト（我が家の長女）

うちの長女のクレアが6歳のころ、バイオリンを習いたいと言ってきた。妻と私は喜んで、すぐにバイオリンの先生を探した。そこから多くの先生の教えを受け、練習の時間を積み重ねていくのに比例して、クレアのバイオリンはどんどん上達していった。彼女の部屋からは、バッハやレーガー、タルティーニを奏でる美しい音色がよく聞こえてきたものだ。友人や親戚がうちに集まって食卓を囲むような時、クレアがバイオリンを手にやってきて、皆の前で演奏を聞かせてくれた。6年間ずっとバイオリンを弾き続けた彼女は、学校のオーケストラでコンサートマスターにまでなった。あるコンサートで演奏した時には、いろいろな人がこぞってクレアの才能を褒めそやした。

だが、小学校のグレード6の終わりを迎えた6月、夏休みをすぐそこに控えたクレアは、ある意思決定をした。「このところずっと考えていたんだけど、バイオリンのレッスンをやめることにした。バイオリンは好きだけど、何かちがうこともやってみたいなと思って。どうか怒らないでね」と彼女は言ったのだった。

夏休みが始まると、クレアは弟からミニ・アコースティックギターを借りた。クリスマスプレゼントだったのに、何カ月もほったらかしにされていたものだ。クレアは独学でギターの弾き方を学びはじめた。ユーチューブを見て、いろいろ試しながら練習していたようだ。

練習中は、決して人前で弾こうとはしなかった。とにかく1人で何時間も、弾き方を勉強しては練習していた。クレアは創造性を発揮し、あれこれと選択をしながら、コードや曲を学んでいったのだろう。自分がうまく弾けているか、どこをもっと練習しなければならないか、批判的に分析もしていたはずだ。自分のスキルの成長具合を、自分で判断し、批評しながら練習をしていったのだと思う。

その年の終わり、私たちは家族で休暇を過ごすためにオーストラリアへ飛んだ。

クリスマス・イヴの日、バイロン・ベイにあるレストランに行くと、「オープンマイク」、つまり、客が自由に飛び入り参加できるパフォーマンスイベントが行なわれていた。私たちがメインの食事を終えて、ちょうどデザートを待っていた時のことだ。クレアがすっくと立ちあがり、ステージへと歩いていって、自分もパフォーマンスをすると言い出した。突然のことで、私たち家族は仰天してしまった。

「えーっと。こんばんは、クレアです」

彼女はマイクに向かって言った。

「家族と一緒に、カナダから休暇で来ました。こんな、飛び込みで演奏なんて、いままでやったことないし、人前でギターを弾くのもはじめてなんですけど、よかったら聞いてください」

挨拶するなり、クレアはトム・オデールの『Grow Old With Me（グロウ・オールド・ウィズ・ミー）』の弾き語りをしたのだった。曲が終わると、私たちは言うまでもなく、あふれんばかりに拍手をした。席に戻ってきたクレアに、私は聞いてみた。

「バイロン・ベイのステージに上がって、はじめて人前でギターを弾いてみて、どうだった？」

クレアの答えはこうだった。

「ドキドキしたたし、ちょっとだけ怖かった。でも、なんだか達成感みたいなものもあるかも。6カ月ずっと練習してきて、そろそろ知らない人の前で弾いても大丈夫かなと思っていたんだ。楽しかったなぁ。ステージから見るパパの顔ったら！　あ、あとね、おまけのデザートももらえたよ」

バイロン・ベイでの夜以降も、クレアはオープン思考の3つのステージを繰り返している。

近ごろのクレアは、新しい曲を勉強したり、コードを覚えたり、自分の演奏のレベルがどこまで達しているかを見きわめたり、練習した曲を人前で弾き語りするための場所を探したりしている。そして、家族でやるキャンプファイヤーや友人とのパーティー、学校や教会で、また、家族が世界各国に散らばっている時には、ビデオ通話アプリのスカイプ（Skype）やフェイスタイム（FaceTime）で、ギターを披露してくれるのだ。２０１７年には、お葬式でも、それから結婚式でも弾いた。直近では、なんとウクレレまでレパートリーに加えたようである。

思いを描き、意思決定をし、そして行動する――。

この終わりなき思考のサイクルこそが、本書のテーマである。

クリエイティブ思考、クリティカル思考、そしてアプライド思考をどの程度発揮できるかによって、自分のパフォーマンスが決まる。熟考と行動とは、常にバランスさせなくてはならない。その意味で、親ばかかもしれないが、クレアのエピソードは、オープン思考の素晴らしさをよく表わしているのではないかと思っている。

オープンであろう。きちんと思考しよう。オープン思考を、やり続けるのだ。

Quod erat demonstrandum.（証明終わり）

謝辞

各方面でお世話になった人たちへ

リチャード・マーティン、本書は君なしではとても書けなかった。カナダのビクトリアとイギリスのホイットスタブルという時差8時間の距離も、君の素晴らしい編集手腕の前では何の障害にもならなかった。今後もまた、一緒に本の仕事ができたら嬉しい。本当にありがとう、君は最高だ。

ドン・ローニー、ロジャー・マーティン、ステファン・ラム、マイク・デジャーディン、ケルシー・トリッグ、エランゴ・エランゴバン、マーク・コルゲート、ピーター・ジョンストン、ブライアン・アッカー、デニス・ラマルシュにも感謝したい。私が本書の構想を長々と話すのに付き合ってもらったうえに、役に立つ視点や提案、「それはやめとけ」という貴重なアドバイスまでいただいた。この恩は決して忘れない。読者によいものがお届けできるのは、あなたたちのおかげである。

Figure 1出版の新しいチームの皆へ。本作りという仕事の仲間に私を加えてくれたこと、どれほど感謝してもしきれない。ジェニファー・スミスとクリス・ラボンテをはじめ、私が筆を進められるように助けてくれた「F1」チームの皆に、胸いっぱいの感謝を。ジェス・サリバン、君のアートは素晴らしかった。ジリアン・スコビー、君は最高のコピーライターだ！　最後の最後まで支えてくれたレナーテ・プロイスとララ・スミスも、本当にありがとう。

執筆にあたりお世話になった人たちへ

私の質問や電話、メール、対面でのインタビューに答えてくれた皆さんに、心から御礼申し上げる。

オープン思考のフレームワークは、たくさんの人の支えがあってできたものだ。本書を世に送り出すことができるのは、皆さんのおかげである。マーク・マットソン、ジェームズ・スチュアート、ジェームズ・ペリー、タニア・ミラー、マーク・キルバーガー、アリソン・ギャロウェイ、エリック・ジョーダン、グレッグ・ムーア、ドミニク・リード、デイヴ・グレイ、リサ・ヘルプス、ティム・ホッケー、キャサリン・カルダー、サミーア・パテル、ジョエル・プラスケット、エバ・クレイトン、ブライアン・スクダモア、ジョナサン・ベッカー、ヨン・ジャオ、ピーター・ギルモア、ジョン・ダッラ・コスタ、アデル・ダイアモンド、ローハン・ライト、ダイオン・ヒンチクリフ、エランゴ・エランゴバン、アレン・ディバイン、カイナ・レスキー、ダニエル・レヴィティン、ブリアナ・ウェットローファー、カール・ムーア、シャーリーン・リー、そしてマイク・デジャーディン、本当にありがとう。

それから、ゴード・ダウニーへ。あなたに贈られた名誉の羽根が、いまも天国で変わらず美しくありますように。ラコタ語で「星々のあいだを歩く人」を意味する「Wicapi Omani」の名を与えられたあなたと、同じ時代に生きられたことを幸せに思う。

そして、リリプット・ハットのカーリン・ルイズに、とくに感謝したい。あなたは最高に素晴らしい人だ。オープン思考のエッセンスに磨きをかけてくれて、本当にありがとう。

本書の構想を手伝ってくれた人たちへ

私自身、オープン思考をいまも練習中の身だが、そんな私をずっと見守ってくれている友人や同僚の皆には、本当に頭が上がらない。ここまでに名前を挙げさせていただいた方々のほかにも、多くの皆さんと交わした会話（最近のものも、過去のものも含む）が本書の大きなヒントになった。以下、順不同で感謝の気持ちを表したい。キャサリン・バーネット、コルゲート夫妻（マークとオーラ）、セリーヌ・シリンガー、ジル・シュナー、ドリスコル夫妻（キースとミシェル）、ミルズ夫妻（ルークとアニー）、スティーヴン・ヒル、フレッチャー夫妻（ケヴィンとジェン）、ケネス・ミケルセン、ヘンリー・ミンツバーグ、リック・ウォルツマン、アンダーソン夫妻（ベッキーとエリオット）、ソール・クレイン、マイケル・バンゲイ・スタニエ、ベヴ・パットウェル、スノーデン夫妻（ボブとジョーン）、チャールズ・ハンディ、ダン・ガン、ジョン・ハズバンド、マシュー・ウッド、ダレン・エントウィッスル、ジョッシュ・ブレア、アンドリュー・ターナー、ジェフリー・プルット、マリリン・タイフティング、アンナ・キャリオン＝リヴェラ、ポール・ブレイアー、エリン・ダーマー、フランシス・ピケラック、ローマン・ピケラック、ブルース・ダシー、メアリー・ヒューイット、ローラ・ジェイミソン、サウスゲート夫妻（グレッグとシャノン）、テラスの２０１８年ＭＢＡ卒業生たち、キム・モーガン、ケヴィン・マッカードル、ミーガン（〝メグス〟）・ミットラー、ケヴィン・ジョーンズ、ジェン・マーター、ミシェル・ムーア、ケヴィン・オルケス、アリソン・ヴァン・ブーレン、ジョン・アンブローズ、ダン・クレイン、マーシャ・コナー、リチャード・シュトラウブ、ロス・ポーター、エヴァンズ夫妻（グラントとダーシー）、ヴァル・リトウィン、アーレン・リー、サンドラ・ダニエル、リネッテ・ヴァン・スタインバーグ、ジェームズ・タイアー、キラン・モーハン、ラスール・ラヤニ、アントニオ・ニエト＝ロドリゲス、チャック・ハミルトン、レイモンド・ホフマン、ルド・ファン・デア・ハイドン、ジョスリン・ベラール、マッケルロイ夫妻（グレインとマーティン）、ヴィンス・モリナロ、ティム・キャステル、エリック・ムーラー、ステファン・マクダーモット、ブライアン・リード、ニロファー・マーチャント、ショーン・ハンター、ダン・シーハン、デボラ・ウィキンス、フィル・レニール、Speak and Spill の皆、Write and Rant の仲間たち、アレックス・ロスウェル、アン・グレイザー、ハグクル夫妻（ブレアとトレイシー）、そして、シェリー・ベルリン。エア・カナダのサービス・ディレクターにも感謝したい。搭乗すると、いつも私の様子を気にかけ、執筆がしやすいようにと配慮してくれる。いつもありがとう！（高度3万5000フィートの上空でよく執筆作業をするのだ）。名前を書ききれなかった人もいるにちがいない。その場合は、本当に申し訳ない。次に会った時に、スコッチかラテでも1杯ぜひおごらせてほしい。

支えてくれた愛する家族へ

私の思考の基盤にあるのは、家族への愛情である。私が夢を描けるようにいつも背中を押してくれる、ありがたい存在だ。ミア、ロイ、ニコル、アラナ、ナターシャ、アダム、ミシェル、ゾーイ、リッチ・スザンヌ、クリス、マドレーヌ、タイラー、デビー、ダイアン、ロン、ジェーン、それからローレンス。皆、大好きだ。それから、あっという間に大きくなってしまう、うちの宝物たち——クレア、コール、ケイト。3人とも、死ぬほど愛しているよ。自分の考えを思う存分、世界に発信しなさい！そして、あまり早く大人にならないで！　どうかいつも、まずは自分をいちばん大切にすることを覚えていてほしい。キルケゴールが言うとおり、「これが本当の自分だと思える人になる」ことが大切だ。

最後に、妻デニスへ。君こそが我が家の土台であり、家族の中心だ。どんなに大変な時でも、いつも平気な顔をしてくぐり抜けてくれて、本当にありがとう。君がいなければまったくお手上げだ。君は最高だよ。曲の歌詞そのままだけど、「近くにいる時も、離れていても」、どんな時も愛しているよ。

◆第8節: もう一度考えてみる

・Antinori, A., Carter, O.L., & Smillie, L.D. 2017. "Seeing It Both Ways: Openness to Experience and Binocular Rivalry Suppression." Journal of Research in Personality, 68, (June 1): 15–22.
・Becher, Jonathan. 2017. 著者との会話より
・The Businessolver ウェブサイト https://www.businessolver.com/2017-empathy-monitor-executive-summary?hsCtaTracking=9e006e63-8034-41e9-ac00-19227993b694%7Cd49f67a6-5d50-4439-9241-5ec2bb24321f.
・Calder, Kathryn. 2017. 著者との会話より
・Carnegie, D. 1938. How to Win Friends and Influence People. New York, NY: Simon and Schuster. （前出）
・Clayton, Eva. 2017. 著者との会話より
・Couros, G. 2015. The Innovator's Mindset: Empower Learning, Unleash Talent, and Lead a Culture of Creativity. Dave Burgess Consulting, Inc.
・Dalla Costa, John. 2017. 著者との会話より
・D'Souza, Steven, & Renner, Diana. 2014. Not Knowing: The Art of Turning Uncertainty into Opportunity. LID Editorial. （前出）
・Gilmore, Peter. 2017. 著者との会話より
・Gray, D. 2016. Liminal Thinking: Create the Change You Want by Changing the Way You Think. Brooklyn, NY: Two Waves Books.
・Gray, Dave. 2017. 著者との会話より
・Hinchcliffe, Dion. 2017. 著者との会話より
・Kielburger, Marc. 2016. 著者との会話より
・Lathrop, G.P. 1890. "Talks with Edison." Harper's Magazine, 80, (February): 425.
・Levitin, Daniel. 2016. 著者との会話より
・Li, Charlene. 2016. 著者との会話より
・Mattson, Marie 2016. 著者との会話より
・Miller, Tania. 2016. 著者との会話より
・Perry, James. 2016. 著者との会話より
・Popova, M. 2012. "John Cleese on the Five Factors to Make Your Life More Creative." Brainpickings, April 12, 2012. https://www.brainpickings.org/2012/04/12/john-cleese-on-creativity-1991/.
・Ruiz, Karyn. 2016. 著者との会話より
・Schein, E.H. 2004. Organizational Culture and Leadership. Hoboken, NJ: John Wiley & Sons. （『組織文化とリーダーシップ』エドガー・H・シャイン著、梅津裕良、横山哲夫訳、白桃書房、2012年）
・Scudamore, Brian. 2016. 著者との会話より
・World Economic Forum. 2016. "The Future of Jobs." http://reports.weforum.org/future-of-jobs-2016/.
・Zhao, Yong. 2017. 著者との会話より

Creative Leadership, (April).
・Goldsmith, Oliver. "1762, The Citizen of the World: or, Letters from a Chinese Philosopher, Residing in London, to His Friends in the East by Lien Chi Altangi (Oliver Goldsmith), Letter VII and Letter XXII." Printed for George and Alex. Ewing, Dublin, Ireland.
・Harford, T. 2012. Adapt: Why Success Always Starts with Failure. London, UK: Abacus.（『アダプト思考　予測不能社会で成功に導くアプローチ』ティム・ハーフォード著、遠藤真美訳、武田ランダムハウスジャパン、2012年）※本書内の引用箇所は訳者によるもの。
・Kandel, E.R. 2006. In Search of Memory: The Emergence of a New Science of Mind. New York, NY: W.W. Norton.
・Konrath, S.H., O'Brien, E.H., & Hsing, C. 2011. "Changes in Dispositional Empathy in American College Students Over Time: A Meta-Analysis." Personality and Social Psychology Review, 15, 2, (May 1): 180–98.
・Leroy, S. 2009. "Why Is It So Hard to Do My Work? The Challenge of Attention Residue When Switching Between Work Tasks." Organizational Behavior and Human Decision Processes, 109, 2, (January 1): 168–81.
・Li, Charlene. 2016. 著者との会話より
・Light, Rohan. 2017. 著者との会話より
・Mattson, Mark. 2016. 著者との会話より
・Miller, Tania. 2016. 著者との会話より
・Myers, C. 2017. "How to Become a More Decisive Leader." Forbes, April 28, 2017. https://www.forbes.com/sites/chrismyers/2017/04/28/how-to-become-a-more-decisive-leader/#430972274336.
・Orin, A. 2017. "I'm Brad Smith, CEO of Intuit, and This Is How I Work." Lifehacker, April 12, 2017. http://lifehacker.com/im-brad-smith-ceo-of-intuit-and-this-is-how-i-work-1794268430.
・Pagonis, W. 2001. "Leadership in a Combat Zone." Harvard Business Review, 79, 11, (January 1): 107–16.
・Patel, Sameer. 2016. 著者との会話より
・Pontefract, D. 2013. Flat Army: Creating a Connected and Engaged Organization. John Wiley & Sons. Republished 2018 Figure l Publishing.
・Reid, Dominic. 2017. 著者との会話より
・Rosen, L., & Samuel, A. 2015. "Conquering Digital Distraction." Harvard Business Review [serial online], 93, 6 (June): 110–13. Business Source Corporate Plus, Ipswich, MA.（『デジタル情報に潰されない２つの方法』ラリー・ローゼン、アレクサンドラ・サミュエル著、スコフィールド素子訳、ダイヤモンド社、2016年）
・Ruiz, Karyn. 2016. 著者との会話より
・Scudamore, Brian. 2016. 著者との会話より
・Sostrin, J. 2017. "How to Act Quickly Without Sacrificing Critical Thinking." Harvard Business Review, April 27, 2017.
・Winfrey, O. 2009. "Why Right-Brainers Will Rule This Century." CNN, May 7, 2009. http://www.cnn.com/2009/LIVING/worklife/05/07/o.Oprah.Interviews.Daniel.Pink/.
・Zaki, J., & Ochsner, K. N. 2012. "The Neuroscience of Empathy: Progress, Pitfalls and Promise." Nature Neuroscience, 15, 5, (January 1): 675–80.

・Report of the Presidential Commission on the Space Shuttle Challenger Accident c以下に掲載 https://history.nasa.gov/rogersrep/v1p252.htm.
・Ruiz, Karyn. 2016. 著者との会話より
・Seneca, L.A., Lipsius, J., Lodge, T., Stansby, W., Hole, W., Ellesmere, T.E., Prince, C.L., et al. English Printing Collection (Library of Congress). 1614. The workes of Lucius Annaeus Seneca, both morrall and naturall. London: Printed by William Stansby.
・Sull, D., Homkes, R., & Sull, C. 2015. "Why Strategy Execution Unravels–and What to Do About It." Harvard Business Review, (January 1): 1-10.
・TELUS annual results 以下に掲載https://www.telus.com/en/about/investor-relations/reports/annual-reports
・Wansink, B., Painter, J.E., & North, J. 2005. "Bottomless Bowls: Why Visual Cues of Portion Size May Influence Intake." Obesity Research, 13, 1, (January 31): 93–100. Zelazo, P. 2010. "Executive Function Part One: What is Executive Function?" May 28, 2010.

◆第7節: あなたの考えはまちがっている

・Becher, Jonathan. 2017. 著者との会話より
・Boyatzis, R. 2012. "Neuroscience and the Link Between Inspirational Leadership and Resonant Relationships." Ivey Business Journal, (January/February). http://iveybusinessjournal.com/publication/neuroscience-and-the-link-between-inspirational-leadership-and-resonant-relationships-2/.
・Boyatzis, R.E., Passarelli, A.M., Koenig, K., Lowe, M., Mathew; B., Stoller, J.K., & Phillips, M. 2012. "Examination of the Neural Substrates Activated in Memories of Experiences with Resonant and Dissonant Leaders." Leadership Quarterly, 23, 2, (January 1): 259–72.
・Brockman, A. 2017. "Argentine Climber Survived 4 days on Mount Logan with Thoughts of Love and Family." May 6, 2017. http://www.cbc.ca/news/canada/north/natalia-martinez-survival-mountain-1.4103171.
・Dalla Costa, John. 2017. 著者との会話より
・The DDI ウェブサイト http://www.ddiworld.com/hirezleadership.
・Della Cava, M. 2017. "Microsoft's Satya Nadella is Counting on Culture Shock to Drive Growth." USA Today, February 20, 2017. https://www.usatoday.com/story/tech/news/2017/02/20/microsofts-satya-nadella-counting-culture-shock-drive-growth/98011388/.
・Diamond, A. 2014. "Executive Functions: Insights into Ways to Help More Children Thrive." Zero to Three, 35, 2, (November): 9–17.
・Dishman, L. 2016. "Here's the Email Kind Snacks CEO sent to Staff About Trump's Win." Fast Company, November 10, 2016. https://news.fastcompany.com/heres-the-email-kind-snacks-ceo-sent-to-staff-about-trumps-win-4024619.
・Drucker, P. 1967. The Effective Executive. Oxford, UK: Butterworth-Heinemann. (『ドラッカー名著集1　経営者の条件』P・F・ドラッカー著、上田惇生訳、ダイヤモンド社、2006年)
・Duckworth, A. 2016. Grit: Why Passion and Resilience are the Secrets to Success. New York, NY: Simon & Schuster. (『やり抜く力　人生のあらゆる成功を決める「究極の能力」を身につける』アンジェラ・ダックワース著、神崎朗子訳、ダイヤモンド社、2016年)
・Dutton, J.E., Workman, K.M., & Hardin, A.E. 2014. "Compassion at Work." Annual Review of Organizational Psychology and Organizational Behavior, 1, 1, (March 21): 277–304.
・Gentry, W.A., Weber, T.J., and Sadri, G. 2007. "Empathy in the Workplace." Center for

◆第6節: 思っているより早く
・Bar-Eli, M., Azar, O. H., Ritov; I., Keidar-Levin, Y, & Schein, G. 2007. "Action Bias Among Elite Soccer Goalkeepers: The Case of Penalty Kicks." Journal of Economic Psychology, 28, 5, (January 1): 606.
・Bergin, C. 2007. "Remembering the Mistakes of Challenger." January 28, 2007. https://www.nasaspaceflight.com/2007/01/remembering-the-mistakes-of-challenger/.
・Bloomgarden, K. 2016. "How Saying 'No' Can Actually Motivate Your Team." Fortune, June 2, 2016. http://fortune.com/2016/06/02/leadership-teams-how-to-say-no/.
・Bruch, H., & Ghoshal, S. 2002. "Beware the Busy Manager." Harvard Business Review, 80, 2, (January 1): 62–9. (「マネジャーが陥る多忙の罠」ハイケ・ブルッフ、スマントラ・ゴシャール、『DIAMONDハーバード・ビジネス・レビュー』2002年5月号)
・Chaplin, C. (producer and director). 1936. Modern Times [Motion Picture]. United States of America: United Artists. (邦題:『モダン・タイムス』)
・Clark, E. 2011. "The Shift in Leadership." February 17, 2011. https://www.td.com/about-tdbfg/corporate-information/thought-leadership/speech.jsp?id=50.
・De Bono, Edward. 1981. Edward de Bono's Atlas of Management Thinking. London, UK: Temple Smith.
・Duarte, N., & Sanchez, P. 2016. Illuminate: Ignite Change Through Speeches, Stories, Ceremonies, and Symbols. New York, NY: Portfolio/Penguin. (『イルミネート:道を照らせ。変革を導くリーダーが持つべきストーリーテリング法』ナンシー・デュアルテ、パティ・サンチェス著、熊谷小百合訳、ビー・エヌ・エヌ新社、2016年)
・Entwistle, D. 2010. TELUS Leadership Philosophy.
・Funahashi, S. 2001. "Neuronal Mechanisms of Executive Control by the Prefrontal Cortex." Neuroscience Research, 39, 2, (January 1): 147–65.
・Hockey, Tim. 2016. 著者との会話より
・Hougaard, R., Carter, J., & Coutts, G. 2016. One Second Ahead: Enhance Your Peiformance at Work with Mindfulness. Basingstoke, UK: Palgrave Macmillan.
・Kirby, J. 2014. "Why Businesspeople Won't Stop Using that Gretzky Quote." Accessed September 24, 2014. http://www.macleans.ca/economy/business/why-business-people-wont-stop-using-that-gretzky-quote/.
・Lamarche, Denise. 2016. 著者との会話より
・Lezak, M.D. 1982. "The Problem of Assessing Executive Functions." International Journal of Psychology, 17, (January 1): 281–97.
・Macdonnell, D. 1798. Monthly Review, 467.
・McKeown, G. 2014. Essentialism: The Disciplined Pursuit of Less. New York, NY: Crown Business. (『エッセンシャル思考　最少の時間で成果を最大にする』グレッグ・マキューン著、高橋璃子訳、かんき出版、2014年)
・McRaney, D. 2014. You Are Now Less Dumb: How to Conquer Mob Mentality, How to Buy Happiness, and All the Other Ways to Outsmart Yourself. New York, NY: Gotham Books.
・Medina, J. 2008. Brain Rules: 12 Principles for Surviving and Thriving at Work, Home, and School. Seattle, WA: Pear Press. (『ブレイン・ルール　脳の力を100%活用する』ジョン・メディナ著、小野木明恵訳、日本放送出版協会、2009年)※本書内の引用箇所は訳者によるもの。
・Nyhan, B., & Reifler, J. 2010. "When Corrections Fail: The Persistence of Political Misperceptions." Political Behavior. Springer. 32, 2, (June): 303–30.
・Pascal, B. 2016. Pascal's Pensees. Lanham: Dancing Unicorn Books. (『パンセ』パスカル著、前田陽一、由木康訳、中央公論社、1973年)※本書内の引用箇所は訳者によるもの。
・Patel, Sameer. 2017. 著者との会話より

ド・ビジネス・レビュー』2014年3月号）
・Bungay, S. 2012. The Art of Action: How Leaders Close the Gaps Between Plans, Actions and Results. London, UK: Nicholas Brealey.
・Condell, B., & Zabecki, D. T. 2009. On the German Art of War: Truppenführung. Mechanicsburg, PA: Stackpole Books.
・De Smet, A., Lackey, G., & Weiss, L. 2017. "Untangling Your Organization's. Decision Making." June 2017. http://www.mckinsey.com/business-functions/organization/our-insights/untangling-your-organizations-decision-making.
・Devine, Allen. 2016. 著者との会話より
・Drucker, P.F. 2004. "What Makes an Effective Executive." Harvard Business Review, 82, 6, (January 1): 58–63. （引用は『ドラッカー名著集1　経営者の条件』P・F・ドラッカー著、上田惇生訳、ダイヤモンド社、2006年）
・Facione, Peter A. 1990. Critical Thinking: A Statement of Expert Consensus for Purposes of Educational Assessment and Instruction. Newark, Del: APA.
・Galloway, Alison. 2017. 著者との会話より
・Glaser, Edward M. 1941. An Experiment in the Development of Critical Thinking. Teacher's College, Columbia University.
・Gokhale, A.A. 1995. "Collaborative Learning Enhances Critical Thinking." Journal of Technology Education, 7, 1, (January 1): 22–30.
・Google Books. https://books.google.com/intl/en/googlebooks/about/index.html.
・Google Search Help.https://support.google.com/websearch/answer/2466433?hl=eN&visit_id=1-636259749362819857-941055816&rd=1.
・Gore, A. 2007. "Al Gore: The Nobel Peace Prize 2007: Nobel Lecture." December 10, 2007. Oslo: Nobel Foundation.
・Hinchcliffe, Dion. 2017. 著者との会話より
・Learning Forward. https://learningforward.org/who-we-are.
・Levitin, Daniel. 2016. 著者との会話より
・Makerspace Playbook. 2013. San Francisco, CA: Maker Media.
・Mark, G., Gudith, D., & Klocke, U. 2008. "The Cost of Interrupted Work: More Speed and Stress." Chi Conference, 1, (January 1): 107–10.
・NMC. 2015. "NMC Horizon Report: 2015 K-12 Edition." http://cdn.nmc.org/media/2015-nmc-horizon-report-k12-EN.pdf. （日本語版は以下参照http://www.code.ouj.ac.jp/horizonreport/NMC_HorizonReport_2015_Japanese.pdf）
・Perry, James. 2016. 著者との会話より
・The Promoting and Assessing Critical Thinking ウェブサイト https://uwaterloo.ca/centre-for-teaching-excellence/teaching-resources/teaching-tips/developing-assignments/cross-discipline-skills/promoting-assessing-critical-thinking.
・The Radicati Group. 2017. "Email Statistics Report, 2017-2021 – Executive Summary." March 2017. https://www.radicati.com/wp/wp-content/uploads/2017/01/Email-Statistics-Report-2017-2021-Executive-Summary.pdf.
・Reid, Dominic. 2017. 著者との会話より
・Ruiz, Karyn. 2016. 著者との会話より
・Stangel, Luke. 2016. "John Donahoe: Dump the Myth of the High Achiever." November 3, 2016. https://www.gsb.stanford.edu/insights/john-donahoe-dump-myth-high-achiever.
・Stewart, James. 2017. 著者との会話より
・Vatican News. http://www.vaticannews.va/en/pope/news/2018-01/pope-world-communications-day-message-2018-truth-journalism-fake.html.
・Way Back Machine. https://archive.org/web/.
・WorldCat. http://www.worldcat.org/whatis/default.jsp.

May 13, 2015. http://time.com/3858309/attention-spans-goldfish/.
・Microsoft. https://advertising.microsoft.com/en/wwdocs/user/display/cl/researchreport/31966/en/microsoft-attention-spans-research-report.pdf.
・The Netflixのカルチャーについてのウェブページ https://jobs.netflix.com/life-at-netflix.
・Newport, C. 2016. Deep Work: Rules for Focused Success in a Distracted World. New York, NY: Grand Central Publishing.（『大事なことに集中する　気が散るものだらけの世界で生産性を最大化する科学的方法』カル・ニューポート著、門田美鈴訳、ダイヤモンド社、2016年）
・Plaskett, Joel. 2016. 著者との会話より
・Plato, & Scully, S. 2003. Plato's Phaedrus. Newburyport, MA: Focus Pub./ R. Pullins Co.（『パイドロス』プラトン著、藤沢令夫訳、岩波書店、1967年）
・Reid, Dominic. 2017. 著者との会話より
・Ring, T., Salkin, R., & Boda, S. 1996. International Dictionary of Historic Places: Southern Europe. Routledge, 66.
・Ruiz, Karyn. 2016. 著者との会話より
・Stross, R. 2016. "Don't Blame Silicon Valley for Theranos." New York Times, April 27, 2016.
・The Examiner. 1710. Number 15,（Article by Jonathan Swift). November 2 to November 9, 1710. Quote Page 2, Column 1, Printed for John Morphew, near Stationers-Hall, London.
・Waterloo News. 2015. "Reliance on Smartphones Linked to Lazy Thinking." March 5, 2015. Retrieved from https://uwaterloo.ca/news/news/reliance-smartphones-linked-lazy-thinking.
・Weaver, C. 2017. "Second Theranos Lab Failed U.S. Inspection." Wall Street Journal, January 17, 2017.
・The Wells Fargo カルチャーとバリューについてのウェブサイト https://www.wellsfargo.com/about/corporate/vision-and-values/
https://newsroom.wf.com/press-release/wells-fargo-reports-january-retail-banking-customer-activity
・WTOE 5 News. 2016. "Pope Francis Shocks World, Endorses Donald Trump for President, Releases Statement." Way Back Machine, July 10, 2016. https://web.archive.org/web/20161115024211/http://wtoe5news.com/us-election/pope-francis-shocks-world-endorses-donald-trump-for-president-releases-statement/.

◆第５節: 偉人の考えることはやっぱりちがう

・Abraham Lincoln's first inaugural address (March 4, 1861)（リンカーン大統領第一期就任演説全文） http://avalon.law.yale.edu/19th_century/lincoln1.asp.
・The APA Delphi Report. 1990. "Critical Thinking: A Statement of Expert Consensus for Purposes of Educational Assessment and Instruction." ERIC Doc. NO.: ED 315 423.
・Atlassian.（アトラシアンの調査結果ウェブページ）https://www.atlassian.com/time-wasting-at-work-infographic.
・Bain & Company. 2014. Managing Your Scarcest Resource: Time Management Study and Impact on Organizations.
・Berkshire Hathaway letter. http://www.berkshirehathaway.com/letters/1996.html.
・Bevelin, P. 2013. Seeking Wisdom: From Darwin to Munger. Malmö, Sweden: PCA Publications.
・Birkinshaw, J., & Cohen, J. 2013. "Make Time for the Work That Matters (Digest Summary)." Harvard Business Review, 91, 1, (September): 2–5.（「マネジメント時間を20%増やす法」ジュリアン・バーキンショー、ジョーダン・コーエン、『DIAMONDハーバー

・Carreyrou, J. 2016. “Theranos Whistleblower Shook the Company–And His Family.” Wall Street Journal, November 17, 2016.
・Centres for Medicare & Medicaid Services. 2016. “Important Notice.” Department of Health and Human Services, San Francisco, January 25, 2016. https://cdn2.vox-cdn.com/uploads/chorus_asset/file/5969923/Theranos_Inc_Cover_Letter_01-25-2016.0.pdf.
・Consumer Financial Protection Bureau. 2016. “Consumer Financial Protection Bureau Fines Wells Fargo $100 Million for Widespread Illegal Practice of Secretly Opening Unauthorized Accounts.” Consumer Financial Protection Bureau Web page, September 8, 2016. https://www.consumerfinance.gov/about-us/newsroom/consumer-financial-protection-bureau-fines-wells-fargo-100-million-widespread-illegal-practice-secretly-opening-unauthorized-accounts/.
・Duhaime-Ross, A. 2016. “U.S. Government Says Theranos Lab Poses ‘Immediate Jeopardy to Patient Safety’.” The Verge, January 27, 2016. http://www.theverge.com/2016/1/27/10853340/government-says-theranos-lab-poses-immediate-threat-to-public-safety.
・Eliot, T.S. 2014. Four Quartets. New York, NY: Houghton Mifflin Harcourt. （『四つの四重奏』T・S・エリオット著、岩崎宗治訳、岩波書店、2011年）※本書内の引用箇所は訳者によるもの。
・Festinger, L. 1962. A Theory of Cognitive Dissonance. Palo Alto, CA: Stanford University Press. （『認知的不協和の理論　社会心理学序説』レオン・フェスティンガー著、末永敏郎訳、誠信書房、1965年）※本書内の引用箇所は訳者によるもの。
・Festinger, Leon, & Carlsmith, James M. 1959. “Cognitive Consequences of Forced Compliance.” Journal of Abnormal and Social Psychology, 58, 203–10.
・Glazer, E., & Rexrode, C. 2016. “Wells Fargo CEO Defends Bank Culture, Lays Blame With Bad Employees.” Wall Street Journal, September 13, 2016. http://www.wsj.com/articles/wells-fargo-ceo-defends-bank-culture-lays-blame-with-bad-employees-1473784452.
・Goleman, D. 2013. Focus: The Hidden Driver of Excellence. New York, NY: Bloomsbury. （『フォーカス』ダニエル・ゴールマン著、土屋京子訳、日本経済新聞出版社、2015年）
・Herper, M. 2016. “From $4.5 Billion to Nothing: Forbes Revises Estimated Net Worth of Theranos Founder Elizabeth Holmes.” Forbes, June 1, 2016. https://www.forbes.com/sites/matthewherper/2016/06/01/from-4-5-billion-to-nothing-forbes-revises-estimated-net-worth-of-theranos-founder-elizabeth-holmes/
・Holmes, E. 2016. “An Open Letter From Elizabeth Holmes.” Theranos website, October 5.
・Kushlev, K, & Dunn, E. W. 2015. “Checking Email Less Frequently Reduces Stress.” Computers in Human Behavior, 43, 220–28.
・The Lord Mayor's Show ウェブサイト　https://lordmayorsshow.london
・Martin, R.L. 2007. The Opposable Mind: How Successful Leaders Win Through Integrative Thinking. Boston, MA: Harvard Business School Press. （前出）
・Maynard Keynes, J. 1963. Essays in Persuasion. New York, NY: W.W. Norton & Co., 358–73. （『ケインズ説得論集』Ｊ・Ｍ・ケインズ著、山岡洋一訳、日本経済新聞出版社、2010年）
・McCord, P. 2014. “How Netflix Reinvented HR.” Harvard Business Review, January 1, 2014.
・McElwee, J. 2016. “Francis Tells U.S. Catholics to Vote Their Conscience in November Election.” NCR Online, October 2, 2016. https://www.ncronline.org/news/vatican/francis-tells-us-catholics-vote-their-conscience-november-election.
・McSpadden, K. 2015. “You Now Have a Shorter Attention Span Than a Goldfish.” Time,

Toughest Challenges. Boston, MA: Harvard Business Press.
・McDermott, B. 2011. "Great Leaders Teach and Don't Leave People Behind" [Video Interview]. Skillsoft Ireland Limited.
・McLuhan, E., & Zingrone, F. 1997. Essential McLuhan. London: Taylor and Francis.（『エッセンシャル・マクルーハン　メディア論の古典を読む』エリック・マクルーハン、フランク・ジングローン著、有馬哲夫訳、NTT出版、2007年）※本書内の引用箇所は訳者によるもの。
・Mintzberg, H. 1987. "Crafting Strategy." Harvard Business Review, July–August, 1987.（「戦略クラフティング」ヘンリー・ミンツバーグ、『DIAMOND ハーバード・ビジネス・レビュー』2007 年 2 月号）
・Moore, Karl. 2017. 著者との会話より
・Mueller, J. 2017. Creative Change: Why We Resist It ... How We Can Embrace It. New York, NY: Mariner Books.
・Nin, A. 1983. The Early Diary of Anaïs Nin: Volume three. New York, NY: Mariner Books.
・Patel, Sameer. 2017. 著者との会話より
・Plaskett, Joel. 2017. 著者との会話より
・Ruiz, Karyn: 2016. 著者との会話より
・Scudamore, Brian. 2017. 著者との会話より
・Senge, P.M. 1990. The Fifth Discipline: The Art and Practice of the Learning Organization. New York, NY: Doubleday/Currency. （『最強組織の法則　新時代のチームワークとは何か』ピーター・M・センゲ著、守部信之訳、徳間書店、1995年）※本書内の引用箇所は訳者によるもの。
・Shen, L. 2017. "Warren Buffett's Net Worth Has Risen $6,4 Billion Since 'Trump Rally." Fortune, January 31, 2017. http://fortune.com/2017/01/31/warren-buffett-net-worth-trump-rally/.
・Vernimmen, T. 2016. "Where Creativity Comes From." Scientific American, September 16, 2016. https://www.scientificamerican.com/article/where-creativity-comes-from/.
・Wettläufer, Brianna. 2016. 著者との会話より
・Wharton School. 2014. "Can Creativity Be Taught?" Knowledge@Wharton, August 27, 2014. http://knowledge.wharton.upenn.edu/article/can-creativity-be-taught/.

◆第 4 節: 思考の落とし穴

・APA. 2017. "APA'S Survey Finds Constantly Checking Electronic Devices Linked to Significant Stress for Most Americans." February 23, 2017. http://www.apa.org/news/press/releases/2017/02/checking-devices.aspx.
・APA. 2017. "Stress in America." February 23, 2017. https://www.apa.org/news/press/releases/stress/2017/state-nation.pdf
・Argyris, C., & Schön, D.A. 1974. Theory in Practice: Increasing Professional Effectiveness. San Francisco, CA: Jossey-Bass.
・Barr, N., Pennycook, G., Stolz, J., & Fugelsang, J. 2015. "The Brain in Your Pocket: Evidence that Smartphones are Used to Supplant Thinking." Computers in Human Behavior, 48, 473.
・Carr, N.G. 2011. The Shallows: What the Internet is Doing to Our Brains. New York, NY: W.W. Norton. （『ネットバカ　インターネットがわたしたちの脳にしていること』ニコラス・G・カー著、篠儀直子訳、青土社、2010年）
・Carreyrou, J. 2015. "Hot Startup Theranos Has Struggled with Its Blood-Test Technology." Wall Street Journal, October 16, 2015. https://www.wsj.com/articles/theranos-has-struggled-with-blood-tests-1444881901.

2013. http://nationalinterest.org/commentary/defense-net-assessment-9411.
・Smallwood, J., & Schooler, J. W. 2015. "The Science of Mind Wandering: Empirically Navigating the Stream of Consciousness." Annual Review of Psychology, 66, (January 1): 487–518.
・Starkey; S., Hanks, T., Rapke, J. (producers), & Zemeckis, R. (director). 2002. Cast Away [Motion Picture]. United States of America: 20th Century Fox Home Entertainment. (邦題：『キャスト・アウェイ』)
・Suoninen, S. 2014. "Elop's Nokia 'Golden Parachute' Swells to $33 Million." Reuters, April 30, 2014. http://www.reuters.com/article/us-nokia-ceo-payout-idUSBREA3T0KD20140430.
・World Economic Forum. 2016. "The Future of Jobs." World Economic Forum, January 18, 2016. https://www.weforum.org/reports/the-future-of-jobs.

◆第3節: 考えてみる

・Amabile, T.M. 1996. Creativity in Context. Boulder, CO: Westview Press.
・Baror, S., & Bar, M. 2016. "Associative Activation and Its Relation to Exploration and Exploitation in the Brain." Psychological Science, 27, 6, (June 1): 776–89.
・Joel Plaskettのバイオグラフィ Billboard. Retrieved on July 15, 2017. https://www.billboard.com/music/joel-plaskett
・Catmull, E. 2008. "How Pixar Fosters Collective Creativity." Harvard Business Review, September 2008. (「ピクサー流　創造性を刺激する組織のつくり方」エド・キャットムル、『DIAMONDハーバード・ビジネス・レビュー』2014年11月号)
・Collins, J., & Porras, J. 1994. "Built To Last: Successful Habits of Visionary Companies." HarperBusiness, 113. (『ビジョナリー・カンパニー　時代を超える生存の原則』ジム・コリンズ著、山岡洋一訳、日経ＢＰ社、1995年)
・Desjardıns, Mike. 2016. 著者との会話より
・Downie, Gord. 2007. 著者との会話より
・Duncker, K.1945. "On Problem Solving." Psychological Monographs, 58(270).
・Durgahee, A. 2006. "Richard Branson Shares His Travel Tips." CNN, May 5, 2006. http://edition.cnn.com/2006/TRAVEL/04/25/branson.tips/.
・Guth, R. 2005. "In Secret Hideaway, Bill Gates Ponders Microsoft's Future." Wall Street Journal, March 28, 2005. https://www.wsj.com/articles/SB111196625830690477.
・Hagstrom, R.G. 2005. The Warren Buffett Way. Hoboken, NJ: John Wiley. (『株で富を築くバフェットの法則［最新版］』ロバート・G・ハグストローム著、小野一郎訳、ダイヤモンド社、2014年) ※本書内の引用箇所は訳者によるもの。
・Holmes, R. 2016. "The One Skill Too Many CEOS Lack." Fortune, March 20, 2016.
・IBM. 2016. "Redefining Competition: The CEO Point of View." Retrieved on January 14, 2017. http://www-935.ibm.com/services/c-suite/study/studies/ceo-study/. (日本語版レポートについては前出)
・Kielburger, Marc. 2016. 著者との会話より
・Levinthal, D.A., & March, J. G. 1993. "The Myopia of Learning." Strategic Management Journal, 1495–5112.
・Lindgren, A., Glanzman, L.S., & Johnson, F.L. 1950. Pippi Longstocking. New York, NY: Viking Press. (『長くつ下のピッピ』アストリッド・リンドグレーン著、大塚勇三訳、岩波少年文庫、2000年) ※本書内の引用箇所は訳者によるもの。
・Martin, R. L. 2007. The Opposable Mind: How Successful Leaders Win Through Integrative Thinking. Boston, MA: Harvard Business School Press. (『インテグレーティブ・シンキング』ロジャー・マーティン著、村井章子訳、日本経済新聞出版社、2009年)
・McAfee, A. 2009. Enterprise 2.0: New Collaborative Tools for Your Organization's

・Elop, Stephen. 2011. "Full Text: Nokia CEO Stephen Elop's 'Burning Platform' Memo." Wall Street Journal, February 9, 2011. http://blogs.wsj.com/tech-europe/2011/02/09/full-text-nokia-ceo-stephen-elops-burning-platform-memo/.
・FAAS Foundation. 2017. "Mind the Workplace." Retrieved on November 12, 2017.
・Gallup poll. 1998. "History Shows Presidential Job Approval Ratings Can Plummet Rapidly." Gallup, February II, 1998. http://www.gallup.com/poll/4258/history-shows-presidential-job-approval-ratings-can-plummet-rapidly.aspx.
・Gallup poll. 2016. "U.S. Employee Engagement Reaches New High in March." Gallup, April 13, 2016. http://www.gallup.com/poll/190622/employee-engagement-reaches-new-high-march.aspx.
・IBM. 2016. "Redefining Competition: The CEO Point of View." http://www-935.ibm.com/services/c-suite/study/studies/ceo-study/.
（日本語版レポートは https://www.ibm.com/downloads/cas/WPPOQXOM を参照されたい）
・ICIMS. 2016. "A Snapshot of Competition for Talent in the U.S." Retrieved on October 4, 2017.
https://www.icims.com/hiring-insights/for-employers/ebook-a-snapshot-of-competition-for-talent-in-the-us
・Jordan, Eric. 2016. 著者との会話より
・Jung, C.G. 1969. Phenomenology of the Spirit in Fairy Tales (R.F.C. Hull, trans.). In H. Read et al. (series eds.), The Collected Works of C.G. Jung (Vol. 9 pt. 1, 2nd. ed., 207–54). Princeton, NJ: Princeton University Press. (Original work published 1948). （本文中該当箇所は以下より引用：『転移の心理学』カール・グスタフ・ユング著、林道義、磯上恵子訳、みすず書房、2016年［新装版］）
・Kahneman, D., & Tversky; A. 1979. "Prospect Theory: An Analysis of Decision under Risk." Econometrica, 47, 2, (March): 263–92.
・Kahneman;-D., & Tversky; A. 2003. Choices, Values, and Frames. Cambridge: Cambridge University Press, 372.
・Lee, Y. 2016. "Samsung Says Galaxy Note 7 Recall to Cost at Least $5.3 Billion." Toronto Star, October 14, 2016. https://www.thestar.com/business/2016/10/14/samsung-says-galaxy-note-7-recall-to-cost-at-least-53-billion.html.
・Levitin, Daniel. 2016. 著者との会話より
・ロング・ナウのホームページhttp://longnow.org/about/.
・Miettinen, A. 2013. "HS:n laaja Stephen Elop -artikkeli syyskuussa 2013: Mies, joka teki myyjän työn." September 29, 2013. http://www.hs.fi/sunnuntai/art-2000002677474.html?ref=hs-hitaat-e-1.
・Nykänen, Pekka, & Salminen, Merina. 2014. "Operation Elop." Helsinki: Teos.
・Oldham, G.R., & Cummings, A. 1996. "Employee Creativity: Personal and Contextual Factors at Work." Academy of Management Journal, 39(3), 607–34. doi:10.2307/256657.
・Parrey; D. 2014. "Six Talent Practices that Boost Employee Engagement and Market Performance." i4cp, January 22, 2014. https://www.i4cp.com/trendwatchers/2014/01/22/six-talent-practices-that-boost-employee-engagement-and-market-performance.
・Rilke, R.M. 1995. Ahead of All Parting: The Selected Poetry and Prose of Rainer Maria Rilke. New York, NY: The Modern Library. （本文中該当箇所は以下より引用：『リルケ全集９巻』リルケ著、富士川英郎ほか訳、彌生書房、1965年より「太初の音」）
・Rossi, J. 2013. "Elop Was Second Choice as Nokia CEO." WSJ (blog), October 17, 2013. http://blogs.wsj.com/tech-europe/2013/10/17/elop-second-choice-as-nokia-ceo/?mod=rss_Europe_Technology.
・Ruiz, Karyn. 2016. 著者との会話より
・Skypek, T. 2013. "In Defense of Net Assessment." The National Interest, November 16,

・Nastasi, Alison. 2016. "How Long Does It Really Take to Break a Habit?" September 21, 2016. http://www.hopesandfears.com/hopes/now/question/216479-how-long-does-it-really-take-to-break-a-habit.
・Nichols, Tom. 2017. The Death of Expertise: The Campaign Against Established Knowledge and Why It Matters. New York: Oxford University Press.（『専門知は、もういらないのか　無知礼賛と民主主義』トム・ニコルズ著、高里ひろ訳、みすず書房、2019年）
・Pontefract, D. 2013. Flat Army: Creating a Connected and Engaged Organization. John Wiley & Sons. Republished 2018 Figurer Publishing.
・Pontefract, D. 2016. The Purpose Effect: Building Meaning in Yourself, Your Role, and Your Organization. Boise, ID: Elevate Publishing. Republished 2018 Figure 1 Publishing.
・Port Arthur News. 1974. "Ali Wants Both Joe, Foreman at Same Time (UPI news service)." Quote Page 11, Column 3, (November 30). Port Arthur, Texas.
・Sandberg, Sheryl. 2015. Facebook, June 3, 2015. https://www.facebook.com/sheryl/posts/10155617891025177:0.
・Schwartz, B. 2016. The Paradox of Choice: Why More Is Less: How the Culture of Abundance Robs Us of Satisfaction. New York, NY: Ecco Press.（『なぜ選ぶたびに後悔するのか　オプション過剰時代の賢い選択術』バリー・シュワルツ著、瑞穂のりこ訳、武田ランダムハウスジャパン、2012年［新装版］）
・Shirky, C. 2010. Cognitive Surplus: Creativity and Generosity in a Connected Age. New York, NY: Penguin Press.
・Society of Actuaries. 2016. "The Society of Actuaries Publishes Annual Update to Mortality Improvement Scale." October 20, 2016.
・Toffler, A. 1981. The Third Wave. New York, NY: Bantam Books.（『第三の波』アルビン・トフラー著、徳山二郎監修、鈴木健次、桜井元雄他訳、日本放送出版協会、1980年）
・The Tragically Hipのウェブサイトhttp://www.thehip.com.
・WEのウェブサイトhttps://www.we.org/.
・World Health Organization. 2012. "Depression: A Global Crisis." October 10, 2012. http://www.who.int/mental_health/management/depression/wfmh_paper_depression_wmhd_2012.pdf.

◆第２節: 思考の孤独な淵で

・Adobe. 2016. "Work in Progress." Power Point presentation, May 2016. http://www.adobe.com/content/dam/acom/en/aboutadobe/pdfs/Future-of-Work-2016.pdf.
・Aon Hewitt. 2016. "Trends in Global Employee Engagement." https://www.aon.com/middle-east/thought-leadership/hr/2016-trends-global-engagement.jsp
・Baer, D. 2017. "Kahneman: Your Cognitive Biases Act Like Optical Illusions." New York Magazine, January 13, 2017.
・Baumeister, R.F., Bratslavsky, E., Finkenauer, C., & Vohs, K.D. 2001. "Bad is Stronger than Good." Review of General Psychology, 5, 323–70.
・Brand, S. 2008. Clock of the Long Now: Time and Responsibility. New York, NY: Basic Books.
・Campbell, J. 1949. The Hero with a Thousand Faces. Princeton, NJ: Princeton University Press.（『千の顔をもつ英雄』ジョーゼフ・キャンベル著、倉田真木、斎藤静代、関根光宏訳、早川書房、2015年［新訳版］）
・Choi, J.N., Anderson, T.A., & Veillette, A. 2009. "Contextual Inhibitors of Employee Creativity in Organizations: The Insulating Role of Creative Ability." Group & Organization Management, 34(3), 330–57.
・Elangovan, Elango. 2015. 著者との会話より

◆はじめに

・Einstein, Albert. 1946. "Atomic Education Urged by Einstein." New York Times, May 25, 1946.
・Frost, R. 1906. "The Trial by Existence." Independent, 61, (January 1): 3019.
・Frost, R. & Untermeyer, L. (commentary). 2008. The Road Not Taken: A Selection of Robert Frost's Poems. New York, NY: St. Martin's Griffin.
・Lewandowsky, S., Ecker, U.K.H., Seifert, C.M., Schwarz, N., & Cook, J. 2012. "Misinformation and Its Correction." Psychological Science in the Public Interest, 13, 3, (September 17): 106–31.
・Orr, D. 2016. The Road Not Taken: Finding America in the Poem Everyone Loves and Almost Everyone Gets Wrong. New York, NY: Penguin Group USA.
・Puritt, Jeffrey. 2015. "Marinating in the moment（いまここでマリネする）" 著者との会話より
・The Road Less Traveled. 2017年2月12日時点でのウィキペディアのアクセス数より

◆第1節: 我思う、ゆえに我あり

・Ansoff, H. Igor. 1965. Corporate Strategy: An Analytic Approach to Business Policy for Growth and Expansion. New York, NY: McGraw-Hill. （『企業戦略論』イゴール・アンゾフ著、広田寿亮訳、産業能率大学出版部、1985年）
・Brown, B. 2012. Daring Greatly: How the Courage to be Vulnerable Transforms the Way We Live, Love, Parent, and Lead. New York, NY: Gotham Books. （『本当の勇気は「弱さ」を認めること』ブレネー・ブラウン著、門脇陽子訳、サンマーク出版、2013年）
・Carnegie, D., & O'Reilly, T. 2017. How to Win Friends and Influence People. New York, NY: Collins. （『人を動かす』デール・カーネギー著、山口博訳、創元社、1999年［新装版］）
・DiSalvo, D., & Herbert, W. 2014. What Makes Your Brain Happy and Why You Should Do the Opposite. Amherst, NY: Prometheus Books.
・D'Souza, S., & Renner, D. 2016. Not Knowing: The Art of Turning Uncertainty into Opportunity. Lid Editorial. （『「無知」の技法　Not Knowing』スティーブン・デスーザ、ダイアナ・レナー著、上原裕美子訳、日本実業出版社、2015年）
・Duhigg, C. 2012. The Power of Habit: Why We Do What We Do in Life and Business. New York, NY: Random House. （『習慣の力』チャールズ・デュヒッグ著、渡会圭子訳、講談社、2013年）
・Economic Policy Institute. 2016. "Top Charts of 2016 Show There's Still Work to Do to Boost the Incomes and Wages of Working People." Press release, December 22, 2016. http://www.epi.org/press/top-charts-of-2016/.
・Greengard, Samuel. 2009. Communications of the ACM, 52, 7, (July): 18–19. 10.1145/1538788.1538796.
・Helps, Lisa. 2017. 著者との会話より
・Kahneman, D. 2011. Thinking, Fast and Slow. New York, NY: Farrar, Straus and Giroux. （『ファスト＆スロー』ダニエル・カーネマン著、村井章子訳、早川書房、2012年）
・Kerber, Ross. 2016. "CEO-Worker Pay Gap Stays Wide Despite Wage Hikes: Unions." Reuters, May 17, 2016.
・Kielburger, Marc. 2016. 著者との会話より
・Lazonick, W., & Hopkins, M. 2016. "Corporate Executives Are Making Way More Money Than Anybody Reports." Atlantic, September 15, 2016. http://www.theatlantic.com/business/archive/2016/09/executives-making-way-more-than-reported/499850/.
・Leski, Kyna. 2016. 著者との会話より
・Moore, Greg. 2017. 著者との会話より

出典・参考文献

著者紹介

ダン・ポンテフラクト (Dan Pontefract)

実業家　作家
ビクトリア大学グスタフソン・ビジネス学部　非常勤講師
コンサルティング・ファーム「ポンテフラクト・グループ」創業者兼 CEO
カナダ生まれ。ビクトリア大学グスタフソン・ビジネス学部　非常勤講師
SAP、ビジネスオブジェクツ（Business Objects）といったソフトウェア企業や、ブリティッシュ・コロンビア工科大学幹部を歴任。大手電気通信企業のチーフ・エンビジョナーとして、企業カルチャーをよりよいものにし、組織の協調性を高めるためのコンサルティングを行なうトランスフォーメーション・オフィス部門を率いていた際、「テラス・リーダーシップ・フィロソフィー」というリーダーシップの新しいフレームワークを導入、従業員のモチベーションを 90 パーセントにまで高めた実績を持つ。その後、リーダーシップと組織文化向上を目指すコンサルティング・ファーム「ポンテフラクト・グループ」を創業、CEO となる。2002 年にロイヤルローズ大学から MBA 取得、2018 年「組織の管理と主導の未来を形作る可能性が最も高い 30 人の経営思想家」の Thinkers50 レーダーリストに選ばれる。「私たちは、ただ互いを理解し合うためではなく、助け合ってともに苦難を乗り切るためにここにいる」ということを自らのモットーとする。TED のイベントにもスピーカーとして何度か登壇しており、『フォーブス』誌、『ハーバード・ビジネス・レビュー』誌、『ハフィントン・ポスト』などといった世界の有力メディアでコラムを執筆している。
本書『OPEN TO THINK』は、2019 Axiom Business BookAward のリーダーシップ部門で銀メダルを獲得した。

訳者紹介

糟野桃代（かすの・ももよ）

1991年大阪生まれ。京都大学法学部卒業。企業勤務のかたわら、学生の頃から憧れていた翻訳の道を志す。過去の訳書に『SELFISH（セルフィッシュ）―真の「自分本位」を知れば、人生のあらゆる成功が手に入る』（祥伝社）がある。

翻訳協力　株式会社トランネット

OPEN TO THINK
最新研究《さいしんけんきゅう》が証明《しょうめい》した自分《じぶん》の小《ちい》さな枠《わく》から抜《ぬ》け出《だ》す思考法《しこうほう》　〈検印省略〉

2020年　11　月　28　日　第　1　刷発行

著　者――ダン・ポンテフラクト
訳　者――糟野　桃代
発行者――佐藤　和夫

発行所――株式会社あさ出版
〒171-0022　東京都豊島区南池袋 2-9-9 第一池袋ホワイトビル 6F
電　話　03 (3983) 3225（販売）
　　　　03 (3983) 3227（編集）
F A X　03 (3983) 3226
U R L　http://www.asa21.com/
E-mail　info@asa21.com
振　替　00160-1-720619

印刷・製本（株）シナノ

facebook　http://www.facebook.com/asapublishing
twitter　http://twitter.com/asapublishing

ISBN978-4-86667-232-8 C2034